CURSO DE DERECHO PROCESAL CIVIL

La acción y la protección de los derechos

TOMO I · CUARTA EDICIÓN ACTUALIZADA

EDICIONES UNIVERSIDAD CATÓLICA DE CHILE
Vicerrectoría de Comunicaciones y Extensión Cultural
Av. Libertador Bernardo O'Higgins 390, Santiago, Chile

editorialedicionesuc@uc.cl
www.ediciones.uc.cl

CURSO DE DERECHO PROCESAL CIVIL
LA ACCIÓN Y LA PROTECCIÓN DE LOS DERECHOS
TOMO I. CUARTA EDICIÓN ACTUALIZADA

Alejandro César Romero Seguel

Enero 2024
ISBN 978-956-14-3237-6
ISBN digital 978-956-14-3241-3

Diseño:
Salvador Verdejo Vicencio | versión productora gráfica SpA

Impresor:
Salesianos Impresores S.A.

CIP – Pontificia Universidad Católica de Chile

Romero Seguel, Alejandro, autor.
La acción y la protección de los derechos / Alejandro Romero Seguel. – Cuarta edición.
Incluye bibliografía.

I. t.
II. Curso de derecho procesal civil; t.1.

Derecho procesal civil - Chile.
Procedimiento civil - Chile.
Derecho procesal civil - Enseñanza.

2024 347.8305 + DDC23 RDA

CURSO DE DERECHO PROCESAL CIVIL

La acción y la protección de los derechos

TOMO I · CUARTA EDICIÓN ACTUALIZADA

ALEJANDRO ROMERO SEGUEL

EDICIONES UC

ÍNDICE

PRESENTACIÓN DE LA CUARTA EDICIÓN

Desde que este *Curso de Derecho Procesal Civil* se publicó por primera vez, en el año 2006, han transcurrido dieciséis años.

El objetivo general de la obra sigue siendo el mismo: contar con una exposición que permita explicar las instituciones clásicas del proceso civil. Sus destinatarios naturales siguen siendo los estudiantes de Derecho que han tomado conciencia de que su proceso formativo exige leer mucho y pensar.

Como corresponde a una nueva edición, se ha ampliado el aparato bibliográfico y la jurisprudencia. También se han incluido algunos complementos que son necesarios para mejorar la exposición de algunos temas y actualizar las referencias por los cambios legislativos producidos desde la edición anterior.

Agradezco a Ediciones UC, la calurosa acogida para presentar esta cuarta edición.

Santiago, 16 de julio de 2022

PRESENTACIÓN DE LA TERCERA EDICIÓN

La segunda edición del *Curso de Derecho Procesal Civil,* aparecida el año 2014, fue recibida satisfactoriamente. Aunque han trascurrido un poco más tres años, acepté la invitación de los editores para presentar una tercera edición.

De un modo puntual, se han realizado los retoques necesarios en la información bibliográfica y en los cambios legales que han incidido en los temas abordados. También se ha actualizado la doctrina jurisprudencial, incorporando las referencias producidas en varios de los temas relevantes contenidos en este Curso, que naturalmente no puede abordar todos los problemas.

Por sugerencias de colegas procesalistas, he vuelto a incluir un capítulo sobre los límites en el ejercicio de la acción. Esta materia estaba abordada en la primera edición y se ha vuelto a incluir por su pertinencia en el estudio de la acción.

De un modo particular, agradezco las sugerencias para preparar esta tercera edición de mis colegas profesores del Departamento de Derecho Procesal de la Facultad de Derecho de la Universidad de los Andes, en especial, a su directora Maite Aguirrezábal Grünstein y al profesor Orlando Poblete Iturrate.

Santiago, mayo de 2017

PRESENTACIÓN DE LA SEGUNDA EDICIÓN

La primera edición del *Curso de Derecho Procesal Civil*, aparecida el año 2005 y reimpresa el 2007, tenía como propósito servir de texto de estudio para alumnos.

El material que nuevamente se presenta busca el mismo objetivo: explicar el funcionamiento del sistema de protección de los derechos e intereses que se obtiene en el proceso civil a la luz del ordenamiento jurídico chileno.

Cualquier conocedor del derecho procesal contemporáneo sabe que no se trata de una obra novedosa. Es solo una propuesta de sistematización para facilitar el estudio y solución de los problemas que surgen en este ámbito, a partir de sus instituciones fundamentales.

En esta segunda edición se desarrollan algunos temas que no estaban en la primera edición, especialmente en el sistema cautelar. De igual forma, hasta donde la estructura de un Curso lo permite, se actualiza el aparato bibliográfico y las referencias a la jurisprudencia, en ambos casos para una mayor profundización y mejor comprensión de las instituciones tratadas.

Ya son varios los alumnos y exalumnos de la Facultad de Derecho de la Universidad de los Andes a los que he podido explicar esta parcela del fenómeno jurídico utilizando este material. Sus comentarios y críticas me han animado a sacar adelante esta segunda edición y los otros tomos que integran esta propuesta académica.

También agradezco a varios profesores de derecho procesal, ministros, jueces y abogados, que con amabilidad y benevolencia me han manifestado que este trabajo les ha servido en alguna ocasión para sus respectivas actividades.

Santiago, enero de 2014

PRESENTACIÓN DE LA PRIMERA EDICIÓN

INTRODUCCIÓN

El presente libro es el inicio de un *Curso de Derecho Procesal Civil.*

En esta primera parte se ofrece una explicación de la acción. La acción es el derecho más importante en el campo jurídico procesal. Sobre él se articula todo el sistema de protección que se puede obtener del órgano jurisdiccional a través del proceso.

Hemos incluido un análisis de la tutela cautelar, por tratarse de una temática con estrecha relación en la eficacia del derecho de acción.

También nos hemos ocupado de analizar la legitimación, presentando un cuadro general de este componente del derecho de acción y de los fenómenos procesales que le están asociados.

La propuesta metodológica de este Curso busca presentar un estudio sistemático del proceso civil, que integre el contenido del derecho de acción con los denominados *Presupuestos Procesales*. Entendemos que la conjugación de ambos conceptos permite lograr una explicación de las instituciones procesales que facilita a los alumnos entender la esencia de esta disciplina, y al mismo tiempo, darle las herramientas para enfrentar los requerimientos de la siempre exigente práctica forense. En el siguiente volumen, concluiremos con este plan expositivo.

Debo manifestar mi gratitud a todos mis exalumnos de la Facultad de Derecho de la Universidad de los Andes, que han soportado por ya tres generaciones la entrega del material que sirve de base para este trabajo.

De igual forma, agradezco los comentarios, las críticas, las oportunas sugerencias y las palabras de aliento para publicar este trabajo de parte de los profesores Raúl Tavolari Oliveros, Faustino Cordón Moreno, Orlando Poblete Iturrate, Hernán Corral Talciani, Jorge Barahona González, Maite Aguirrezábal Grünstein, Joaquín García-Huidobro Correa, Mauricio Viñuela Hojas, Jaime Arancibia Mattar, Jaime Carrasco Poblete, José Ignacio Martínez Estay, Maximiliano Prado Donoso y Álvaro Paul Díaz.

EL AUTOR
Santiago, enero de 2005.

LIBRO I

LA PROTECCIÓN DE LOS DERECHOS E INTERESES LEGÍTIMOS

CAPÍTULO I
EL CONTENIDO DEL DERECHO DE ACCIÓN

1. INTRODUCCIÓN

La discusión sobre la acción procesal es un problema que ha demandado abundantes esfuerzos a la doctrina. La preocupación por esta materia constituye uno de los temas no acabados del derecho procesal. Incluso no han faltado las voces que invitan al abandono de su estudio, argumentando que la acción es un concepto relativo (Calamandrei), o bien, de carácter extrajurídico o extraprocesal (Guasp).

En esta disputa todo está sujeto a cuestionamiento: la oportunidad en que nace la acción (si antes e independientemente de la vulneración de un derecho, o con ocasión de ella); el sujeto contra quien se dirige (el Estado, el adversario o contra ambos); su naturaleza jurídica (facultad, poder, derecho público subjetivo, derecho cívico fundamental, derecho de petición); cuál es su contenido (pretensión de tutela jurídica, derecho al proceso, derecho a una sanción, derecho a la jurisdicción, derecho a una sentencia de fondo, derecho a una sentencia de fondo favorable...).

Aunque la controversia se prolongue en el tiempo, en su esencia, el debate gira en torno a una cuestión fundamental, relativa a la configuración del mecanismo de protección de los derechos subjetivos e intereses legítimos, que se realiza a través del proceso jurisdiccional.

Participamos de la doctrina que explica la naturaleza de la acción como un derecho subjetivo público, dirigido al órgano jurisdiccional para obtener la protección de los derechos e intereses legítimos. La noción de derecho público subjetivo se introdujo en el campo jurídico como una obligada consecuencia de que las relaciones entre el Estado y sus súbditos sean concebidas como vínculos jurídicos. Los derechos públicos subjetivos forman parte de la relación que se genera en el ámbito del derecho público, donde se conforman nexos entre las personas y el Estado, para que este último realice una serie de prestaciones, entre las que se cuenta conceder tutela jurisdiccional.

La acción es el derecho más importante en el campo jurídico procesal. Sobre él se articula todo el sistema de protección que se puede obtener del órgano jurisdiccional a través del proceso.

2. LA ACCIÓN COMO DERECHO PÚBLICO SUBJETIVO

Antes que la pandectística alemana, a fines del siglo XIX, generara el debate en torno a la naturaleza jurídica de la acción, predominaron las doctrinas que identificaban la acción con el derecho subjetivo material. Se trataba de una corriente que seguía postulando la definición romana de *actio*, elaborada varios siglos antes por Celso, y recogida en las Instituciones de Justiniano: "*Actio autem nihil aliud est, quam jus persequendi iudicio, quod sibi debetur*" [la acción no es otra cosa, que el derecho de perseguir en juicio lo que a uno se le debe][1] (D. 44, 7, 51; Inst. I, 4, 6, 1).

La recepción de la definición de Celso en nuestro medio se aprecia nítidamente en la jurisprudencia[2] y en la doctrina, unidas por la común idea de que la acción sería una proyección o parte del derecho subjetivo. Esta realidad, se explica por la influencia que tuvieron en nuestra codificación el Código Civil francés y el derecho civil de Castilla, que son tributarios del concepto celsiano de acción.

En el Código Civil redactado por Andrés Bello, la identificación entre acción y derecho subjetivo es evidente. Los artículos 577 y 578 sostienen que de los derechos reales nacen las acciones reales, y de los derechos personales nacen las acciones personales. Incluso atribuye a la acción una naturaleza mueble o inmueble, según el derecho que se persiga (art. 580 CC).

Bajo la vigencia de la doctrina civilista de la acción, esta era considerada como un apéndice del mismo derecho vulnerado. La doctrina expresaba esta idea a través de distintas metáforas: que la acción era el derecho en pie de guerra (Puchta); que la acción es el derecho elevado a la segunda potencia (Mattirolo), o como una "metamorfosis del derecho subjetivo privado"[3].

La explicación *civilista* de la acción, que venimos reseñando, ha sido superada por otras propuestas doctrinales que reivindican que la protección jurídica, a través de la acción, es una materia propia del derecho procesal[4]. Este cambio de orientación tiene

---

1 *Cuerpo del derecho civil romano*, por García del Corral, Ildelfonso L. Barcelona: Molinas, 1889, I, p. 135, Valladolid: Lex Nova, 1988, p. 135.

2 Entre otras, CS, 10 de enero de 1917, *RDJ* t. XX, sec. 1ª, p. 9; CS, 30 de octubre de 1928, *RDJ* t. XXVIII, sec. 1ª, p. 10; CS, 4 de enero de 1933, *RDJ* t. XXX, sec. 1ª, p. 436; C. de Ap. de Talca, 7 de julio de 1937, *RDJ* t. XXXV, sec. 2ª, p. 459; C. de Ap. de Santiago, 8 de julio de 1941, *RDJ* t. XXXIX, sec. 2ª, p. 41.

3 von Savigny, Friedrich Karl, *Sistema del derecho romano actual*, tr. de Jacinto Mesías y Manuel Poley, Madrid: Góngora, 1924, t. IV, pp. 7-14.

4 La polémica con los autores de derecho civil comenzó a zanjarse en Alemania con la obra de Hellwing, titulada como *Lehrbuch des Deutschen Civilprozessrechts* (Leipzing, 1903), donde se reivindicó para el sistema del derecho procesal la reglamentación de materias tratadas por los civilistas bajo el título "Tutela de los Derechos" (Chiovenda, José, "La acción en el sistema de los derechos", en *Ensayos de derecho procesal civil*, tr. Santiago Sentís Melendo, Buenos Aires: Ediciones Jurídicas Europa-América, 1949, t. I, p. 42 not. 4; Tarello, Giovanni, *Doctrine del Processo Civile*, Bolonia: Il Mulino, 1989, pp. 25-26). Para Chiovenda, el concepto de acción en este sentido fue revelado primeramente por Muther en su polémica con Windscheid, y desarrollado después ampliamente por Wach (Chiovenda, José, *Instituciones de derecho*

como hito la polémica sobre la *actio* surgida entre los pandectistas alemanes Windscheid y Muther entre 1856 y 1857. A contar de esta discusión se incorporará una metodología distinta para abordar la materia, que consistirá en dejar de lado la tradicional definición romana de *actio*, proclamándose, en consecuencia, la autonomía de la acción respecto del derecho material. Bernhard Windscheid adquiriría reconocimiento mundial por su propuesta crítica sobre la *actio* del derecho romano, la que propuso cambiar por el concepto jurídico-material de pretensión (*anspruch*)[5].

El nacimiento del derecho procesal como disciplina autónoma se debe a esa polémica sobre la acción. A partir de ella proliferó una serie de doctrinas que, para diferenciar el derecho subjetivo de la acción, han atribuido a esta distintas naturalezas, entre otras, la de derecho público subjetivo, la de derecho potestativo, la de derecho constitucional de petición[6].

Es frecuente que los autores agrupen tradicionalmente las distintas opiniones doctrinales en dos corrientes contrapuestas, a saber: las doctrinas de la acción como derecho concreto y las doctrinas de la acción como derecho abstracto[7].

Los defensores de la tesis concreta de la acción, sin desconocer la separación que existe entre derecho material y acción procesal, caracterizan a esta última como un

---

procesal civil, t. I, tr. del italiano E. Gómez Orbaneja, Madrid: *Revista de Derecho Privado,* 1954, p. 82).

5 "Windcheid nació el 26 de junio de 1817 y murió el 26 de octubre de 1892. Fue uno de los representantes más destacados de la pandectística y un precursor del moderno ordenamiento jurídico privado alemán. Se hizo famoso por su tratado *Lehrbuch des Pandektenrechts (Manual de pandectas)* y su participación en la primera comisión para la elaboración del Código Civil alemán (*BGB*). Hizo un aporte fundamental a la formación de la moderna dogmática jurídica, esto es, un sistema de conceptos, principios e institutos jurídicos perfectamente diferenciados e internamente coordinados entre sí. Una fama especial alcanzó su doctrina de la *Actio* (1856): en enérgico rechazo al derecho romano, fundó el concepto jurídico-material de la pretensión (*anspruch*), que está en la base del derecho civil alemán hasta la actualidad" (Falk, Ulrico, "Bernhard Windscheid", en *Juristas universales*, (Domingo, Rafael, editor), Marcial Pons, 2004, t. III, p. 292).

6 En nuestro medio, algunos intentos por explicar modernamente esta cuestión, Severín Sáenz, Eugenio, *La acción*, Memoria de Prueba, Univ. de Chile, Santiago: Imprenta Electra, 1929, pp. 1-101; Aimone Gibson, Enrique, *Evolución histórica del concepto de acción civil*, Memoria de Prueba, U. Católica de Valparaíso, 1956; Hoyos Henrechson, Francisco, *Temas fundamentales de derecho procesal*, Santiago: Editorial LexisNexis, 2001, pp. 97-162. En el último tiempo, Marinoni, Luiz Guiherme, Pérez Ragone, Álvaro, Núñez Ojeda, Raúl, *Fundamentos del proceso civil,* Santiago: AbeledoPerrot, 2010, pp. 151-277; Bordali, Andrés, "El derecho de acción: un intento de configuración en el orden constitucional chileno", en *RDJ*, t. XCVII, pp. 81-105; Núñez Ojeda, Raúl, Pérez Ragone, Álvaro, *Manual de derecho procesal civil (Parte general)*, Santiago: LegalPublishing, 2013, pp. 66-71. En la jurisprudencia postulan que la acción está incluida dentro del derecho de petición, entre otras, la sentencia de la CS, 19 de enero de 1982, *RDJ* t. LXXXIX, sec. 5ª, p. 1.

7 Este no es el único criterio de sistematización. Se han propuesto otras teorías que, por sus particularidades, no son encuadrables dentro de esta clasificación.

derecho subjetivo encaminado –entre otras formulaciones– a obtener una resolución favorable o el pronunciamiento de una sentencia justa, o una sentencia sobre el fondo[8].

En cambio, las concepciones abstractas de la acción se limitan a reconocer como objeto del derecho de acción la actividad jurisdiccional, cualquiera sea el resultado a que se arribe. El derecho de acción sería solo un derecho a la actividad jurisdiccional o, como también se dice, un *derecho al proceso*.

Por su influencia posterior en la doctrina procesal, vale la pena recordar que la idea de la acción como un derecho a obtener una concreta tutela jurisdiccional se atribuye al procesalista alemán Adolf Wach (1843-1926)[9], quien concibió la acción procesal como independiente del derecho material sustancial, bajo la forma de una *pretensión de tutela jurídica (Rechtsschutzanspruch)*. En palabras del autor, esto se explica de la siguiente forma: "La pretensión de protección del derecho constituye el acto de amparo judicial que forma el objetivo del proceso. Ella va dirigida al Estado, el cual debe otorgar tal amparo; y se dirige contra la parte contraria, frente a la cual debe ser otorgada dicha protección. Es de naturaleza de derecho público y no es la emanación del derecho privado subjetivo. Pero ella tampoco es aquella facultad, del derecho público de demandar, que compete a cualquiera que, dentro de las formas establecidas y con fundamento jurídico, sostenga una pretensión de protección del derecho. Frente al derecho civil, esta pretensión es independiente en cuanto a sus requisitos previos, sujeta a configuraciones concretas y extraprocesales de hechos, independiente en su contenido y en su realización. Es el objeto inmediato del proceso civil"[10].

En la jurisprudencia la explicación anterior ha tenido acogida, entre otras, en la sentencia de la Corte Suprema de 26 de abril de 2006, al señalar que "la acción, en el orden de los principios, es un derecho subjetivo autónomo dirigido a obtener una determinada resolución jurisdiccional, favorable a la petición del reclamante"[11].

---

8 Mayores antecedentes sobre esta tesis, DE LA OLIVA, Andrés, *Derecho procesal civil,* (con DÍEZ-PICAZO GIMÉNEZ, Ignacio, VEGA TORRES, Jaime), Madrid: Ramón Areces, 3ª ed., 2016, pp. 137-154; GASCÓN INCHAUSTI, Fernando, *La terminación anticipada del proceso por desaparición sobrevenida del interés,* Madrid: Civitas, 2003, pp. 21-27. Con anterioridad, DE LA OLIVA, Andrés, *Sobre el derecho a la tutela jurisdiccional,* Barcelona: Bosch, 1980.

9 En explicación de DE LA OLIVA, Adolf WACH, junto a Oskar von Bülow o Josef Kohler, el trío de grandes autores a los que puede atribuirse primordialmente, aunque no con exclusividad, la formación de la moderna ciencia procesal. WACH es el verdadero patriarca del procesalismo clásico alemán, con profunda y extensa influencia en Italia (sobre todo, a través de Chiovenda), en Suiza, en Finlandia y en España e Hispanoamérica, merced a las traducciones. Nació en Kulm, Prusia occidental, el 11 de septiembre de 1843. Estudió Derecho en Berlín y obtuvo el grado de doctor en 1865. Enseñó en Königsberg, Rostock, Tubinga y finalmente en Leipzig, donde falleció el 4 de abril de 1926 (DE LA OLIVA, Andrés, "Adolf Wach", en *Juristas universales* (DOMINGO, Rafael, editor), Marcial Pons, 2004, t. III, pp. 522-525).

10 WACH, Adolf, *La pretensión de declaración*, tr. del alemán Juan M. Semón, Buenos Aires: E.J.E.A., 1962, pp. 40-41.

11 CS, 26 de abril de 2006, MJ 17471.

3. ACCIÓN Y TUTELA DEL DERECHO

La protección de los derechos subjetivos o de los intereses legítimos en el campo del proceso civil se realiza a través del ejercicio del derecho de acción. Cuando ellos han sido desconocidos o amenazados, el justiciable puede solicitar al órgano jurisdiccional que proceda a otorgarle resguardo, con el objeto de que no pierda eficacia.

Para que pueda concederse esta petición, el órgano jurisdiccional verificará –normalmente, en la sentencia definitiva–, la existencia de los elementos constitutivos del derecho de acción, oyendo previamente a la contraparte o, a lo menos, dándole la posibilidad de ser oída en un proceso declarativo o en uno ejecutivo[12].

Desde el punto de vista del contenido, la respuesta jurisdiccional está determinada por el tipo de derecho o interés legítimo respecto del que solicita la protección[13].

a) Derechos con contenido patrimonial. En los derechos con contenido patrimonial, la protección jurídica que busca el actor se puede traducir en alguna de las siguientes manifestaciones:

- La reparación pecuniaria o patrimonial, encaminada a indemnizar los daños que pueden provenir de un incumplimiento contractual (art. 1556 CC) o de la infracción del principio general de no dañar a otro (art. 2314 CC). Esta es la forma de protección jurídica más tradicional, que actúa frente a lesiones del derecho consumadas.
- La obtención del cumplimiento forzado de una determinada obligación, en su contenido natural (art. 1553 CC).

---

12 Una clara descripción de las diferencias que existen entre proceso de declaración y proceso de ejecución se encuentra en la sentencia de la C. de Ap. de Santiago, de 12 de julio de 1990, cuando expone: "4° Que nuestro ordenamiento civil ha establecido dos grandes órdenes de procedimientos: los denominados cognoscitivos u ordinarios, y los ejecutivos; los primeros persiguen satisfacer una pretensión que consiste en obtener el mero conocimiento o la declaración de un derecho o facultad, en una resolución jurisdiccional que es la sentencia definitiva, sentencia que normalmente tiene fuerza ejecutiva; los procedimientos denominados ejecutivos están por esencia destinados precisamente a lograr la ejecución de ese derecho o facultad que ya consta fehacientemente e indiscutidamente, sea en una sentencia definitiva o en un instrumento al cual el legislador le ha otorgado fuerza ejecutiva. En el sistema jurídico nacional, el principio es que en los procedimientos ejecutivos se pueda incorporar uno cognoscitivo, muy breve y limitado, con la característica de que esta posibilidad quede sujeta a la iniciativa del ejecutado, pues es una parte accesoria y no fundamental a la naturaleza y finalidad del procedimiento ejecutivo, de modo que en ningún caso altera o modifica la naturaleza compulsiva de este. Dicho principio queda en evidencia en el juicio ejecutivo por excelencia, el reglado en el art. 434 y siguientes del Código de Procedimiento Civil, donde el deudor requerido de pago judicialmente tiene la posibilidad de oponer excepciones; si lo hace, abre un corto período cognoscitivo; al contrario, si no hace uso de tal posibilidad, continúa el apremio en plenitud" (C. de Ap. de Santiago, 12 de julio de 1990, *RDJ*, t. LXXXVII, sec. 2ª, p. 146).

13 Sobre el tema, en general, Di Majo, Adolfo, *La Tutela Civile dei Diritti*, Milán: Giuffrè, 2ª ed., 1993.

- La restitución patrimonial. Los casos más evidentes provienen del cumplimiento de la condición resolutoria (art. 1487 CC), de la declaración de nulidad de un acto o contrato (arts. 1687, 1689 CC), del ejercicio de la acción reivindicatoria (arts. 889, 904 CC) o están en las hipótesis en que existe la prohibición de un enriquecimiento sin causa.
- La creación, modificación o extinción de situaciones jurídicas, por la vía de disolver, resolver o anular actos o contratos, o reconocer el estado civil de una persona. A través de esta forma de protección jurídica, se instará por conseguir la pérdida de eficacia de un determinado acto jurídico o se intentará crear una situación que satisfaga alguna pretensión del actor.
- La imposición de abstenerse o cesar en una determinada conducta (art. 1555 CC).
- La inhibición o paralización de un determinado acto (art. 1555 CC).
- La destrucción de lo construido (art. 1555 CC).
- La declaración de certeza del derecho, para conceder seguridad jurídica a una determinada situación o relación.

b) Derechos extrapatrimoniales. Aunque los derechos de esta clase también pueden ser amparados a través de alguno de los mecanismos recién indicados, no debe extrañar que, por su propia naturaleza, puedan utilizarse otras formas de protección jurídica.

Dentro de esta categoría, la manifestación más excelsa es la que se reconoce al derecho a la vida del *nasciturus*. En este caso, cualquier persona puede accionar en su beneficio, para impedir que se consume la amenaza del derecho a nacer. Incluso el juez puede adoptar de oficio todas las providencias que le parezcan convenientes para proteger la existencia del *nasciturus*, siempre que crea que de algún modo peligra (arts. 75 CC y 19 N° 1 CPE)[14]. Lo anterior es consecuencia de que el derecho chileno ampara a todo el ciclo vital que se constata en la vida del embrión humano, que sabemos que parte con la concepción[15].

En la Constitución de 1980 se reconoce lo anterior al garantizar "el derecho a la vida y a la integridad física y psíquica de las personas" (art. 19 N° 1). Lo anterior no podía ser de otro modo, desde el minuto que la vida humana es la base de los demás

---

14 Sobre el tema, entre otros, Corral Talciani, Hernán, *Derecho civil y persona humana*, Santiago: LexisNexis, 2007, pp. 63-120; Ugarte Godoy, José Joaquín, *El derecho de la vida*, Santiago: Editorial Jurídica de Chile, 2006, pp. 471-519.

15 Desde hace años la investigación científica dispone de evidencia que permite demostrar la existencia de un embrión humano en su etapa anterior a la implantación. Una sustancia inmunosupresora, denominada *Early Pregnancy Factor* (EPF), es una proteína específica del embarazo producida por el huevo fecundado, que aparece en el suero de la mujer embarazada 48 horas después de la fertilización. La función de esta sustancia es "avisar" al endometrio que no rechace la implantación del huevo, lo que debería ocurrir puesto que la composición genética de las células del embrión es diferente a la de la madre. También la ciencia ha descubierto el denominado *genoma humano*, el que se activa en etapas anteriores a la implantación, demostrando que el *nasciturus* tiene una singularidad propia, distinta a la de sus progenitores.

derechos y libertades. El inciso 2° del art. 19 N° 1 asegura que "la ley protege la vida del que está por nacer", esto es, la vida del *nasciturus*, embrión o del concebido y no nacido.

Sobre el alcance de la protección del derecho a la vida, la Corte Suprema ha declarado, en sentencia de 30 de agosto de 2001, que, "el que está por nacer –cualquiera que sea la etapa de su desarrollo prenatal, pues la norma no distingue– tiene derecho a la vida, es decir, tiene derecho a nacer y a constituirse en persona con todos los atributos que el ordenamiento jurídico le reconoce, sin que a su respecto opere ninguna discriminación"[16].

En materia de protección de la vida privada y de la honra de las personas y de su familia, garantizado en el artículo 19 N° 4 de la Constitución, el derecho de acción ha dado lugar al desarrollo de interesantes formas de defensa, distintas de la reparación pecuniaria. En tal sentido, por ejemplo, se ha ordenado al infractor realizar una publicación aclaratoria, para desmentir una imputación que menoscaba tales derechos; se ha ordenado a un diario que se abstenga de seguir publicando una determinada fotografía que, aunque fue tomada en un lugar público, no permitía colegir que la retratada haya dado su autorización para su divulgación. Para preservar el derecho a la privacidad, incluso se ha dispuesto judicialmente la destrucción de una filmación de una intervención quirúrgica realizada por una clínica sin el consentimiento de la paciente[17].

c) La protección de los intereses supraindividuales, difusos y colectivos. La clásica distinción entre derechos subjetivos patrimoniales y extrapatrimoniales se ha visto complementada por la gradual incorporación de los denominados intereses difusos y colectivos, tema cuyo estudio nace en Italia en la década del setenta del siglo XX, generando una abundante literatura donde, con infatigable afán, se busca precisar el dispar contenido que se asigna a estas categorías.

La delimitación jurídica de los intereses colectivos y difusos está lejos de ser pacífica. Sobre ellos se controvierte desde las posibles denominaciones hasta su propia existencia o autonomía. Lo anterior se aprecia en las diversas categorías que se han propuesto para abordar este tema aludiendo a la existencia de la lesión de intereses generales, intereses difusos, intereses colectivos, intereses supraindividuales, intereses grupales, intereses plurindividuales homogéneos, intereses plurisubjetivos, por aludir a las referencias más comunes. El contenido de estas categorías genera normalmente una disputa teórica acerca de si el objeto de protección constituye un auténtico derecho subjetivo o se trata de "intereses jurídicamente protegibles"[18].

---

16 CS, 30 de agosto del 2001, *RDJ*, t. XCVIII, sec. 5ª, pp. 199-208, C° 17°.

17 Un estudio de la casuística jurisprudencial, RODRÌGUEZ PINTO, María Sara, "Protección de la vida privada: líneas jurisprudenciales", en *Revista Chilena de Derecho*, N° 3, 1999, pp. 719-744. En su aspecto dogmático, entre otros, CORRAL TALCIANI, Hernán, "Configuración jurídica del derecho a la privacidad: Concepto y delimitación", en la misma publicación, N° 27, 2000, N°s. 1 y 2, pp. 51-79 y 331-355.

18 Con una síntesis de la discusión, RÍOS MUÑOZ, Luis Patricio, *El interés jurídico procesal,* Santiago: *Ius civile,* 2021, pp. 13-37.

La doctrina no logra ponerse de acuerdo en si esta realidad constituye una categoría autónoma o, por el contrario, si se trata simplemente de una suma de derechos individuales; si es una realidad que pertenece al derecho privado o al derecho público; si conforman auténticos derechos subjetivos o solo una especial forma de interés jurídico[19].

Por su especialidad, algunos incluso refieren a estas figuras como *derechos de tercera generación*. Como lo sintetiza Aguirrezábal, "los derechos que se identifican como pertenecientes a esta nueva generación tienen en común dos notas: primero, no proceden de la tradición individualista o socialista de la primera y segunda generación; y segundo, se sitúan al principio de un proceso legislativo, lo que les permitirá ser reconocidos en el futuro como derechos humanos"[20].

Más allá de las divergencias doctrinales, para lo que aquí importa no hay duda de que estamos frente a una realidad que ya está instalada en el derecho positivo, promoviendo una serie de problemas procesales de interés en relación a la titularidad de la acción, legitimación, capacidad, representación, efectos de la sentencia, entre otras cuestiones[21].

4. ELEMENTOS CONSTITUTIVOS DEL DERECHO DE ACCIÓN

En el proceso civil para conceder la tutela jurisdiccional impetrada a través del ejercicio del derecho de acción se deben reunir tres exigencias:

1°) Que exista una causa de pedir;

2°) Que concurra la legitimación, y

3°) Que exista la posibilidad de otorgar el *petitum* de la acción deducida.

19 Sobre este tema, PROTO PISANI, Andrea, "Nouvi diritti e tecnica di tutela", en *Scritti in onore de Elio Fazzalari*, Milán: Giuffre, 1993, vol. II, pp. 47-74; GUTIÉRREZ DE CABIEDES E HIDALGO DE CABIEDES, Pablo, *La tutela jurisdiccional de los intereses supraindividuales, colectivos y difusos*, Pamplona: Aranzadi, 1999; BUJOSA VADELL, Lorenzo, *La protección jurisdiccional de los intereses de grupo*, Barcelona: J.M. Bosch, 1995; SILGUERO ESTAGNAN, Joaquín, *La tutela jurisdiccional de los intereses colectivos a través de la legitimación de grupos*, Madrid: Dykinson, 1995, especialmente pp. 187 y ss.; GUIDI, Antonio, FERRER MAC-GREGOR, Eduardo (coordinadores), *La tutela de los derechos difusos, colectivos e individuales homogéneos*, México: Editorial Porrúa, 2003, pp. 756; de los mismos coordinadores, *Procesos colectivos*, México: Editorial Porrúa, 2003; GIDI, Antonio, *Las acciones colectivas y la tutela de los derechos difusos, colectivos en Brasil*, Universidad Nacional Autónoma de México, 2004.

20 AGUIRREZÁBAL GRÜNSTEIN, Maite, "Algunas precisiones en torno a los intereses supraindividiales (colectivos y difusos)", en *RCHD*, vol. 33 N° 1, 2006, p. 71.

21 La Ley de Protección a los Consumidores N° 19.496, señala que "son de interés individual las acciones que se promueven exclusivamente en defensa de los derechos del consumidor afectado". Acto seguido, indica que "son de interés colectivo las acciones que se promueven en defensa de derechos comunes a un conjunto determinado o determinable de consumidores, ligados con un proveedor por un vínculo contractual". "Son de interés difuso las acciones que se promueven en defensa de un conjunto indeterminado de consumidores afectados en sus derechos".

En concreto, para saber qué debe resolver un juez, es necesario que el actor formule en la demanda una petición de protección jurídica referida a una situación particular. Ese acto, en el campo del proceso civil, se puede escindir en estos tres elementos constitutivos del derecho de acción.

Dicho de otra forma, toda acción en el proceso civil se deduce en relación a un supuesto de hecho concreto, que lleva a un justiciable a solicitar su amparo jurisdiccional, resultando imprescindible que dicha petición de protección jurídica se analice a la luz de estos elementos que conforman el concepto de acción.

Describe bien el contenido y la forma como interactúan los elementos de la acción la sentencia de la Corte Suprema de 2 de octubre de 2013, en la que señala, "en un diálogo con la doctrina se puede traer a colación lo expuesto por Piero Calamandrei en cuanto afirma que ya desde antiguo se analiza, para efectos de identificación de la acción entre sujetos, objeto y título. De esta forma, expresa, en los sujetos podrá considerarse quien desea obtener una providencia jurisdiccional favorable o un interés y la persona en contra la cual esa providencia se dirige, es la legitimación activa y pasiva; el objeto, se identifica por el *petitum* y para determinar respecto de la acción encaminada a obtener la condena, debe indicarse el derecho desconocido, violado o insatisfecho y la tutela que se reclama del Estado y, el título es la *causa petendi*, que en una definición ajustada a configuraciones prácticas, importa la concreta individualización de los hechos y el antecedente de derecho que le respalda. 'La identificación' de los sujetos trata de establecer quiénes son los litigantes; la del objeto se dirige a determinar sobre qué litigan; la identificación se dirige a responder una tercera pregunta ¿por qué litigan? (Piero Calamandrei, *Instituciones del derecho procesal civil*, Volumen I, págs. 280 a 291, Librería 'El Foro', Buenos Aires, 1996)"[22].

5. LA CAUSA DE PEDIR

La causa de pedir se vincula con la determinación de la razón o del fundamento de la acción, es decir, con el título justificador del derecho.

La voz *titulus* es una expresión recibida –como tantas otras– por el derecho medieval y moderno del derecho romano. Según D'Ors, en el caso de *titulus* nos encontramos con una palabra vulgar que viene a adquirir en su evolución el significado técnico de *causa petendi*[23].

---

22 CS, 2 de octubre de 2013, Rol N° 8607-12, MJ 36038. En similares términos, CS, 29 de diciembre de 2011, Rol N° 2786-11, MJ 30431.

23 D'Ors, Álvaro, "Titulus", en *Anuario de la historia del derecho español. Estudios en homenaje a don Eduardo de Hinojosa*, T. XXIII, 1953, pp. 497-498. Villey, Michel, "El '*ius in re*' del derecho romano clásico al derecho moderno", en *Estudios en torno a la noción de derecho subjetivo*, Valparaíso: Ediciones Universitarias de Valparaíso, 1976, pp. 139-141; "Los orígenes de la noción de derecho subjetivo", *op. cit.*, pp. 23-57).

En la doctrina procesal la delimitación de la causa de pedir se vincula con el problema del "título justificador" del derecho, o de la "causa eficiente" del derecho. Dentro de la variedad de definiciones, se describe a este elemento de la acción como una "causa" jurídicamente relevante, que no es un hecho natural puro y simple, sino un hecho o conjunto de hechos apto para poner en movimiento una norma de ley; un hecho o conjunto de hechos idóneos para producir efectos jurídicos[24]; también, como el hecho del que surge el derecho que el actor pretende hacer valer o la relación jurídica de la cual aquel derecho se hace derivar, con todas aquellas circunstancias e indicaciones necesarias para individualizar exactamente la acción que se propone[25]; la "razón" del que afirma una pretensión[26]; o bien, como el presupuesto causal del poder de acción[27].

En nuestro derecho este elemento de la acción está definido en el artículo 177 inciso final del Código de Procedimiento Civil, a propósito de la excepción de cosa juzgada. Allí se establece que la causa de pedir *es el fundamento inmediato del derecho deducido en juicio.*

Para entender cómo funciona este componente de la acción en el campo del proceso civil, hay que destacar algunas ideas básicas:

1ª) La causa de pedir invocada por el actor se vincula a conflictos intersubjetivos surgidos en relación a alguna de las siguientes categorías: las obligaciones, el *status*, el derecho subjetivo, el derecho potestativo, el interés (individual, colectivo, difuso, etc.), las garantías constitucionales, los derechos reales, los derechos personales.

2ª) La determinación de este componente está inserto dentro de una cultura jurídica caracterizada por la idea de que el paradigma de la fuente del derecho es la ley. Lo anterior es consecuencia del predominio que ha tenido entre nosotros el denominado *positivismo legalista*, metodología que trata de explicar el fenómeno jurídico partiendo de la base de que no hay más derecho que el promulgado por el poder, correspondiéndole a los jueces y abogados interpretarlo con los instrumentos exegéticos contenidos en el título primero del Código Civil. En este esquema, la función jurisdiccional se reduciría a aplicar la solución legal al caso concreto. A lo más, si el sentido de la ley no es claro en su tenor literal, se puede recurrir a la aplicación de una serie de reglas de interpretación subsidiarias de la literal, para dar con la solución del caso. La descripción anterior, aunque se presente como la explicación predominante, no es del todo exacta.

---

24 En esta orientación, Chiovenda, José, "Identificación de las acciones. Sobre la regla '*ne* eat iudex ultra petita partium', en *Ensayos de derecho procesal civil, op. cit.*, t. I, p. 280.

25 Liebman, Enrico T., *Manual de derecho procesal civil,* Buenos Aires: E.J.E.A., 1980, p. 143.

26 Carnelutti, Francisco, *Derecho y proceso*, tr. del italiano Santiago Sentís Melendo, Buenos Aires: E.J.E.A., T. I., pp. 197-198.

27 Micheli, Gian Antonio, *Curso de derecho procesal civil,* tr. Santiago Sentís Melendo, Buenos Aires: E.J.E.A., 1970, t. I, p. 41.

La declaración del derecho es un acto mucho más complejo que la mera aplicación de una norma legal a unos hechos[28].

3ª) Para la determinación del derecho como lo justo (como la cosa justa, como lo debido a otro), se debe invocar un título del derecho en virtud del cual una de las partes sostiene que este le pertenece o le está atribuido (*v. gr.*, el crédito, el dominio) y, por tanto, que le es debido cuando se lo desconoce o amenaza.

4ª) Debe ser considerado como título todo aquello que sea capaz de producir la atribución de la cosa que se reclama (*v. gr.*, el dueño su propiedad; el crédito, el acreedor, los alimentos, el alimentario).

5ª) En relación al hombre, no a las cosas, sus derechos le son reconocidos por su propia dignidad de ser humano. Nuestro sistema jurídico se caracteriza por reconocer los derechos por nuestra condición de persona. La piedra angular de nuestro sistema jurídico ha sido el concepto de persona que conforme art. 55 del Código Civil "son todos los individuos de la especie humana, cualquiera que sea su edad, sexo, estirpe o condición".

6ª) Contribuyen en esta actividad intelectual y técnica de determinación de lo *que es debido a otro,* junto a ley, otras fuentes jurídicas, como la equidad, la doctrina científica, la costumbre, la jurisprudencia y los principios generales del derecho.

7ª) Junto al título, para la declaración del derecho, también es relevante *la medida del derecho*, que es la cosa concreta que se reconoce al titular (la facultad jurídica que se tiene, la cantidad de dinero que se le debe, los requisitos de uso del derecho, etc.). Esto lo solicita el actor en el petitorio de la demanda, lo contradice o resiste normalmente el demandado (salvo en el allanamiento) y lo fija el juez en su sentencia sobre el fondo.

8ª) Aunque en nuestro sistema predomina la ley como fuente primordial, ella no es la única que sirve de base para que el actor fundamente la causa de la acción. El juez en el proceso civil tiene la posibilidad de fundamentar su respuesta en una fuente diversa de la ley, en virtud del principio de la inexcusabilidad, que está sancionado en los siguientes términos: "Reclamada su intervención en forma legal y en negocios de su competencia, no podrán excusarse de ejercer su autoridad ni aun por falta de ley que resuelva la contienda sometida a su decisión" (arts. 76 de la CPR y 10 inc. 2° COT). Si falta la ley, el juez civil puede acudir a la equidad como fuente del derecho (art. 170 N° 5 CPC)[29].

En la jurisprudencia, la distinción entre causa de pedir y norma legal está bien descrita en la sentencia de la Corte de Apelaciones de La Serena, de 19 de octubre de 1953, al exponer "que la acción no la constituye la disposición legal que la reconoce como

28 Una descripción actual del sistema de fuentes, CORRAL TALCIANI, Hernán, *Curso de Derecho Civil (parte general)*, Santiago: Thomson Reuters, 2018, pp. 43-235.

29 Una exposición del tema, FIGUEROA, María Angélica, "Algunos antecedentes históricos sobre los principios de inexcusabilidad y legalidad", en *Revista de Estudios Histórico-Jurídicos*, Valparaíso, 1996, pp. 187-196.

tal, sino que es una determinada situación de hecho, respecto a la cual ha de existir la voluntad o determinación de la ley de darle protección jurídica, sin que sea necesario que tal determinación o protección jurídica esté expresamente manifestada, pues ella puede deducirse del contexto del sistema legal y aun de meros principios de equidad (artículos 10 del Código Orgánico y 170 N° 5 del Código de Procedimiento Civil)"[30].

6. ELEMENTOS QUE COMPONEN LA CAUSA DE PEDIR

En la doctrina no existe acuerdo para definir qué elementos configuran el componente causal de la acción: si solo un conjunto de hechos; o si junto a los hechos debe considerarse también al elemento jurídico fundante de la acción. La diferencia entre ambas posturas tiene consecuencias prácticas relevantes, especialmente, para controlar los posibles excesos del juez al resolver la controversia conforme a los límites que le impone el principio de la congruencia procesal. Así, no resulta congruente una sentencia, que, bajo el pretexto de aplicar soberanamente el derecho, condene invocando reglas jurídicas respecto de las cuales las partes no han debatido en el proceso, salvo que el sentenciador tenga la obligación de realizar alguna declaración de oficio. Al aplicar una fundamentación jurídica distinta de la que conformaron el debate, se puede vulnerar el principio de la bilateralidad o de audiencia, que es uno de los componentes esenciales del debido proceso[31].

Para los que postulan que la causa de pedir está conformada exclusivamente por el elemento fáctico, el juez tendría una mayor amplitud a la hora de aplicar el derecho, pudiendo prescindir de la calificación jurídica que el actor asigne a esos hechos (que sería la causa de pedir). En cambio, los que sustentan que junto a la cuestión de hecho la causa de pedir también está integrada por un componente jurídico, restringen la actividad jurisdiccional en la aplicación del derecho al resolver acerca del objeto del proceso. Para esta explicación el juez no puede alterar la causa a pretexto de aplicar el derecho[32].

El problema de incluir o excluir al componente jurídico dentro de la causa de pedir está condicionado por la mayor o menor latitud que asignan unos y otros al principio del *iura novit curia*, esto es, "el tribunal conoce el derecho"[33].

---

30 C. de Ap. de La Serena, 19 de octubre de 1953, *RDJ*, t. LII, sec. 1ª, p. 85.

31 Acepta este límite la sentencia de la CS, 6 de abril de 2020. Rol N°26474-18 (MJ 304959), "Sociedad Pablo Massoud y Cía Ltda. con Ortiz Valenzuela y otros".

32 Un estudio del tema en HUNTER AMPUERO, Iván, *La aplicación judicial del derecho en el proceso civil*, Santiago: Thomson Reuters, 2015, pp. 41-204. Sobre el tema, TAVOLARI GOYCOOLEA, Pía, "La protección frente al juez en el sistema jurídico alemán: El derecho a ser oído", RDJ, T., CII, N° 2, 2005, pp. 525-537.

33 Según Domingo, el principio no es romano, sino medieval, pero tiene su fundamento en Roma, cuando el juez desconocía el derecho –lo cual era frecuente, por ser este un particular– acudía a los jurisprudentes o al propio emperador. (Domingo, Rafael, *Reglas jurídicas y aforismos*, Pamplona: Aranzadi, 2000, p. 72).

Siguiendo el estudio clásico de Hunter sobre el tema, sintetiza este problema el fallo de la Corte Suprema, de 6 de abril de 2020, al señalar que, "[...] tampoco el poder de la judicatura para aplicar el derecho es absoluto, porque está sujeto a una serie de limitaciones; la más relevante para el caso que nos ocupa es aquella que proviene del derecho de defensa de las partes. Este derecho debe ser entendido no solo como la posibilidad de contradecir lo planteado por la otra parte, sino también como la de influir en la decisión que el tribunal adopte. Y en tal sentido, no es posible pretender que el juez asuma una determinada posición 'innovadora' frente a los hechos, sin que haya dado a los litigantes la posibilidad de discutir esa nueva calificación, como tampoco sería aceptable que con una nueva calificación jurídica modifique lo pretendido en una demanda, si con ello altera la causa y objeto pedido"[34].

Explicado de otra forma, la importancia de incluir dentro de la causa el componente jurídico dice relación con los límites que tiene el juez para aplicar el derecho. En este punto es razonable estimar que, al decidir, siempre podrá discrepar de la interpretación jurídica que las partes proponen en sus respectivas defensas, pero no pueden aplicar reglas sobre las que nunca se ha discutido. Dentro de ese margen el juez es soberano para interpretar y aplicar las consecuencias jurídicas que estime convenientes en la decisión del litigio, sin alterar la causa de pedir[35]. Como lo expone la sentencia de la Corte de Apelaciones de Valparaíso, de 20 de octubre de 2000, "la causa de pedir es aquella que particularmente determina la condición jurídica de las acciones o excepciones alegadas; ahora bien, aceptar una acción por una causa de pedir distinta de la invocada importa resolver algo diferente a lo pedido y sometido a la decisión de las partes al sentenciador... Esto tiene singular relevancia en lo concerniente al fundamento ya citado, que derechamente reconoce haber cambiado la causa de pedir de indemnización extracontractual a contractual"[36].

---

34 CS, 6 de abril de 2020. Rol N° 26474-18 (MJ 304959), "Sociedad Pablo Massoud y Cía Ltda. con Ortiz Valenzuela y otros".

35 CS, 3 de julio de 2020. Rol N° 12123-19 (MJ 305433), "Cooperativa Lautaro Rosas Limitada con Jeria Saavedra, Adrián".

36 C. de Ap. de Valparaíso, 20 de octubre de 2000, *RDJ*, tomo, XCVII, sec. 2ª, p. 95.
En la jurisprudencia, la doctrina imperante ha sido reiterada por la Corte Suprema en la sentencia de 18 de agosto de 2009, señalando que "[...]esta Corte ha sostenido que los tribunales tienen el deber de examinar los presupuestos jurídicos de la acción para determinar si las pretensiones pueden ser acogidas, pues nada impide a los jueces del fondo descubrir por sí mismos las normas y principios jurídicos determinantes para desestimar la acción entablada, según se expresa en el aforismo *iura novit curia* ("los jueces conocen el derecho"), que ha sido reconocido desde antiguo por la doctrina (Manuel E. Ballesteros, La ley de Organización de los Tribunales de Chile, 1890, Tomo I, página 131)". CS, 18 de agosto de 2009, Rol N° 4397-2009. La amplitud de la regla también se aprecia en la sentencia de la Corte de Apelaciones de Valparaíso, de 19 de enero de 2006, al declarar: "6°) Que el demandado arguye que la nomenclatura de dichos preceptos no se propuso expresamente por la demandante, pero lo dispuesto por el Tribunal en este sentido constituye una calificación jurídica que le compete, según los aforismos *Iura Novit Curia* (los jueces conocen el derecho) *y ex facto oritur ius* (del hecho surge el derecho), siendo útil destacar que la posición jurisprudencial mayoritaria en este aspecto puede resumirse en las doctrinas que

En la jurisprudencia, la Corte Suprema, en sentencia de 10 de marzo de 2020, ha resuelto que "[...] los tribunales de justicia deben ceñirse al principio de pasividad que rige su actuar y también, como ya se anunció, al de congruencia, determinado por los asuntos sometidos a su decisión, sin poder soslayarse, con todo, que el principio *iura novit curia* del sistema dispositivo y de aportación de partes viene a significar tan solo la posibilidad que tiene el juez de desvincularse de la fundamentación jurídica sustentatoria de las pretensiones de cada litigante para la resolución de la controversia que ha sido sometida a su conocimiento, sin apartarse de la causa de pedir. Dicho principio permite, sin incurrir en incongruencia, dar a los hechos planteados exclusivamente por las partes y que derivan de las probanzas rendidas, la calificación jurídica que corresponda"[37].

Como se explicará más adelante, para resolver los múltiples problemas que se promueven en torno a este elemento causal del derecho de acción, la doctrina procesal invita a distinguir considerando el tipo de protección jurídica que se busca. Conforme a esta pauta, la causa de pedir varía según las diversas categorías de derechos y acciones que pueden ser objeto del proceso, debiendo distinguirse entre acciones de condena, declarativas y constitutivas[38].

7. LA FIJACIÓN PROCESAL DE LA CAUSA DE PEDIR Y SU CONTROL

La fijación procesal de la causa de pedir es un tema capital en la protección jurisdiccional de los derechos e intereses legítimos.

La obligación de precisar la causa de pedir está regulada dentro de las exigencias formales de toda demanda. Sobre el particular, el Código de Procedimiento Civil dispone que la demanda debe contener "la exposición clara de los hechos y de los fundamentos de derecho en que se apoya" (art. 254 N° 4 CPC).

---

se indican: 'no falla ultrapetita la sentencia que al hacer la enunciación de las leyes con arreglo a las cuales se produce el fallo, cita algunas no invocadas por el demandante al deducir su acción'; y 'Si el Tribunal sentenciador pronuncia su fallo fundándose en consideraciones diversas que hayan invocado las partes, tal antecedente no importa el vicio de ultrapetita, puesto que la sentencia trata y decide la cuestión por las partes'" (C. de Ap. de Valparaíso, 19 de enero de 2006, Rol N° 3503-2005, confirmada por la CS, 29 de enero de 2007, Rol N° 1657-2006). En este proceso se había pedido la nulidad de la sentencia por ultrapetita, sosteniendo que el fallo era nulo al condenar a un arquitecto por su responsabilidad profesional establecida en base a los arts. 2003 N° 3 y 2004 del CC, sin que haya existido en la demanda una petición concreta en tal sentido.

37 CS, 10 de marzo de 2020. Rol N°12615-18 (MJ 304815), "Castillo Contreras, Mirza con Escobar Echeverria, Ana". En igual sentido, CS, 2 de marzo de 2020. Rol N° 15067-19 (MJ 304843), "Rojas Cáceres, Luis E. con Fisco de Chile".

38 Así, entre otros, Liebman, Enrico T., *Manual de derecho procesal civil, op. cit.*, p. 143; Rocco, Ugo, *Tratado de derecho procesal civil*, t. I, tr. Santiago Sentís Melendo y Marino Ayerra, Buenos Aires: Depalma, 1976, p. 375; Rosenberg, Leo, *Tratado de derecho procesal civil*, t. I, tr. de la 5ª ed. alemana: Ángela Romera, Buenos Aires: E.J.E.A., 1955, pp. 5-6.

Como principio general, el juez no puede controlar preventivamente la existencia de este componente del derecho de acción, aunque sea manifiesto que el actor carece del título justificador del derecho que reclama en su demanda. En efecto, la decisión acerca de este elemento ha quedado reservado al pronunciamiento de la sentencia definitiva, tal como se desprende de la definición de esta resolución, como aquella que pone fin a la instancia, resolviendo la cuestión o asunto que ha sido objeto del juicio (art. 158 inc. 1° CPC).

En este punto se ha producido una interesante evolución en nuestro sistema. A principios del siglo XX todavía era posible apreciar en la práctica forense la utilización del incidente de *incontestación de la demanda*, mediante el cual el demandado provocaba un control sobre la causa de pedir de la acción[39]. La base legal de este incidente se encontraba en el primitivo artículo 252 del CPC, cuando establecía que el actor debía presentar con su demanda "los instrumentos en que la funde". Si no daba cumplimiento a esa disposición, exigiéndolo el demandado, "los instrumentos que se presentaren después solo se tomarán en consideración si el demandado los hiciere también valer en apoyo de su defensa, o si se justifica o aparece de manifiesto que no pudieron ser presentados antes, o si se refieren a hechos nuevos alegados en el juicio con posterioridad a la demanda"[40].

Actualmente solo es admisible promover un control formal de la causa de pedir, solicitando al juez que ordene al demandante aclarar las contradicciones o dudas que hagan inteligibles la relación de hecho y de derecho contenida en la demanda. En esta actividad de depuración, no es admisible que se emita un pronunciamiento sobre el fondo de la acción deducida, al quedar la decisión sobre el fondo reservada para el pronunciamiento de la sentencia definitiva, salvo ciertos casos donde se hacer una excepción a esta regla general[41].

---

39 En la literatura producida por *los prácticos*, se describe que la fijación de la causa o fundamento del derecho era de tanta relevancia que generaba un incidente de tratamiento preliminar, donde el demandado pedía al actor que concretara esta exigencia, como requisito previo para proceder a contestar la demanda. La base positiva de esta alegación se encontraba en las exigencias que *Las partidas* indicaban para confeccionar la demanda, indicando que el actor debía señalar "la cosa que se pide" y la "razón por la que se pide" (Partida III, título II, ley XL).

40 Con la reforma de la Ley N° 18.705, de 24 de mayo de 1988, se suprimió la obligación de acompañar los documentos fundantes de la demanda, desapareciendo la posibilidad de trabar un control preventivo de la causa de pedir, a lo menos como regla general.

41 Algunos ejemplos significativos son: 1°) En la acción de responsabilidad civil contra los jueces; según el art. 328 del COT, "ninguna acusación o demanda civil entablada contra un juez para hacer efectiva su responsabilidad criminal o civil podrá tramitarse sin que sea previamente calificada de admisible por el juez que es llamado a conocer de ella". 2°) En la acción constitucional de protección, el auto acordado que regula su tramitación admite examinar en cuenta si ha sido interpuesto en tiempo y si tiene fundamentos suficientes para acogerlo a tramitación. "Si su presentación es extemporánea o no se señalan hechos que puedan constituir vulneración a garantías de las mencionadas en la referida disposición constitucional, lo declarará inadmisible desde luego por resolución fundada, la que será susceptible del recurso de reposición ante el mismo tribunal, el que deberá interponerse dentro de tercero día. En carácter de subsidiario

Los medios para que el actor solicite lo anterior dependen del procedimiento aplicable. En el juicio ordinario de mayor cuantía se hace promoviendo la excepción dilatoria de ineptitud del libelo por razón de falta de algún requisito legal en el modo de proponer la demanda (art. 303 N° 3 CPC). En los procesos que han incorporado audiencias preparatorias o preliminares, es en esa etapa donde se puede solicitar una mayor precisión del alcance fáctico y jurídico del componente causal de la acción.

8. LA LEGITIMACIÓN

La legitimación es el segundo componente del derecho de acción.

Esta exigencia dice relación con un tema clásico del derecho, cuya presencia se percibe prácticamente en todos los ámbitos de la actividad jurisdiccional, ya sea el proceso civil, penal, administrativo, laboral o constitucional.

En su simplificación más extrema, la legitimación sirve para determinar los sujetos que pueden ser "justa parte" en un determinado litigio, esto es, quienes tienen la calidad de legítimos contradictores para discutir sobre el objeto del proceso en una determinada relación procesal.

Como principio general, la acción no compete a cualquiera y ella tampoco puede deducirse en contra de cualquiera. La mayor o menor extensión para el ejercicio de este derecho vendrá determinada por el tipo de legitimación que allí se reconozca, atendiendo fundamentalmente a la distinción entre legitimación ordinaria o extraordinaria, que explicado metafóricamente conforma *la medida del derecho de acción*.

Para la doctrina clásica, la legitimación es un requisito de la acción, entendida esta última como un derecho a una sentencia favorable. Se trata de un presupuesto de fondo, al punto de que si ella no concurre –activa y pasivamente– faltará un elemento básico para que se pueda acceder a la tutela judicial.

Más adelante se analiza con mayor detenimiento este componente del derecho de acción.

9. LA ACCIONABILIDAD

La *accionabilidad* dice relación con la posibilidad que tienen los tribunales de conceder la protección jurídica que solicita el actor[42].

Esta tercera exigencia del derecho de acción se verifica en el proceso civil examinando el *petitum* o parte petitoria de la demanda. Allí el actor debe señalar cuál es la concreta tutela jurisdiccional que solicita, enunciando, en forma precisa y clara, las peticiones que se someten al fallo del tribunal (art. 254 N° 5 CPC).

de la reposición, procederá la apelación ante la Corte Suprema, recurso que será resuelto en cuenta" (CS, Acta N° 94-2015).

42 De la Oliva, Andrés, *Sobre el derecho a la tutela jurisdiccional, op. cit.*, p. 47.

La *accionabilidad* se verifica a la luz del ordenamiento jurídico, esto es, considerando si el conflicto promovido puede ser objeto de protección jurisdiccional.

La falta de *accionabilidad* puede provenir, por ejemplo, de la naturaleza del derecho reclamado. Los casos más típicos surgen con los denominados *derechos económico-sociales*, que normalmente son considerados como anhelos o aspiraciones, que no pueden ser satisfechos ejerciendo el derecho de acción[43]. Lo anterior no obsta para que su satisfacción se obtenga a través de los otros instrumentos que en toda sociedad deben contribuir a lograr el bien común.

En otras hipótesis, la carencia de este elemento se aprecia en los derechos subjetivos que no tienen acción. Un ejemplo clásico en nuestro ordenamiento proviene de las denominadas obligaciones naturales (art. 1470 CC); aunque en la reclamación jurisdiccional de estas obligaciones concurran la legitimación y la causa de pedir, si el demandado opone la respectiva excepción material, de falta de acción, la demanda no puede prosperar por falta de accionabilidad[44].

10. LA DEMANDA Y EL DERECHO DE ACCIÓN

10.1. Descripción general

La demanda es uno de los actos procesales de mayor relevancia. Su interposición se explica por la opción que hizo un justiciable de acudir ante el órgano jurisdiccional a solicitar la protección jurídica de sus derechos e intereses legítimos, mediante el ejercicio del derecho de acción.

La demanda contiene el relato fáctico y la fundamentación jurídica que sustenta la petición solicitada, esto es, el denominado *thema decidendum,* que es la primera parte de un conjunto complejo de actuaciones procesales, que concluye normalmente con el pronunciamiento de una sentencia sobre el fondo.

Toda la actividad que se desarrolla en un proceso determinado viene dada normalmente por el contenido de esta actuación. En efecto, la contestación de la demanda no se puede realizar sin considerar lo que busca el actor; los límites de la sentencia que debe pronunciar el juez vienen fijados por la demanda, etc.

Cuando se cumplen los requisitos formales de la demanda, el juez o tribunal la admite a trámite, dictando la resolución o providencia que corresponda, según el tipo de procedimiento aplicable a la acción deducida[45].

---

43 Sobre el tema, MARTÍNEZ ESTAY, José Ignacio, *Jurisprudencial española sobre derechos sociales*, Barcelona: Cedecs, 1997, especialmente, pp. 67-91.

44 Una explicación en PEÑAILILLO ARÉVALO, Daniel, *Las obligaciones*, Santiago: Editorial Jurídica de Chile, 2003, pp. 149-164.

45 Por ejemplo, dando "traslado" al demandado para contestar en el juicio ordinario de mayor cuantía (art. 257 CPC); citando a una audiencia o comparendo (de contestación, de preparación,

En nuestro proceso civil no está prevista la facultad para que el juez pueda rechazar al inicio o preliminarmente la demanda, ni siquiera cuando en ella la falta de accionabilidad es manifiesta (*v. gr.*, si se deduce una demanda para hacer cumplir un contrato de promesa matrimonial o para intentar reivindicar la Isla de Pascua).

10.2. El petitorio de la demanda

Junto a su fundamentación fáctica y jurídica, la demanda debe contener una petición de protección jurídica denominada tradicionalmente como "petitum". En esta parte el actor indica cuál es el alcance de la tutela jurisdiccional que busca, según el tipo de acción deducida: de condena, declarativa o constitutiva.

Conforme al art. 254 N° 5 del CPC, el actor debe realizar una formulación precisa del *petitum*, exigencia que lo obliga a indicar cuál es la tutela jurídica que solicita al órgano jurisdiccional[46].

Lo anterior se explica porque la jurisdicción actúa para resolver conflictos intersubjetivos reales, no hipotéticos, eventuales o meramente académicos. Por lo mismo, sería una grave anomalía del petitorio de la demanda que la protección jurídica se solicite de manera ininteligible o de un modo condicional[47]. La falta de idoneidad del "petitum" puede acarrear que, en definitiva, la petición de protección jurídica sea denegada.

---

de contestación y prueba); solicitando informe a una determinada persona o institución (por ejemplo, en la acción constitucional de protección).

46 Este es un logro del moderno derecho procesal, que busca asegurar a través de esta exigencia la debida contradicción entre las partes. Como lo explica Peyrano, "la regla en cuestión [se refiere al principio de contradicción] es una conquista de la técnica procesal moderna, que mucho tuvo que bregar para eliminar las conocidas *clausulae salutates*, tan empleadas en el proceso canónico y en común medieval, cuya inserción en la demanda concedía a su autor la facultad de corregir sus términos aun después de haber sido contestadas aquellas por su contrincante. El equivalente usual en el derecho español medieval fue la fórmula "como mejor haya lugar en derecho", con que concluía a veces el petitorio; fórmula que todavía se emplea en nuestros ambientes forenses en virtud de una inercia que no responde a necesidad o conveniencia alguna" (PEYRANO, Jorge, *El proceso civil*, B. Aires: Astrea, 1978, p. 153).

47 En la jurisprudencia se ha resuelto que "debe rechazarse la demanda en que se ejercita una acción condicional, o sea, se pide que se reconozca un derecho, pero sometido a la eventualidad de que los descubridores quieran o puedan hacer declaraciones de esta clase, que vendrían a depender, para su cumplimiento, de terceros ajenos al pleito en que se dictan. La resolución que diera lugar a semejante demanda sería puramente teórica y quedaría en la imposibilidad de cumplirse, lo que no es el rol de las sentencias judiciales" (CS. 6 de junio 1928, *RDJ*, t. XXVI, sec.1ª, p. 192).

CAPÍTULO II

LAS ACCIONES Y EL TIPO DE TUTELA JURÍDICA QUE PERSIGUEN

1. EXPLICACIÓN PRELIMINAR

Desde el punto de vista procesal, según el tipo de tutela jurídica que se quiere obtener, se distingue entre acciones de condena, declarativas y constitutivas.

En la actual configuración del sistema de protección del derecho, la acción dejó de ser típica, nominada o encerrada en fórmulas rígidas. Vale decir, para que se pueda conceder la tutela jurisdiccional hay que estar más a la sustancia de la acción afirmada en el proceso, y no a los nombres que las partes puedan utilizar. El señalamiento del nombre no es más que un resabio de la herencia romano-canónica, que se ha prolongado en el tiempo por el simple hecho de que existen estatutos jurídicos donde la acción conserva su tipicidad (*v. gr.*, acción reivindicatoria, acción de jactancia, acción de petición de herencia, acción publiciana, etc.)[48].

Como se anticipaba, la demanda que se formula en el proceso civil se satisface formalmente con la exposición clara de los hechos y fundamentos de derecho, junto a la enunciación precisa y clara de las peticiones que se someten al tribunal, resultando intrascendente la nominación que se dé a la acción (art. 254 CPC).

Mientras la explicación civilista de la acción pone énfasis en el derecho subjetivo en el que recae (acción personal, acción real, acción hipotecaria, acción posesoria, etc.), la sistematización procesal pone el acento en el tipo de protección que se busca por el actor. Como lo expone Rosenberg (1879-1963)[49], "esta clasificación, puramente procesal, no tiene nada de común con el *sistema de acciones* romano. Este se basaba en

48 En el COT también quedan resabios de esta nomenclatura románica en relación a las "acciones reales" y "personales", que determinan la competencia de ciertos tribunales (*v. gr.*, arts. 117, 118, 119, 135 137, 148).

49 Leo Rosenberg, nació es Fraustadt, Silesia, el 7 de enero de 1879, y falleció el 18 de diciembre de 1963 en la capital bávara. Hijo de un fabricante de cigarrillos de origen judío, cursó sus estudios de derecho en las universidades de Friburgo, Brisgovia, Munich y Wroclaw. Fue autor de una tesis doctoral sobre la carga de la prueba que ha sido traducida al castellano en varias ediciones. Es autor de un *Tratado de derecho procesal*, también traducido y que cuenta con varias ediciones. Su trabajo científico fue prolífico y se caracteriza por buscar una interrelación entre el derecho material y el derecho procesal (FAIRÉN GUILLÉN, Víctor, "Leo Rosenberg", en *Juristas universales*, (DOMINGO, Rafael, editor), Marcial Pons, 2003, t. III, pp. 984-986).

distintas relaciones jurídicas materiales, mientras la clase de demanda y sentencia era siempre la misma; fue un sistema procesal con un contenido de derecho privado o un sistema de derecho privado con revestimiento procesal. Aquí se trata, por el contrario, de contenidos procesales distintos de demanda y sentencia, de actos distintos de tutela jurídica que impulsa el actor y ejecuta el tribunal; así, de especies distintas de demandas y sentencias, mientras la relación de derecho material puede ser la misma. Así es posible, por ej., que una misma relación de derecho de obligaciones constituya el fundamento de una demanda de condena, de declaración o constitutiva"[50].

De conformidad con lo anterior, a la hora de impetrar el amparo jurisdiccional de los derechos o intereses legítimos, lo que todo actor hace es deducir una acción de condena, una acción declarativa o una acción constitutiva. Si la acción prospera, obtendrá una sentencia de la misma clase, esto es, una sentencia de condena, declarativa o constitutiva.

En nuestra jurisprudencia se utiliza esta distinción, tal como se aprecia, entre otras, en la sentencia de la Corte Suprema de 9 de diciembre de 2021, cuando, siguiendo a Couture, señala que, en consideración al derecho sustancial o material que las sentencias ponen en vigor, es posible clasificarlas en declarativas, de condena, constitutivas. "Define a las sentencias declarativas como aquellas que tienen por objeto la pura declaración de existencia de un derecho; las de condena como aquellas que imponen el cumplimiento de una prestación, ya sea en sentido positivo (dar, hacer), ya sea en sentido negativo (no hacer, abstenerse); y sentencias constitutivas aquellas que, sin limitarse a la mera-declaración de un derecho y sin establecer una condena al cumplimiento de una prestación, crean, modifican o extinguen un estado jurídico"[51].

---

50 Rosenberg, Leo, *Tratado de derecho procesal civil*, *op. cit.*, t. I, pp. 5-6.

51 CS, 9 de diciembre de 2021. Rol N° 4294-2019. "Aguas Chañar con Constructora Santa Beatriz S.A.". Con anterioridad, En la jurisprudencia esta distinción teórica está reconocida por la sentencia de la CS, de 29 de marzo de 2007, al indicar "que para precisar el alcance y fundamento de la anterior conclusión, interesante resulta seguir a Piero Calamandrei, quien en sus *Instituciones de derecho procesal civil* (Ediciones Jurídicas Europa-América, Buenos Aires, 1962, Tomo I) señala que para clasificar las providencias jurisdiccionales son diversos los criterios que se utilizan, entre ellos, el relativo al contenido, esto es, 'según los efectos que las mismas producen sobre el derecho sustancial'. Desde tal punto de vista, el citado autor distingue entre las 'providencias de cognición (o declarativas en sentido lato)' y 'providencias de ejecución forzada (o ejecutivas)'. En las de cognición destaca, como elemento 'primero e indefectible', 'la declaración de certeza, esto es, la declaración de que un concreto hecho específico está regulado por un cierto precepto jurídico individualizado, declaración que el juez proyecta en el pasado'. Agrega el tratadista que, sin embargo, no siempre esa declaración de certeza basta para agotar el contenido de la providencia de cognición, sino que pueden presentarse otros efectos posteriores, 'referidos no ya al pasado, sino al porvenir' y, conforme a ellos, 'las providencias de cognición se pueden clasificar en tres tipos: a) de declaración de mera certeza, b) constitutivas, c) de condena'" (CS, Rol N° 5563-05, MJ 9222)

2. LA ACCIÓN DE CONDENA

La acción de condena es aquella en la que se solicita al órgano jurisdiccional que ordene al demandado, por sentencia judicial, realizar una prestación o una abstención en favor de un justiciable.

Son exigencias básicas de las acciones de esta clase:

1°) La existencia de un derecho subjetivo o interés legítimo que permita reclamar una prestación de dar, hacer o no hacer; y

2°) Que dicha prestación sea exigible.

En general, las acciones de condena tienen como causa de pedir derechos provenientes de las denominadas fuentes de las obligaciones. Prácticamente todos los conflictos relativos a la restitución del dominio, de la posesión, de la mera tenencia, al pago de los frutos y mejoras, al cumplimiento de contrato, al derecho a obtener indemnizaciones y reparaciones pecuniarias, se obtienen a través del ejercicio de acciones de condena.

Normalmente la acción de condena se intenta una vez que la lesión del derecho está consumada, esto es, se ha cumplido el plazo, el modo o la condición que permiten al acreedor reclamar la prestación debida; o se ha realizado el hecho que da lugar a la indemnización, a la restitución o –en general– a pedir el cumplimiento de la prestación debida. Por lo mismo, la acción de condena no sirve para obtener el pago de una prestación fundada en conjeturas o suposiciones. Su causa de pedir requiere que los hechos que la fundamentan estén consumados históricamente.

En el plano legal es notorio que el Código Civil desarrolla preferentemente el sistema de responsabilidad civil sobre la base de una lesión del derecho ya consumada, centrando la protección del acreedor en la indemnización de perjuicios o el cumplimiento de una prestación insatisfecha (arts. 1555, 1556 y 2314 CC). Excepcionalmente, puede deducirse la acción de condena antes de la lesión o del incumplimiento, a través de alguna de las hipótesis de tutela preventiva, cuyo alcance se analiza un poco más adelante.

La sentencia judicial que se pronuncia favorablemente sobre una acción de condena debe cumplir con la exigencia de ser una "sentencia completa". Esto obedece a una antigua tradición jurídica, heredada del derecho castellano, en virtud de la cual las sentencias tenían que ser pronunciadas para la ejecución, poniendo fin al litigio entre las partes[52]. En efecto, la sentencia completa es el título ejecutivo al que aspira todo demandante que ha debido reclamar judicialmente el cumplimiento de una obligación en un proceso declarativo o de conocimiento. A diferencia de lo que acontece con otros títulos ejecutivos, el fallo judicial, que establece la procedencia del cumplimiento de una obligación, debe contener todos sus elementos para hacer cumplir la obligación en la misma sentencia. No cumple con lo anterior, por ejemplo, si el fallo delega en un tercero la función propia del juez, que es resolver la controversia. La situación más

52 Hevía Bolaños, Juan, *Curia filípica*, Madrid, 1776, N° 19, p. 98. Un estudio del tema, Abrisqueta Costa, Pedro, *La sentencia con reserva de liquidación*, Madrid: Marcial Pons, 2016, pp. 15-276.

recurrente de este vicio procesal surge en los fallos que no contienen la determinación de la obligación, y delegan en la intervención de un perito la determinación del monto de los perjuicios. En esta situación la decisión contiene un defecto evidente, puesto que las sentencias de condenas deben ser pronunciadas siempre para su ejecución, poniendo fin al litigio entre las partes, salvo que se haya solicitado una sentencia de condena con reserva conforme a las reglas de los arts. 173 y 235 N° 6 del CPC[53].

Por último, dentro de las acciones de condena, una referencia especial merece la acción ejecutiva. Ella alude al derecho público subjetivo que se reconoce a los particulares para obtener la realización *de una ejecución forzosa*, mediante la realización de todos los actos que integran el proceso de ejecución (arts. 442, 531 y 544 CPC). La acción ejecutiva concede a su titular dos prerrogativas concurrentes a un mismo fin, a saber: el derecho a que se despache la orden de ejecución y el derecho a la ejecución.

3. LA ACCIÓN DE CONDENA GENÉRICA O CON RESERVA

Aunque lo normal es que el actor pretenda el cumplimiento íntegro de la prestación reclamada, también existe la posibilidad de fraccionar esta petición, ejerciendo la acción de condena con reserva, conforme al art. 173 del CPC[54].

La novedad de esta forma de protección jurídica radica en la respuesta parcial que puede dar el juez, limitándose a declarar que existe la obligación de indemnizar perjuicios o restituir los frutos, sin tener que cuantificar su especie y el monto. El momento para discutir sobre esos aspectos se retrasa a la etapa de cumplimiento de la sentencia, según lo dispone el artículo 235 regla 6ª del CPC.

La posibilidad de fraccionar la pretensión de condena se justifica por el contenido del principio dispositivo que informa al proceso civil, en virtud del cual corresponde al actor configurar el modo como solicita su protección jurídica.

---

53 En igual orientación, Corte de Apelaciones de Santiago, de 22 de octubre de 2003, al resolver que, "[...] aunque la sentencia definitiva sea el título ejecutivo por excelencia, su sola existencia no basta, si ella no reúne los demás requisitos precisos para iniciar un juicio ejecutivo", C. de Ap. de Santiago, 22 de octubre de 2003. Rol N° 4.044-2002. En una antigua sentencia de la Corte de Talca, de 1913, se resolvió que "la sentencia que condena al pago de perjuicios no puede ser cumplida mediante una acción ejecutiva, si no están previamente establecidas la especie y monto de esos perjuicios; ni tampoco procede entrar a fijarlos mediante el nombramiento de un perito, sin antes haber discutido siquiera incidentalmente esas especie y monto", C. de Ap. de Talca, 1913. *Gaceta Jurídica*, 1913, t 8, p. 3154, s. 1092.

54 Conforme al artículo 173 del CPC, "cuando una de las partes haya de ser condenada a la devolución de frutos o a la indemnización de perjuicios, y se ha litigado sobre su especie y monto, la sentencia determinará la cantidad líquida que por esta causa deba abonarse, o declarará sin lugar el pago, si no resultan probados la especie y monto de lo que se cobra, o, por lo menos, las bases que deban servir para su liquidación al ejecutarse la sentencia". "En el caso de que no se haya litigado sobre la especie y monto de los frutos o perjuicios, el tribunal reservará a las partes el derecho a discutir esta cuestión en la ejecución del fallo o en otro juicio diverso".

Las razones que tenga un demandante para optar por esta modalidad pueden ser múltiples. Así, por ejemplo, podría provenir del eventual aumento de los daños que busca reparar, los que por su propia naturaleza pueden aumentar durante la secuela del juicio, como se da normalmente en el contagio de una enfermedad en un recinto hospitalario o en un accidente. En tal caso, no parece lógico ni justo que la víctima sea obligada a tener que cuantificar prematuramente el perjuicio sufrido, obligándola a cuantificar erróneamente el perjuicio que debería ser reparado.

En el caso de los frutos, por su propia naturaleza conviene utilizar esta reserva para asegurar que su restitución sea íntegra, conforme a las reglas de los artículos 643 al 648 del CC. Al utilizar la condena con reserva, se libera al actor de cometer errores de cálculo que, en definitiva, afecten la esencia de su derecho a la restitución.

3.1. *La plena aceptación de la condena con reserva*

La jurisprudencia durante mucho tiempo había limitado la utilización de esta figura al campo de la responsabilidad contractual, pero gradualmente se ha modificado dicha doctrina, permitiendo su aplicación en la responsabilidad aquiliana[55]. Un ejemplo de este cambio de criterio consta en la sentencia de la Corte Suprema, de 3 de agosto de 2015, con una lata justificación de la aplicación de esta reserva incluso en materia medio ambiental[56].

---

55 Entre otras, CS, 11 de julio de 2016. CL/JUR/4820/2016. Spirits International N.V. con Importadora y Comercial Norsur S.A. y otros (se desestimó como infracción de derecho, declarando que el artículo 173 del Código de Procedimiento Civil, "no circunscribe la posibilidad de reservar la determinación de los daños únicamente a la sede contractual"; CS, 8 de octubre de 2013. Rol N° 7260-12 (MJ 36326), "Becza Gestión S.A. con Inmobiliaria Luis Carrera Uno S.A. y otro". Con la tesis restrictiva a la responsabilidad contractual, entre otras, CS, Suprema, 13 enero 1922, RDJ, t. XXI, sec. 1ª, p. 529). Han seguido la misma tesis restrictiva, entre otras, CS, 16 diciembre 1922, RDJ, t. XXI, sec. 1ª, p. 1053; CS, 14 junio 1923, RDJ, t. XXII, sec. 1ª, p. 241; CS, 18 diciembre 1926, RDJ, t. XXIV, sec. 1ª, p. 567; CS, 3 marzo 1928, RDJ, t. XXVI, sec. 1ª, p. 89; CS, 2 septiembre 1937, RDJ, t. XXXIV, sec. 1ª, p. 533; CS, 8 enero 1943, RDJ, t. XL, sec. 1ª, p. 394; CS, 1° junio 1954, RDJ, t. LI, sec. 1ª, p. 216; C. de Ap. de Concepción, 23 julio 1993, RDJ, t. XC, sec. 2ª, p. 91; CS, 24 de enero de 2002, RDJ, t. XCIX, sec. 1ª, pp. 23-24 (se anuló de oficio una sentencia de la C. de Ap. de Apelaciones de Santiago, que había acogido una acción civil de responsabilidad extracontractual, reconociendo al actor el derecho a regular la especie y monto de los perjuicios en un juicio diferente); CS, 24 de septiembre de 2009, Rol N° 4666-07, MJ 21651 (con dos votos que aceptan la aplicación de la reserva a la responsabilidad extracontractual).

56 CS, 3 de agosto de 2015. Rol N° 32087-14, (MJ 42060), "Fisco de Chile con Singer Rotem". En este fallo se señala: "Que, en anteriores oportunidades esta Corte se ha pronunciado admitiendo la procedencia de autorizar que la discusión relativa a la especie y monto de los perjuicios se ventile del modo que prevé el artículo 173 inciso 2° del Código de Procedimiento Civil. En tal sentido se pueden citar las sentencias dictadas en las causas Rol N°7260-2012 (Becza Gestión S.A. con Inmobiliaria Luis Carrera Uno S.A. y Fernández Wood Constructora S.A., sentencia de ocho de octubre de dos mil trece); Rol N° 3576-2012 (Rebolledo Leyton D.con Banco Santander Chile, sentencia de veintiuno de enero de dos mil trece); Rol N° 2.240-1997

El cambio de orientación indicado es pertinente, atendido que esa restricción no tiene base legal, como lo indica la historia fidedigna del establecimiento de esta figura en el Código de Procedimiento Civil[57].

Por otra parte, desde el punto de vista sustantivo, el concepto de daño se refiere a un detrimento o menoscabo que experimenta una persona, pudiendo tener su fuente en distintas causas (arts. 1437 y 2314 CC). Se trata de un elemento común a los diversos tipos de responsabilidad y, por lo mismo, su determinación debería ser reservada, en los términos que venimos explicando, a todo tipo de responsabilidad que se busque hacer efectiva (contractual, aquiliana, legal).

Para que el daño deba ser reparado se exige que este sea cierto, real y efectivo[58]. Tales presupuestos, que también son comunes a la responsabilidad contractual y extracontractual, justifican la admisibilidad general de esta reserva.

De un modo específico, la utilización de la condena genérica o con reserva se ve como una necesidad para las discusiones de responsabilidad aquiliana, atendido que en ella se incluyen como rubros de reparación los perjuicios previsibles y los imprevisibles (art. 2329 CC). La utilización de la acción de condena con reserva, a nuestro entender, es la modalidad más adecuada para que el actor pueda obtener efectivamente la

---

(Sfeir y otros con Universidad de Concepción sentencia de 15 de septiembre de 1999); Rol N° 2281-1998 (Cademártori, José con Fisco de Chile, fallo de 27 de mayo de 1999); y, Rol N° 396-2009 (Asociación de Canalistas del Embalse Pitama con Sociedad Concesionaria Rutas del Pacífico S.A, sentencia de 20 de abril de 2011). En esta última sentencia se dijo: "Trigésimo octavo: Que... (son) los interesados quienes fijan el contorno de sus acciones y aquello que constituye el objeto de sus pretensiones, con lo cual se satisfacen sus intereses. De esta forma es posible litigar sobre la declaración del derecho a obtener una reparación motivada en un delito o cuasidelito, sin litigar sobre la especie y monto de los perjuicios, pero precisando todos los requisitos de la responsabilidad extracontractual. En este caso se estará ante una acción y una sentencia definitiva declarativa estimatoria civil. Litigando, además, sobre la especie y monto se estará ante una acción y sentencia definitiva estimatoria civil, pero de condena a una obligación de dar".

57 Siguiendo las anotaciones históricas puestas por Santiago Lazo a su *Código de Procedimiento Civil anotado* (Santiago, Poblete Cruzat Hnos., 1918, pp.174-177), el actual artículo 173 corresponde al primitivo artículo 196. En la Comisión Mixta, (Sesión 10ª) se dijo: El señor Bañados Espinosa estima útil la innovación que contiene el inciso 1°: pero cree que la frase final del segundo puede facilitar la iniciación de juicios que ha tratado de evitar el inciso anterior. El señor Riesco observa que el inciso 2° se coloca en el caso que no haya sido determinadamente discutida en el juicio la naturaleza y estimación de los perjuicios, y que, en este caso, no ha podido hacerse otra cosa que reservar a las partes su derecho para discutirlos por separado. Es entendido que muchas veces podrá ventilarse esta cuestión como un incidente de la ejecución del fallo, y que solo será materia de un juicio diverso cuando en el curso de la causa no se hubiese litigado sobre ella y no se produjeran, en consecuencia, antecedentes para determinar los perjuicios y apreciar su cuantía. Así lo juzga también la Comisión y en esta inteligencia se aprobó el artículo del Proyecto.

58 Un mayor análisis de este elemento, Corral Talciani, Hernán, *Lecciones de responsabilidad civil extracontractual*, Santiago: LegalPublishing, 2ª ed. Actualizada, 2013, pp. 132-139; Barros Bourie, Enrique, *Tratado de responsabilidad extracontractual*, Santiago: Editorial Jurídica de Chile, reimp. 1ª ed. 2007, pp. 215-371.

reparación de los daños imprevisibles. En todo caso, se debe considerar que "el ejercicio de la reserva prevista en el citado artículo 173 en materia extracontractual no exime al actor del ineludible deber de acreditar la existencia del daño en el juicio declarativo, en tanto ello constituye un elemento indispensable del estatuto de responsabilidad que se invoca, en lo relativo al hecho ilícito que se alega"[59].

En artículo 173 inc. 2° del CPC contribuye a que en la responsabilidad aquiliana se haga efectivo el principio de reparación íntegra del daño, que tiene el propósito de pretender dejar a la víctima en la misma situación en la que se encontraba antes de acontecer el hecho ilícito.

3.2. *Efectos procesales de la condena genérica o con reserva*

Esta especial forma de plantear la acción de condena, admitida en las reglas comunes a todo procedimiento, origina un proceso con un objeto parcial, atendido que el actor ha optado por dejar fuera del debate la cuantía o monto de los frutos o perjuicios[60].

Por lo anterior, si la acción es acogida da lugar a una serie de situaciones especiales, que pasamos a reseñar:

a) La declaración de la existencia de la obligación no libera al demandante de probar la cuantía de los perjuicios y frutos cuya procedencia está reconocida abstractamente. Su falta de diligencia en esta materia puede llevar a que la tutela de su derecho, en definitiva, no prospere.
b) La sentencia de condena genérica no concede al demandante un título ejecutivo, al carecer de la liquidez y determinación de la obligación[61]. Es manifiesto que el demandado no ha sido ni puede ser conminado a realizar una prestación, hasta que en la etapa de ejecución no sea fijado el *quantum* indemnizatorio o el

---

59 CS, 8 de octubre de 2013. Rol N° 7260-12 (MJ 36326), "Becza Gestión S.A. con Inmobiliaria Luis Carrera Uno S.A. y otro".

60 En cuanto al control, la indebida utilización de la acción de condena con reserva puede ser denunciada por el demandado a través de la excepción de ineptitud del libelo o la de falta de corrección del procedimiento, conforme a los dispuesto en los artículos 303 N° 4ª y 6ª del CPC (Por todas, CS, 16 de octubre de 1970, *RDJ*, t. LXVI, sec. 4ª, p. 424). En algunas ocasiones el examen de las exigencias formales se ha efectuado a través del recurso de casación en el fondo, acudiendo a la no siempre clara distinción entre preceptos ordenatorios y decisorios de la litis. El error de controlar este tema por vía de la casación en el fondo radica en el hecho de que se trata de una cuestión puramente formal, de tipo adjetivo, que debió ser examinada como un tema de corrección del procedimiento, puesto que la reserva no incide en el fondo de la cuestión deducida. Se trata simplemente de una parcelación lícita del objeto del proceso que no incide en las condiciones del derecho de acción (en tal sentido, CS, 8 de agosto 1956, *RDJ*, t. LIII, sec. 1ª, p. 217).

61 "La sentencia que condena al pago de perjuicios no puede ser cumplida mediante una acción ejecutiva, si no están previamente establecidas la especie y monto de esos perjuicios; ni tampoco procede entrar a fijarlos mediante el nombramiento de un perito, sin antes haber discutido siquiera incidentalmente esas especie y monto" (C. de Ap. de Talca, 1913, *Gaceta*, 1913, t. VIII, p. 3154, sentencia N° 1092).

monto de los frutos. Como se explicaba, esta sentencia no cumple con el ideal de ser "completa".

c) La reserva admitida no significa que a través de esta vía se pueda incluir la reparación de los daños futuros. En rigor, la condena genérica discurre sobre un ilícito ya consumado en el tiempo, pero cuyos efectos –en relación con la especie y el monto de los frutos y perjuicios– quedan relegados para una discusión en la etapa de cumplimiento incidental o en otro juicio posterior. Tampoco admite que el actor pretenda la reparación de los daños inciertos, hipotéticos o eventuales.
d) La reserva se circunscribe a los perjuicios o frutos que tengan estricta vinculación con la declaración de la existencia del deber de indemnizar o restituir, debiendo ser determinados con estricta relación a la causalidad que debe existir entre los frutos devengados o perjuicios provocados y el evento dañoso declarado por la sentencia judicial[62].

4. LA ACCIÓN DECLARATIVA O DE MERA-DECLARACIÓN

4.1. Descripción general

La protección que se consigue mediante el ejercicio de la acción declarativa, también conocida como mero-declarativa, logra que se ponga fin a un estado de incertidumbre jurídica[63].

Para que proceda esta forma de protección debe existir una situación de incertidumbre jurídica entre las partes, la que se intenta remover mediante el ejercicio de esta acción. La consecución de la certeza jurídica mediante la sentencia mero declarativa es la principal función de esta modalidad de protección jurisdiccional.

Según la constatación que busque el actor, las acciones pueden ser de declaración positiva o de declaración negativa.

---

62 Sobre la relación de causalidad, Baraona González, Jorge, "La causa del daño en la jurisprudencia reciente", en *Revista Chilena de Derecho*, vol. 30 N° 2, 2003, pp. 345-379. Como lo tiene declarado una antigua sentencia, "la disposición del inciso segundo se refiere al caso en que el cobro de perjuicios sea solo un accesorio o consecuencia de la acción principal deducida". C. de Ap. de Talca, 1904 (*Gaceta Jurídica,* 1904. t. 2, p. 157, s. 1187).

63 En nuestra doctrina se han ocupado del tema, RIVERO HURTADO, Renée Marlene, "La tutela meramente declarativa o de mera certeza y su reconocimiento en el sistema procesal civil chileno", en *Ius et Praxis*, vol. 25, n.1, 2019, pp.89-130; LATHROP GOMEZ, Fabiola, "Procedencia de la acción meramente declarativa del dominio en el derecho chileno", en *Ius et Praxis,* vol. 17, n.2, 2011, pp. 3-24. Soto Kloss, Eduardo, "La acción declarativa de mera certeza" en *Derecho administrativo*, Santiago: AbeledoPerrot, 3ª ed. 2012, pp. 753-760; Ugarte Soto, Alfredo, Alonso Ducci, Julio, "Las acciones declarativas o de mera certeza ante los tribunales tributarios y aduaneros" en *Estudios de derecho privado*, Santiago: Editorial Jurídica de Chile, 2001, pp. 337-350.

El desarrollo de esta forma de protección jurídica en nuestro medio se debe fundamentalmente a la jurisprudencia, la que gradualmente ha ido definiendo las exigencias que tiene esta forma de protección jurisdiccional.

En relación a la competencia de los tribunales de justicia para conocer de este tipo de acciones, la Corte Suprema, en sentencia de 13 de noviembre de 1985, ha declarado que "las causas civiles nacen del planteamiento que se les formule, relativas a asuntos de orden temporal y de naturaleza contenciosa que se sucedan u ocurran y en que exista un interés jurídico en esclarecer, entre estos casos se deben contar las situaciones de incertidumbres jurídicas que acontezcan y que supongan un estado de peligro para los que se hallan involucrados, situaciones que solo cabe resolver por una sentencia meramente declarativa que las dilucide dando certeza a los interesados; se trata en este último caso también de una función jurisdiccional propia de los tribunales creados por la ley y más concretamente de los tribunales ordinarios, pues a estos les corresponde conocer de los asuntos civiles contenciosos que la ley no entrega a determinado tribunal especial"[64].

4.2. *Síntesis jurisprudencial*

El contenido, alcance y requisitos de la acción declarativa han sido desarrollados por la jurisprudencia, en los siguientes términos: 1°) Se encamina exclusivamente a la constatación judicial de la existencia o inexistencia de una relación o situación jurídica; 2°) La declaración de certeza debe recaer sobre una controversia actual; 3°) El actor debe acreditar un *interés* material, patrimonial o moral que justifique la necesidad de conceder este resguardo jurisdiccional; 4°) La protección jurídica que se logra por este camino queda amparada por el efecto de cosa juzgada.

Ha sintetizado las exigencias de esta acción la sentencia de la Corte Suprema de Chile, señalando que "(...) para delimitar la procedencia de la acción, se ha señalado como requisitos '(1) el objeto de declaración solo puede ser un derecho, relación o situación jurídica concreto y actual susceptible de constituir objeto de un proceso autónomo; (2) la existencia de incertidumbre jurídica o falta de certeza prejudicial sobre la inexistencia, alcance o modalidad del derecho, situación o relación jurídica determinada; (3) la existencia de un interés que justifique la necesidad de la tutela solicitada fundado en la existencia de riesgo de perjuicio solo reparable con la declaración del juez en la sentencia y, (4) la inexistencia de otros medios o acciones procesales más adecuados para la tutela del derecho o interés y el carácter subsidiario de la acción de certeza' (Renée Marlene Rivero Hurtado, "La tutela meramente declarativa o de mera certeza y su reconocimiento en el sistema procesal civil chileno", Revista *Ius et Praxis*, Año 25, N° 1, 2019, pp. 89 – 130 ISSN 0717 – 2877 Universidad de Talca-Facultad de Ciencias Jurídicas y Sociales)"[65].

---

64 CS, 13 de noviembre de 1985, *RDJ*, t. LXXXII, sec. 5ª, p. 242.

65 CS, 15 de marzo de 2021. Rol N° 13920-2019. "Fisco de Chile con Empresa Nacional de Electricidad".

Veamos ahora con mayor detención estos puntos.

1°) La constatación judicial de la existencia o inexistencia de una relación o situación jurídica. Con su ejercicio no se busca la condena de un demandado a realizar una prestación. Esta particularidad ha sido aceptada por la sentencia de la Corte de Apelaciones de Santiago, de 29 de marzo de 1983, cuando expone: "que en derecho procesal se distinguen nítidamente las acciones meramente declarativas de las acciones declarativas de condena, siguiendo la terminología de Chiovenda. Las primeras se dirigen a obtener del Tribunal que declare la existencia, inexistencia o término de una relación jurídica y las segundas persiguen concretamente que, junto con declararse alguna de las alternativas mencionadas, se condene al demandado concretamente a una prestación o abstención determinada"[66].

Tampoco se acepta que por esta vía se pueda generar una situación que debió discutirse mediante una sentencia constitutiva, como sería una destinada a crear una nueva situación jurídica. De este modo se desestimó la acción de mera certeza tendiente a declarar que el Obispado de Chillan no era dueño de un inmueble y que sí lo sería el Centro de Padres y Apoderados de un Colegio. Conforme a la sentencia de la Corte Suprema de 23 de abril de 2020, estas pretensiones (y sentencias) tienen como especial característica la de que basta una declaración del Tribunal para que sean satisfechas. Solo se deben limitar a declarar certeza sobre un estado o situación determinada, no a crear una situación jurídica nueva[67].

En la práctica, utilizando esta vía se ha obtenido, por ejemplo, que se pueda declarar la inexistencia de una sociedad conyugal que había sido disuelta por los cónyuges. Esta solución se dio en los autos caratulados "Otero con Falabella". Allí, don Renato Otero Bañados demandó a su cónyuge, doña Irma Teresa Falabella Peragallo, con el objeto de terminar con la situación de inseguridad jurídica generada por el hecho de no haberse inscrito dentro del plazo legal el pacto de separación total de bienes acordado por los cónyuges de conformidad al artículo 1723 del Código Civil. Esa omisión, según el actor, provocó un estado de incertidumbre jurídica respecto de la administración de los bienes que también afectaba la situación de terceros, que habían contratado con la mujer como si fuera plenamente capaz (por haberse separado de bienes, conforme al pacto que no se inscribió). El juez del Cuarto Juzgado de Letras en lo Civil de Santiago, don Abraham Meerson Sh., dio lugar a la demanda por sentencia definitiva de 23 de marzo de 1963.

De la referida sentencia resulta obligatorio transcribir cuatro considerandos que toman partido en las cuestiones teóricas que suscita el ejercicio de la acción declarativa, a saber: si es un remedio excepcional y la exigencia del *interés jurídico* para su deducción[68]:

---

66 C. de Ap. de Santiago, 29 de marzo de 1983, *RDJ*, t. LXXX, sec. 2ª, p. 16.

67 CS, 23 de abril de 2020. Rol N° 20540-2018."Centro de Padres y Apoderados del Colegio Seminario Padre Hurtado con Obispado de Chillán y otro".

68 En el campo teórico y legislativo no existe acuerdo para delimitar de un modo uniforme el campo de la acción de certeza. En el derecho norteamericano, por ejemplo, se admiten en forma

"4° Que nuestro sistema procesal no contempla de un modo explícito las acciones ni las sentencias de mera-declaración, de manera que para determinar su procedencia hay que atenerse, con arreglo a las prescripciones de los artículos 24 del Código Civil y 170, N° 5° del de Procedimiento Civil, en relación con el N° 9° del Auto Acordado de la Corte Suprema sobre Forma de las Sentencias, al espíritu general de la legislación y a la equidad natural;".

"5° Que, según Chiovenda, 'el nombre de sentencias de declaración de mera certeza indica aquellas sentencias que acogen la demanda del actor, cuando este no tiende a la realización del derecho, sino que se limita a pedir que sea declarada la existencia de su derecho o la inexistencia del derecho ajeno' (Ensayos de derecho procesal civil, página 175). La doctrina comúnmente admite las sentencias de esa índole en los casos en que un estado de incertidumbre jurídica no tiene otro medio de solución que el de un fallo Judicial (Couture: Fundamentos de derecho procesal civil, pág. 317). Y en tales casos el proceso actúa, no tanto para obtener el beneficio de la certeza, sino, en especial, como señala Carnelutti, 'para eliminar el daño que deriva de la incertidumbre de los sujetos acerca de sus relaciones jurídicas' (Sistema de derecho procesal, t. I., pág. 162);".

"6° Que es natural, entonces, que para intentar una acción declarativa se requiera el interés en obrar, dado que el proceso no tiene como fin disipar incertidumbre sino cuando ellas han provocado o pueden motivar un litigio (Chiovenda: Principios de derecho procesal, ibidem: Alsina: t. I. pág. 224: Carnelutti, ibidem: Alsina: Tratado de derecho procesal civil, t. I, pág.199). Y mediando dicho interés es admitido que la acción declarativa procede aun cuando no esté expresamente autorizada por un texto legal (Chiovenda: Principios. t. I. pág. 2 17: Alsina, ibidem);".

"7° Que nuestra legislación no repulsa las acciones de mera-declaración; antes bien, son de ordinaria ocurrencia las que, con sujeción a ella, se intentan exitosamente: tal es, por ejemplo, la que se deduce para alzar una hipoteca que caucionа un crédito extinguido, la que se promueve para obtener el reconocimiento del dominio a virtud de la prescripción adquisitiva, la que se intenta para lograr la declaración de simulación relativa, la que se interpone para que se fijen los límites que separan a un predio de los colindantes, etc., etc.; y esto aparte de que hay casos, como el de la jactancia y el de inaplicabilidad de preceptos contrarios a la Constitución, que están expresamente considerados por la ley"[69].

El fallo referido no fue apelado. Una vez que se certificó su ejecutoriedad, el tribunal ordenó anotar la sentencia al margen de la inscripción de matrimonio, poniendo fin a la incertidumbre jurídica que afectaba a los cónyuges.

---

amplia (*declaratory relief*). En cambio, en el sistema europeo es considerado un instrumento de excepción.

69 Cuarto Juzgado Civil de Santiago, 23 de marzo de 1963, *RDJ*, t. LX, sec. 2ª, pp. 63-76.

Con anterioridad se había concedido similar protección judicial a unos extranjeros que estaban impedidos de poder acreditar la existencia de un matrimonio celebrado en Checoslovaquia. En este caso, don Enrique Félix Mayer Pollak interpuso una acción en juicio ordinario sobre declaración de estado civil contra doña Anna Neumann Friml. Frente a la imposibilidad de legalizar la copia que tenían en su poder, para acreditar que habían contraído matrimonio el día 15 de marzo de 1939 en Checoslovaquia, el actor solicitó que se declare "que su estado civil es de casado y que su matrimonio es válido enteramente". Dicha acción fue acogida por el juez del Segundo Juzgado Civil de Santiago, en sentencia de fecha 21 de octubre de 1953, pronunciada en los autos caratulados "Mayer con Neumann", poniendo fin a la incertidumbre que les afectaba[70].

También nuestra jurisprudencia ha reconocido una especial forma de protección de mera certeza, aceptando la acción declarativa de dominio como una forma de protección distinta de la acción de dominio o reivindicatoria. En tal sentido, la Corte Suprema, en sentencia de 5 de marzo de 2020 se ha resuelto:

> "Que dentro de este tipo de acciones se encuentra la declarativa de dominio, naturaleza a la que adscribe la impetrada en autos, la que es entendida como aquella por la cual el dueño de una cosa busca 'que su derecho de propiedad sobre ella sea reconocido frente a quien lo niega, desconoce o perturba inmaterialmente y, como toda acción' propiamente declarativa, persigue no una condena del demandado ni la constitución de nuevas relaciones jurídicas o la alteración de un estado de hecho preexistente, sino la declaración de una determinada relación de derecho puesta en duda o discutida, es decir, busca que se aclare la existencia de un determinado derecho y, en suma, el establecimiento de certeza jurídica sobre una determinada cuestión (Fabiola Lathrop Gómez, en artículo Procedencia de la acción meramente declarativa del dominio en el Derecho Chileno. Revista *Ius et Praxis*, A o 17, N 2, 201 1, pp. 3-24)"[71].

2°) *La declaración de certeza debe recaer sobre una controversia actual.* Desarrolla esta exigencia la sentencia de la Corte de Apelaciones de Santiago, de 30 de diciembre de 1983, pronunciada en los autos "Cooperativa de Servicio de Agua Pichidangui Ltda. con Fisco". En dicha ocasión se declaró: "Que al existir una verdadera contienda entre las partes en cuanto a la interpretación y alcance de una norma legal de carácter tributario, resulta plenamente válida la intervención del tribunal a fin de dar certeza y seguridad en esta relación jurídica y justamente para terminar con esa incertidumbre, el juez es llamado a resolver el conflicto. Tal como lo expresa en forma brillante el tratadista Giuseppe Chiovenda en su *Tratado institucional de derecho procesal civil*. Editorial de Derecho Privado. Madrid, pág. 148: 'El actor que pide una sentencia de declaración... quiere solamente saber si su derecho existe, o quiere excluir toda duda sobre la inexistencia del derecho ajeno; pide al proceso la certidumbre jurídica y no

70 *RDJ*, t. L, sec. 2ª, p. 103.

71 CS, 5 de marzo de 2020 12.918-2018. Mondaca con Marambio".

otra cosa'. Y agrega: 'Esta producción de la certidumbre jurídica como fin en sí misma es, por una parte, la función más autónoma del proceso, porque procura un bien que no puede conseguirse de otra manera y es realmente la función más elevada del proceso civil'. Termina señalando que se facilita la vida social mediante la eliminación de dudas que se cruzan en el normal desenvolvimiento de las relaciones jurídicas"[72].

En el caso recién mencionado, la actora promovió la declaración de certeza frente a la duda que tenía sobre la validez jurídica del pago que venía haciendo de un tributo. La interrogante surgió respecto de si el servicio de abastecimiento de agua que prestaba a sus cooperados, en virtud de una merced de agua obtenida en 1969, estaba o no gravado con el Impuesto al Valor Agregado (IVA). La Corte resolvió que efectivamente no correspondía aplicar dicho tributo, rechazando la tesis que el Servicio de Impuestos Internos tenía sobre el mismo punto. Dicha doctrina sobre la procedencia de la acción de mera certeza fue confirmada posteriormente por la Corte Suprema, al rechazar los recursos deducidos por el Fisco[73].

3°) El actor debe acreditar un interés material, patrimonial o moral que justifique la necesidad de conceder este resguardo jurisdiccional. El actor que solicita una protección de mera-declaración deberá acreditar un interés material, patrimonial o moral que justifique la necesidad de conceder este tipo de protección. Con esta exigencia se descarta que se promuevan consultas puramente doctrinales o académicas, puesto que la jurisdicción debe actuar para la resolución de controversias jurídicas intersubjetivas.

En la práctica se ha estimado que basta la duda sobre la aplicación de un precepto tributario a una determinada situación para que se pueda impetrar esta forma de protección[74].

De igual forma se ha resuelto "que debe estimarse que dentro de nuestro sistema jurídico es procedente también deducir una acción de mera certeza (...), requiriéndose solamente que existe una posibilidad real de conflicto, como ocurre cuando se manifiesta una opinión que se presente como perjudicial frente a la situación jurídica dentro de la cual se encuentra una persona"[75].

La circunstancia de que sobre un determinado tema exista una interpretación administrativa no es obstáculo para solicitar esta forma de protección jurídica. De hecho, se ha demandado para poner fin a la incertidumbre surgida en actuaciones provenientes de entes del Estado[76].

---

72 C. de Ap. de Santiago, 30 de diciembre de 1983, *RDJ*, t. LXXX, sec. 2ª, p. 124.

73 CS, 13 de noviembre de 1985, *RDJ*, t. LXXXII, sec. 5ª, p. 242.

74 El tema se discutió en los autos *Cooperativa de Servicio de Agua Pichidangui Ltda. con Fisco*, antes citada.

75 Doctrina contenida en la sentencia de primera instancia, de fecha 27 de julio de 1995, que fue confirmada por el fallo de la C. de Ap. de Santiago, de 21 de septiembre de 1998, *RDJ*, t. XCV, sec. 5ª, p. 252.

76 En tal sentido, Copagro con Servicio de Impuestos Internos, C. de Ap. de Santiago, 3 de junio de 1987, *RDJ*, t. LXXXIV, sec. 2ª, pp. 83-85. También se ha trabado juicios de declaración entre

Naturalmente, no se pueden crear artificialmente los supuestos para la procedencia de la acción declarativa. En tal sentido, la Corte Suprema ha señalado "que se trata, sin lugar a dudas, de una pretensión desmedida y que no corresponde a la finalidad que la propia jurisprudencia ha asignado a la acción de declaración de mera certeza, a la que ciertamente no se ha podido acceder, por ser no solo contraria a la naturaleza de la acción, sino que contraria a la simple lógica o sentido común, ya que los tribunales no pueden ordenar a una autoridad determinada, que tiene facultades sobre cierta materia específica, otorgada por la ley, (...) que se inhiba de ejercerlas en un caso preciso"[77].

En igual sentido, se ha declarado que "(...) la acción intentada, declarativa de mera certeza reconocida doctrinariamente con esa calificación, resulta inapropiada para el objeto que se demanda por cuanto el demandante cuestiona las atribuciones del órgano de control, pues busca revertir, por esta vía indirecta, los efectos y consecuencias del Informe N° 61, desconociendo con ello la labor fiscalizadora de la Contraloría General de la República sobre la actividad administrativa, órgano de rango constitucional, cuya misión fundamental radica en ejercer el control externo de la legalidad de los actos de la administración y fiscalizar el ingreso e inversiones de los fondos públicos, como dispone el artículo 98 inciso primero de la Carta Fundamental"[78].

Mediante esta forma de protección jurídica, tampoco se puede soslayar la realización de trámites previstos en actos administrativos. Como lo ha declarado la Corte Suprema, en sentencia de 16 de mayo de 2013, "(...) contrariamente a lo señalado por el recurrente, se aprecia que en el fallo se analiza el estatuto jurídico aplicable al caso puesto en conocimiento del tribunal y que del estudio de tal normativa es posible concluir que la dilucidación del asunto exige en forma previa un pronunciamiento de la autoridad administrativa, quien por ley es llamada a conocer de la evaluación del proyecto de la referencia. Mal puede entonces la jurisdicción, en este caso y mediante una declaración de mera certeza, determinar la manera en que otro órgano del Estado debe hacer uso de las atribuciones que le son propias, sin perjuicio de estar facultado para revisar la pertinencia de lo decidido, una vez que la Administración haya emitido el pronunciamiento de rigor y en la medida que el juez sea llamado a tal objeto"[79].

Tampoco se admite que por esta vía un órgano público pueda revertir los efectos de algún informe desfavorable emitido por la Contraloría General de la República en ejercicio de sus facultades de fiscalización[80].

Televisión Nacional de Chile y la Contraloría General de la República, a propósito del estatuto jurídico que se debía aplicar al canal público (C. de Ap. de Santiago, 21 de septiembre de 1998, *RDJ*, t. XCV, sec. 5ª, pp. 252-267).

77 CS, 26 de enero de 2005, *Gaceta Jurídica* N° 295, pp. 93-101.

78 C. de Ap. de Santiago, 26 de diciembre de 2014. Rol N°3951-14, (MJ 40627).

79 CS, 16 de mayo de 2013. Rol N°874-13, MJ 35134, "Dougnac Rodríguez Fernando con Centrales Hidroeléctricas de Aysén S.A".

80 CS, 9 de abril de 2015. Rol N° 2433/2015. "Superintendencia de Bancos e Instituciones Financieras con Fisco de Chile".

4°) *La protección jurídica que se logra por este camino queda amparada por el efecto de cosa juzgada*. En este punto se debe destacar la amplia proyección que puede tener la sentencia declarativa, si se quiere renovar nuevamente el debate sobre la misma cuestión[81].

5°) *Por regla general, la tutela que surge de este tipo de sentencias no necesita pasar por una etapa de ejecución*. Excepcionalmente, la ley dispone la inscripción de algunas sentencias de declaración, para efectos de publicidad frente a terceros (*v. gr.*, art. 2513 CC).

5. LA ACCIÓN DE JACTANCIA

Se trata de una especial forma de protección jurídica a través de la cual se puede obligar a que una persona, que manifiesta corresponderle un derecho del que no está gozando, deduzca su demanda bajo la sanción de caducidad de su acción.

El origen de esta acción se encuentra en la Edad Media, específicamente, en los denominados juicios provocatorios[82].

En nuestro derecho la jurisprudencia ha tratado de asimilar esta acción dentro de la acción declarativa. Sin embargo, esa caracterización no es exacta, puesto que la jactancia tiene un objeto diverso, a saber: obtener que alguien demande dentro de un plazo, bajo sanción de caducidad de su acción, conforme a lo dispuesto en el art. 69 CPC[83].

---

81 Un ejemplo se encuentra en la sentencia de la C. de Ap. de Santiago, de 4 de noviembre de 1963, que aborda directamente el problema de la identidad objetiva de la cosa juzgada en materia de acción declarativa. Allí se estimó que era improcedente discutir sobre la declaración de pertenencia exclusiva de un bien raíz, con el fin de excluirlo de la partición. Según la Corte, existía cosa juzgada sobre el particular, pues en el nuevo juicio se persigue otra vez el objeto o beneficio jurídico planteado en el primer proceso, cuando se formuló oposición a designar árbitro que dividiese el mismo bien raíz. Agrega la sentencia que la petición de exclusión del bien y el reconocimiento del dominio "fue rechazado implícitamente cuando se desestimó la referida oposición puesto que lo decidido por los jueces se fundamentó en el condominio, que es incompatible con la propiedad exclusiva y el cual fluye o emanada de lo declarado en relación con sus motivos. Y como además el nuevo juicio se pretende ventilarlo entre las mismas partes o personas y se invoca incuestionablemente la misma causa de pedir, debe prosperar la excepción de cosa juzgada deducida como dilatoria". C. de Ap. de Santiago, 4 de noviembre de 1963, *RDJ*, t. LX, sec. 2ª, p. 153.

82 Una síntesis de la evolución de esta figura, Fairen Guillén, Víctor, "La acción de jactancia como forma de tutela anticipada en el proceso civil. Su futuro", en *Revista de Derecho Procesal*, Madrid, N° 2, 1998, pp. 271-302.

83 Según el art. 269 del CPC, "cuando una persona manifieste corresponderle un derecho de que no está gozando, todo aquel a quien su jactancia pueda afectar, podrá pedir que se la obligue a deducir demanda dentro del plazo de diez días, bajo apercibimiento, si no lo hace, de no ser oída después sobre aquel derecho. Este plazo podrá ampliarse por el Tribunal hasta treinta días, habiendo motivo fundado".

La Corte Suprema ha precisado que la obligación del perdedor de jactancia es presentar la demanda, no siendo necesario notificarla[84].

En suma, la acción de jactancia determina la existencia de dos procesos: un procedimiento de provocación, para compeler al que se jacta. Y otro principal, que es el provocado por el demandado de jactancia que no optó por el silencio[85].

6. LA ACCIÓN CONSTITUTIVA

6.1. *Explicación general*

Bajo el género de las acciones constitutivas se comprenden distintas cuestiones, que miradas en su conjunto, se relacionan directamente con el "cambio jurídico" susceptible de obtener mediante el ejercicio de la jurisdicción[86].

En descripción de Prieto-Castro, las situaciones jurídicas que surgen del ejercicio de estas acciones se traducen en las siguientes manifestaciones: creación de un estado jurídico que antes no existía; proporcionar a una obligación ya existente el complemento integrador que necesita, haciéndola exigible; producir un cambio de estado jurídico existente; cancelar o dejar sin efecto un estado jurídico preexistente (acciones resolutorias o de impugnación)[87].

La acción de este tipo da lugar a una sentencia constitutiva, que la Corte Suprema describe indicando que "[...] por medio de tal sentencia se está creando o interviniendo una situación jurídica que el derecho no reconocía, por lo que le reserva a los tribunales este poder por consideraciones de seguridad jurídica, cuando una pretensión legítima ha sido infundadamente resistida..."[88].

---

84 La sentencia de 7 de abril de 1983 ha declarado que "...la ley no ha dispuesto que la relación procesal, engendrada por la demanda y su notificación válida, se realicen dentro del término de diez días, pues solo exige que el primer elemento de dicha relación –interposición de la demanda– se efectúe dentro de aquel plazo, porque de ese modo se promueve la actividad jurisdiccional". "Es posible que aquella relación pueda nacer dentro del plazo de diez días, pero no es requisito que cuyo incumplimiento prive al jactancioso de su derecho a demandar dentro del término fijado en la sentencia, y del cual, por lo demás, puede o no hacer uso, soportando las consecuencias de esta actitud". CS, 7 de abril de 1983, *RFM* N° 293, 1983, pp. 121-123.

85 Dentro de los varios casos promovidos, particular interés tiene uno suscitado en un conflicto entre socios, cuando uno de ellos manifestaba corresponderle derechos en contra de otro por saldos pendientes en la liquidación de la sociedad, que se habían reclamado mediante una carta (CS, 4 de diciembre de 1967, *RDJ*, t. LXIV, sec. 1ª, pp. 393-385).

86 Una síntesis de este tema, CORDOPATRI, Francesco, "Contributo allo studio della tutela costitutiva", en *Scritti in onore de Elio Fazzalari*, Milán: Giuffre, 1993, vol. II, pp. 105-147.

87 PRIETO-CASTRO, Leonardo, *Tratado de derecho procesal civil*, Pamplona: Aranzadi, 1985, 2ª ed., t. I, pp. 447-449.

88 CS, 3 de marzo de 2015. Rol N° 8318-14, MJ 40506.

6.2. *Requisitos de la acción constitutiva*

Para que se pueda conceder la protección jurídica constitutiva, es necesario:

1°) Que exista una norma legal que permita solicitar una modificación o la extinción de una determinada situación o relación jurídica; y

2°) Que el juez examine si los hechos fundantes de la acción existen y si ellos cumplen con el presupuesto establecido en la norma para proceder a la creación del estado jurídico solicitado por el actor.

En relación a la primera exigencia, se debe enfatizar que el legislador es el único que puede regular las condiciones que permiten solicitar esta forma de protección jurídica. Ello lo hace a través de causales genéricas o bien mediante causales específicas. Por ejemplo, son de carácter genérico las que se invocan para solicitar la nulidad de un acto o contrato, conforme a las reglas del Título XX del Libro IV del Código Civil. En cambio, son de carácter específico las que permiten anular un matrimonio de conformidad a lo previsto en los artículos 44 y 45 de la Ley de Matrimonio Civil (Ley N° 19.947, de 17 de mayo de 2004).

En lo relativo a la segunda exigencia, como se anticipaba, el juez debe verificar, estrictamente, si los hechos fundantes de la acción cumplen con el presupuesto contemplado en la norma para proceder a la creación del estado jurídico. Por ejemplo, para declarar la nulidad de un contrato se debe examinar si la petición cae dentro del supuesto legal invocado para obtener esa ineficacia jurídica.

La necesidad que exista una norma legal que autorice el cambio jurídico no puede ser suplida por el juez invocando el principio de la inexcusabilidad. Esta limitación se explica porque es de competencia exclusiva del legislador reconocer el "derecho al cambio" que implica el ejercicio de la acción constitutiva fijando los requisitos para pedir esta tutela jurídica[89].

La especial forma de protección jurídica que concede esta acción se proyecta a la sentencia definitiva, una vez que ella alcanza la eficacia de cosa juzgada. En efecto, el cambio jurídico contenido en el fallo no solo debe garantizar que se impida discutir nuevamente sobre el tema, sino que también debe asegurar que esa nueva situación se respete en sus efectos.

Un muy tema discutido es cómo se determina la identidad objetiva de la cosa juzgada en este tipo de acciones, materia que será abordada en su momento. Sin embargo, anticipemos que la ley en algunos casos reconoce a las sentencias constitutivas eficacia *erga omnes*, como ocurre con la que constituye un estado civil, la que no puede ser

---

89 Sobre este punto, Ferri, Corrado, *Profili dell'acertamento constitutivo*, Padua: Cedam, 1970, pp. 83 y 117-119; Proto Pisani, Andrea, "Appunti sulla tutela c.d. constitutiva (e sulle tecniche di producione degli effetti sostanziali)", en *Rivista di Diritto Processuale*, 1991, pp. 60-100; Atardi, Aldo, "In tema di limiti oggettivi della cosa giudicata", en *Rivista Trimestrale di Diritto e Procedure Processuale*, 1990, N° 2, pp. 475-539; Zafra Valverde, José, *Sentencia Constitutiva y Sentencia Dispositiva*, Madrid: Rialp, 1962, especialmente pp. 144-152.

discutida en cuanto a sus efectos por los terceros, según lo disponen expresamente los artículos 315 y 316 del Código Civil.

6.3. *Reconocimiento jurisprudencial*

Nuestra jurisprudencia ha reconocido la procedencia de estas acciones, como una categoría autónoma. Asimismo, ha señalado los requisitos de procedencia en varias resoluciones.

Entre otras, así lo admite la sentencia de la Corte Suprema, de 26 de marzo de 2018, señala que la acción es constitutiva "[...] cuanto su objeto sea la 'creación de un estado jurídico que antes no existía; proporcionar a una obligación ya existente el complemento integrador que necesita, haciéndola exigible; producir un cambio de estado jurídico existente; cancelar o dejar sin efecto un estado jurídico preexistente' (según se expresa en la obra ya referida, p. 58)"[90].

En la sentencia de la Corte Suprema se diferencia entre la protección de mera-declaración y la constitutiva señalando: "Décimo: Que debe recordarse, conforme enseña la doctrina procesal, que las acciones declarativas son aquellas cuyo objeto es resolver situaciones de incertidumbre, donde la judicatura debe dilucidar la naturaleza de la propuesta controversial planteada por las partes; es decir, "la constatación judicial de la existencia o inexistencia de una relación o situación jurídica" [...], mientras que la acción constitutiva, tiene por objeto la "creación de un estado jurídico que antes no existía; proporcionar a una obligación ya existente el complemento integrador que necesita, haciéndola exigible; producir un cambio de estado jurídico existente; cancelar o dejar sin efecto un estado jurídico preexistente" [...]. De este modo, en las sentencias declarativas sus efectos se remontan al pasado, y en las constitutivas, se extenderán hacia el futuro (Hugo Alsina, en "Fundamentos del Derecho Procesal", Editorial Jurídica Universitaria, México, 2001, p. 133)"[91].

90 CS, 26 de marzo de 2018. Rol N° 39406-17, MJ53769, "Bustamante con Román".

91 CS, 6 de junio de 2022. Rol N° 119755-2020, "Tonelli con Gómez".

CAPÍTULO III

LA TUTELA ANTICIPADA Y LA TUTELA DE URGENCIA

1. CONCEPTOS PREVIOS

1.1. Descripción general

La estructura clásica del proceso civil concibe que la protección jurídica que se obtiene a través del ejercicio de la acción está reservada al pronunciamiento de la sentencia definitiva, y ella solo se podrá hacer efectiva una vez que dicha resolución sea ejecutable.

Sin embargo, por distintas razones se han ido desarrollado otros mecanismos que permiten anticipar la tutela jurídica antes del pronunciamiento de la sentencia definitiva. La piedra angular de este movimiento está en el cuestionamiento de la sentencia de fondo como objeto y fin del proceso tradicional, y en el reconocimiento de las limitaciones que tienen las medidas cautelares conservativas para responder adecuadamente al amparo jurídico que impetra el actor.

Dentro de esta tendencia jurídica destaca la tutela diferenciada del derecho. Se trata de un fenómeno que se caracteriza por la implementación de diferentes instrumentos jurídicos para solucionar conflictos sin seguir, rigurosamente, los moldes clásicos de los procesos declarativos o de ejecución. A través de la tutela diferenciada se pueden adoptar medidas para satisfacer o proteger anticipadamente el derecho.

Dicho de otra forma, se trata de diversas propuestas de técnica jurídica que intentan convertirse en alternativas a la estructura clásica del proceso civil, que supedita el modelo de solución de conflictos al ejercicio de una acción en un procedimiento contencioso, cuya decisión queda reservada al pronunciamiento de la sentencia definitiva. La concreción de esta modalidad se aprecia en el desarrollo de diversos instrumentos, tales como las medidas autosatisfactivas, las sentencias anticipatorias, la tutela preventiva, los procesos cautelares autónomos, por citar las opciones más recurrentes[92].

---

92 Una descripción del tema en PROTO PISANI, Andrea, *La tutela jurisdiccional*, Lima: Palestra, 2014, tr. G. Priori y C. Delgado, pp. 189-382. BERIZONCE, Roberto O., *Tutelas procesales diferenciadas*, Buenos Aires: Rubinzal, 2009, pp. 15-150; PÉREZ RAGONE, Álvaro, "Concepto estructural y funcional de la tutela anticipativa", en *Revista de Derecho Procesal Iberoamericana*, 2000, N° 1, pp. 157-213; AGUIRRÉZABAL GRÜNSTEIN, Maite, "Las medidas cautelares innovativas en la nueva institucionalidad ambiental", en *RDUCN, vol. 23, N° 1*, 2016, pp. 23-49, y "Algunas precisiones en torno a las medidas cautelares innovativas en el procedimiento por violencia intrafamiliar",

A través de la tutela anticipada o de urgencia, los jueces puedan adoptar algunas medidas para satisfacer o proteger el derecho, cuando hay casos graves y urgentes que lo justifiquen, sin tener que pasar el solicitante previamente por la tramitación de un juicio de lato conocimiento o esperar que se agote la tramitación de los recursos.

En las legislaciones que admiten esta figura, es común que para acceder a esta modalidad se exija al peticionario la plena prueba del derecho y la rendición de una caución que equilibre los derechos de las partes.

Con la tutela anticipada o de urgencia se genera una forma de protección diversa de la que se obtiene con la concesión de una medida precautoria. Como se explicará, es un elemento característico de la protección cautelar que ella no puede otorgar la satisfacción del derecho, limitándose a lo más a asegurar el resultado de la acción deducida (art. 290 CPC), salvo casos excepcionales que más adelante se justificarán. En cambio, con la tutela anticipada se permite satisfacer un derecho, en casos graves, cuando la demora en la respuesta jurisdiccional puede ocasionar un perjuicio irreparable al actor.

Otra diferencia fundamental entre la tutela anticipada y las medidas cautelares se aprecia en lo siguiente: la precautoria es accesoria al juicio y busca que no se frustre la ejecución de la sentencia; en la anticipación se accede al objeto del proceso preventivamente.

1.2. *Problemas para su aceptación*

La admisión de estos instrumentos supone un cambio radical en la forma clásica de varios conceptos tradicionales de derecho procesal.

En primer lugar, su incorporación supone un cuestionar y modificar la existencia de las sentencias de condena, del título ejecutivo, de los efectos suspensivos de los recursos y de la noción tradicional de la cosa juzgada como un estado que se alcanza una vez que se agota la tramitación de los recursos (art. 174 CPC).

En segundo lugar, la admisión de estos instrumentos obliga a reconocer a la estadística un rol predictivo y de verdadero principio orientador de las soluciones procesales. En efecto, los mecanismos de tutela anticipada ponen en práctica en el ámbito jurídico la denominada *ley de los grandes números*. Esta fue descubierta por el matemático suizo Jacob Bernoulli (1654-1705), como parte de su libro póstumo *Ars Conjectandi* (*El arte de hacer conjeturas*). Con ella se explica un teorema de probabilidad que describe la estabilidad a lo largo de una variable aleatoria. Cuando el número de observaciones de un experimento como tirar una moneda es suficientemente grande, la aparición porcentual de un resultado será muy cercana a la probabilidad del resultado[93].

---

en RChDP, N° 21, 2013, pp. pp. 459-473. Monroy Palacios, Juan José, "Panorama actual de la justicia civil", en *Proceso Civil* (VV.AA. coord. De la Oliva y Palomo), Santiago: Editorial Jurídica de Chile, 2007, pp. 93-158. Bordalí Salamanca, Andrés, "El recurso de protección entre exigencias de urgencia y seguridad jurídica" en *Revista de Derecho*, Universidad Austral de Chile, Vol. XIX – N° 2, 2006, pp. 205-228.

93 Sobre esta descripción, Pickover, Cliford, *El libro de las matemáticas,* Holanda: Librero, tr. M. Serrano, 2011, p. 164.

Partiendo de la premisa estadística de que la mayoría de las sentencias de condena se confirman, lo mejor es cambiar el paradigma, invirtiendo la regla general que por siglos había considerado como normal que la sentencia firme es la que se puede ejecutar. De igual forma, se sostiene –partiendo del dato estadístico– que como los deudores utilizan el sistema de recursos para dilatar el cumplimiento de la sentencia, es mejor evitar ese abuso permitiendo que el fallo de primer grado pueda ser cumplido de inmediato, sin esperar el resultado de la impugnación.

Como se puede apreciar, la anticipación de tutela es una opción marcada por el utilitarismo. El Estado acepta que se pueda someter a un grupo aleatorio a tener que soportar en su patrimonio los efectos de la tutela anticipada, esto es, que tenga que pagar lo que después se declare que no lo debía.

A mi entender, pretender que un proceso judicial sea construido en su estructura general sobre premisas estadísticas es una opción francamente peligrosa. Cuando está en juego la protección de los derechos de las personas, no se puede sucumbir a los datos relativos que surgen de otras disciplinas, especialmente si existe el riesgo de que el Estado termine por causar daños patrimoniales y psicológicos a las personas. La necesidad, siempre presente, de hacer eficiente el proceso no se puede buscar en soluciones que a primera vista aparecen atractivas, pero que instala un mecanismo coactivo en desmedro de otro grupo de personas.

2. LA TUTELA ANTICIPADA EN EL DERECHO CHILENO

En nuestra legislación no existe un reconocimiento general a la tutela anticipada, a lo menos de la forma como se ha desarrollado este tema en otros ordenamientos jurídicos.

Sin embargo, el legislador admite varias soluciones técnicas donde está presente, con mayor o menor intensidad, la posibilidad de adelantar la protección jurídica antes del pronunciamiento de la sentencia definitiva o antes que esta resolución devenga en firme.

Se trata de situaciones muy variadas. En algunos casos, por la naturaleza del derecho en disputa se permite imponer al acreedor del deber de pagar la prestación debida. En otros casos, se autoriza este adelanto de protección atendido que es la única manera de proteger en su esencia situaciones que podrían ser irreversibles si no se procede de este modo, como ocurre con el derecho a la vida y la honra de las personas. En otro grupo, el legislador accede a esta solución si se logra un cierto equilibrio a través de la rendición de cauciones o garantías que permitan a la persona que se vio obligada a anticipar una prestación a que le reparen los perjuicios, en el evento de que se revoque lo que fue adelantado cumplir.

Sin pretender agotar la casuística, los ejemplos más notorios de esta situación son:

2.1. La ejecución provisional de la sentencia

A través de la ejecución provisional se permite cumplir los efectos de la sentencia como si ella estuviera firme, permitiendo que el actor pueda empezar a gozar del contenido total de la pretensión admitida en la sentencia, aunque exista un recurso pendiente[94].

Esta singular forma de tutela anticipada se regula a propósito de los efectos de los recursos, específicamente dentro de las sentencias que causan ejecutoria. Esta categoría no fue contemplada originariamente en el Código de Procedimiento Civil; su aceptación se debe la reforma de la Ley N° 7.760, publicada el 5 de febrero de 1944. Con anterioridad, el antiguo artículo 236 (actual 231) solo permitía que se pudieran cumplir las resoluciones ejecutoriadas[95].

En términos generales, las resoluciones que causan ejecutoria son aquellas que, no obstante no haber producido aún la cosa juzgada, la ley permite que se puedan cumplir aunque existan recursos pendientes.

Los ejemplos más claros de esta situación surgen en la regulación del juicio ejecutivo (arts. 475 y 512 CPC), en el recurso de casación (cuando su interposición no provoca un efecto suspensivo, de conformidad al art. 773 CPC), y en las hipótesis donde la apelación se concede en el solo efecto devolutivo (art. 194 del CPC), a menos que se decrete orden de no innovar.

2.2. *La concesión de los alimentos provisionales*

Conforme al artículo 327 del CC, "[m]ientras se ventila la obligación de prestar alimentos, deberá el juez ordenar que se den provisoriamente, con el solo mérito de los documentos y antecedentes presentados; sin perjuicio de la restitución, si la persona a quien se demandan obtiene sentencia absolutoria".

"Cesa este derecho a la restitución, contra el que, de buena fe y con algún fundamento plausible, haya intentado la demanda".

Aunque no se le conceda el total de la pensión que reclama, con la fijación de los alimentos provisorios el demandante está consiguiendo anticipadamente la prestación que se le debe[96].

---

94 Sobre el tema, con la síntesis de la jurisprudencia y doctrina nacional, MENESES PACHECO, Claudio, "La ejecución provisional en el proceso civil chileno", en *RCHD*, N° 36, 2009 pp. 21-50; "Aspectos procesales de la Ley N° 20.152, que incorpora modificaciones relativas a los juicios de alimentos", *Revista de Estudios de la Justicia*, N° 10, pp. 221-249; SILVA ÁLVAREZ, Óscar, "La ejecución provisional de las sentencias", en *Revista de Derecho de la Pontificia Universidad Católica de Valparaíso*, n. 31, 2008, pp. 369-402. CHOZAS, Juan Manuel (2007): "La ejecución provisional de sentencias de primera instancia en el proceso civil español", en *Proceso civil. Hacia una nueva justicia civil*, Santiago: Editorial Jurídica de Chile, 2007 (Coord. DE LA OLIVA, Andrés y PALOMO, Diego), pp. 401-426.

95 Sobre esta reforma, CASARINO VITERBO, Mario, "Del cumplimiento de las sentencias judiciales civiles", en su obra homenaje *Medio siglo al servicio del derecho procesal*, Valparaíso: Edeval, 1993, pp. 21-45.

96 No se trata de una precautoria, atendido que esta última busca asegurar el resultado de la acción deducida y no otorgar satisfacción anticipada del derecho, como ocurre en este caso.

Como lo ha resuelto una antigua sentencia de la Corte de Apelaciones de Santiago, "la dación de alimentos provisorios importa jurídicamente acceder desde luego y provisionalmente a lo pedido en la demanda presentada al juicio o, en otros términos, significa el reconocimiento en igual forma del derecho que asiste al demandante para reclamar los alimentos definitivos, por lo cual es aplicable el artículo 331 del Código Civil y, en consecuencia, los referidos alimentos se deben desde la presentación de la demanda en el juicio principal"[97]. Según la misma sentencia, "el legislador al acordar los alimentos provisorios tuvo en vista la situación aflictiva que en muchos casos se produciría al demandante si tuviera que esperar el fallo definitivo que recayera en el litigio para empezar a disfrutar de la pensión alimenticia, lo que no llenaría el fin que se persigue al interponer la acción de alimentos, cual es el de subvenir a las necesidades de una persona que carece de otros de otros medios de subsistencia".

2.3. *La orden de pago respecto de la cantidad no disputada*

El artículo 1592 CC. dispone que, si no hay controversia sobre la cantidad de la deuda o sobre sus accesorios, podrá el juez ordenar, mientras se decide la cuestión, el pago de la cantidad no disputada.

Si el juez accede a decretar el pago de las cantidades no disputadas, claramente está anticipando la protección jurídica.

En tal sentido, se ha fallado que, si la cuenta presentada por el demandante contra el curador es impugnada por este, el saldo no objetado se puede pagar de inmediato[98]. También en el pago por consignación se ha estimado que se puede ordenar el pago de la suma consignada, sobre la que no existe controversia, en caso que el acreedor impute que lo depositado es una suma inferior a lo que se le debe[99].

No se trata de una precautoria, atendido que, si se cumple con esta orden de pago, la protección que le concede al actor es irrevocable.

De igual forma, la jurisprudencia ha estimado que se trata de una cuestión distinta de la desacumulación de acciones prevista en el artículo 172 del CPC. En este último caso la cuestión sigue siendo controvertida entre las partes, pero por razones de economía procesal se puede resolver antes que las otras acciones en discusión[100].

2.4. *La utilización anticipada de una servidumbre*

En algunos casos la ley permite que el demandante pueda utilizar las servidumbres legales, no obstante encontrarse en plena discusión la constitución de las mismas.

---

97 C. de Ap. de Santiago, 17 mayo 1932, *RDJ*, t. XXIX, sec. 2ª, p. 101.

98 C. de Ap. de Talca, 15 de noviembre de 1904, *RDJ*, t. III, sec. 1ª, p. 85.

99 CS, 18 de mayo de 1959, *RDJ*, t. LVI, sec. 1ª, p. 26.

100 CS. 28 de octubre de 1905, *RDJ*, t. III, sec. 1ª, p. 85.

Esta solución facilita el desarrollo de ciertas actividades económicas que se estiman relevantes para el país.

Este singular derecho se debe ejercer respetando la regla del debido proceso, permitiendo que el afectado pueda ejercer su derecho de defensa[101].

A modo ejemplar, esta tutela anticipada está considerada en el artículo 125 del Código de Minería, al disponer que "mientras se tramita el juicio respectivo, el juez podrá autorizar al solicitante para hacer uso, desde luego, de las servidumbres pedidas, siempre que rinda caución suficiente para responder de las indemnizaciones a que pueda ser obligado".

2.5. *La entrega anticipada del predio arrendado*

La Ley N° 18.101, de 1982, sobre Arrendamientos de Predios Urbanos contempla en su artículo 6° (introducido por la Ley N° 19.866 de 11 de abril de 2003) una hipótesis de anticipación de tutela. Allí se dispone que "si el arrendatario abandonare el inmueble sin restituirlo al arrendador, este podrá solicitar al juez de letras competente que se lo entregue, sin forma de juicio, con la sola certificación del abandono por un ministro de fe. Dicho funcionario levantará acta del estado en que se encuentre el bien raíz al momento de su entrega al arrendador y remitirá copia de ella al tribunal".

En esta gestión no se está frente a una sentencia definitiva, sino a una medida urgente, que permite al arrendador obtener la restitución de la propiedad sin tener que esperar el pronunciamiento de la sentencia definitiva del juicio sumario que necesariamente debió iniciar contra el arrendatario.

2.6. *La ejecución provisional de la demanda*

En el juicio sumario ordinario, el artículo 684 CPC admite otra hipótesis de anticipación de tutela. Se trata de una sanción procesal al demandado que asume una actitud de rebeldía, no concurriendo al comparendo de estilo.

En tal situación, se permite al tribunal acceder provisionalmente a lo pedido, a instancia del actor, sin perjuicio de lo que resuelva en la sentencia definitiva.

---

101 La C. de Ap. de Talca, en sentencia de 14 de octubre de 2011 señaló: "4) Que, en lo tocante a las servidumbre de acueducto, cabe tener en cuenta que se fijó la suma provisional para responder a la indemnización, antes de notificarse la demanda, contraviniendo principios fundamentales del debido proceso, como lo es, entre otros, la bilateralidad de la audiencia, y objetado el monto, encontrándose pendiente el informe del perito a que se refiere el artículo 71 del Código de Aguas, y no cumpliéndose tampoco el presupuesto fáctico contemplado en el inciso primero del artículo 684 del Código de Enjuiciamiento Civil, se accedió provisionalmente a lo pedido en la demanda, razones bastantes para tomar idéntica decisión en cuanto a esta servidumbre" (Rol N° 1133-10, MJ 29724).

2.7. *Medidas precautorias que pueden satisfacer anticipadamente*

Nuestro sistema cautelar está construido sobre el siguiente principio: la tutela judicial del derecho es un efecto propio de la sentencia judicial sobre el fondo, tal como se colige del artículo 290 del Código de Procedimiento Civil.

Dicho de otra forma, es un rasgo esencial que una medida cautelar no pueda satisfacer anticipadamente. Esto significa que el contenido o efecto de la medida cautelar no puede ser idéntico al resultado que se busca con la acción deducida en el proceso, puesto que de ser así estaríamos frente a una situación de tutela anticipada, esto es, una verdadera ejecución del fallo antes de que exista sentencia sobre el fondo[102]. La diferenciación entre la tutela que otorga la sentencia definitiva y la resolución que concede la medida cautelar, es necesaria para evitar el riesgo de prejuzgar sobre el asunto objeto del juicio[103]. Por lo mismo, la medida precautoria permite anticipar solo algunos de los efectos de la ejecución, pero nunca todos.

Sin embargo, la regla general recién descrita admite excepciones que se explican por la naturaleza del derecho cuya protección se busca, permitiendo homologar la protección cautelar y la respuesta jurisdiccional para el caso concreto. Los casos más indiscutibles surgen en relación a la protección del derecho a la vida, a la integridad física y psíquica de las personas. También para amparar el derecho constitucional a la privacidad y honra de la persona y su familia.

2.7.1. En la protección del derecho a la vida

En el caso del derecho a la vida del *nasciturus*, la posibilidad de anticipar protección mediante una precautoria tiene base por lo previsto en el artículo 75 inciso 1° del Código Civil. Este precepto impone al juez el deber de adoptar "a petición de cualquiera persona o de oficio, todas las providencias que le parezcan convenientes para proteger la existencia del no nacido, siempre que crea que de algún modo peligra".

Conforme a lo anterior, sería lícito que en un juicio donde se discuta sobre la juridicidad de un acto administrativo que autorizó la comercialización de un producto abortivo, el juez decrete como medida precautoria la prohibición de comercialización de la sustancia, aunque ello signifique anticipar el contenido de la decisión de fondo[104].

En algunas situaciones esta protección anticipada o de urgencia para el *nasciturus* ha hecho innecesario luego el pronunciamiento de fondo respecto de la acción deducida, por la pérdida del interés sobrevenido en la acción deducida. Lo anterior ocurrió en el célebre caso "Carabantes Cárcamo": en esa ocasión, una Corte de Apelaciones autorizó

---

102 Entre otros, Morello, Augusto, *Anticipación de tutela*, *op. cit.*, p. 51.

103 En tal sentido, entre otras, CS, 29 de marzo de 1973, que confirmó una sentencia de la Corte de Apelaciones de Antofagasta, *RDJ*, t. LXIX, sec. 3ª, p. 26. C. de Ap. de Santiago, 22 de abril de 1961, *RDJ*, t. LVIII, sec. 2ª, p. 222. CS, 2 de enero de 1951, *RDJ*, t. XLVIII, sec. 1ª, p. 1.

104 Esta situación se decretó en los autos caratulados *Centro Juvenil AGES con Instituto de Salud Pública*, Rol N° 5839-2002 del Octavo Juzgado Civil de Santiago, con fecha 9 de julio de 2004.

cautelarmente a un equipo médico para adoptar todas las medidas que fuesen necesarias para asegurar el derecho a la vida, frente a la negativa del padre –por motivos religiosos– a que se practicara una transfusión de sangre a la madre. Como la criatura nació, al no existir la situación jurídica que originalmente se quería proteger, se estimó innecesario tener que dictar la sentencia sobre el fondo, desestimándose el recurso[105].

Cuando se decreta una precautoria para dar protección al derecho a la vida, el juez no lo hace para favorecer a una de las partes, sino que para garantizar el estatuto jurídico que tiene la vida humana en nuestro ordenamiento jurídico.

Igual criterio de protección se ha aplicado en varios casos a propósito de las huelgas de hambre, cuando ellas han puesto en riesgo la integridad o la vida de las personas[106].

2.7.2. En la protección del derecho a la honra y privacidad de las personas

En relación a la protección del derecho a la honra y privacidad de las personas, un ejemplo de esta anticipación de tutela se dio en los autos caratulados "Luksic con Martorell". Allí se prohibió –mediante una orden de no innovar– la circulación de un libro que amagaba la honra del recurrente, antes que se resolviera el recurso de protección[107]. Mediando esta tutela cautelar, se aseguró que el daño de imagen no se consumara, mientras se tramitaba el recurso. De no haberse procedido de este modo, el texto difamatorio habría producido sus consecuencias, resultando la sentencia definitiva completamente tardía e ineficaz.

2.7.3. En la protección de la integridad psíquica y de las personas

En relación a la integridad psíquica y física, la ley permite esta anticipación, conforme a las soluciones que contempla la Ley de Violencia Intrafamiliar (Ley N° 20.066, promulgada el 7 de octubre de 2005)[108].

---

105 C. de Ap. de Santiago, 4 de noviembre de 1991, *RDJ*, t. LXXXVIII, sec. 5ª, p. 340.

106 Sobre el tema, Aguerrea Mella, Pedro, "El derecho a la vida y la acción del Estado en su protección", en *Ius Publicum*, N° 7, 2001, pp. 21-34.

107 CS, 15 de junio de 1993, *RDJ*, t. XC, sec. 5ª, p. 164.

108 En ella se establece: "Cuando exista una situación de riesgo inminente para una o más personas de sufrir un maltrato constitutivo de violencia intrafamiliar, aun cuando este no se haya llevado a cabo, el tribunal, con el solo mérito de la denuncia, deberá adoptar las medidas de protección o cautelares que correspondan". "Se presumirá que existe una situación de riesgo inminente como la descrita en el inciso anterior cuando haya precedido intimidación de causar daño por parte del ofensor o cuando concurran además, respecto de este, circunstancias o antecedentes tales como: drogadicción, alcoholismo, una o más denuncias por violencia intrafamiliar, condena previa por violencia intrafamiliar, procesos pendientes o condenas previas por crimen o simple delito contra las personas o por alguno de los delitos establecidos en los párrafos 5 y 6 del Título VII, del Libro Segundo del Código Penal o por infracción a la Ley N° 17.798, o antecedentes psiquiátricos o psicológicos que denoten características de personalidad violenta". Más adelante, la misma ley regula en su artículo 15 las medidas cautelares: "En cualquier etapa de la investigación o del procedimiento sobre delitos constitutivos de violencia intrafamiliar,

En esta materia siempre será mejor anticipar la protección jurídica, para evitar que se consume alguna situación tipificada como un ilícito penal. Esto último supone siempre la ejecución de resultados lesivos para las personas, que una adecuada tutela preventiva puede evitar[109].

2.7.4. La pérdida del interés sobrevenido en el objeto del proceso

La disociación que se aprecia entre tutela cautelar y el pronunciamiento de la sentencia sobre el fondo puede llevar a que esta última sea innecesaria. En efecto, la anticipación en la protección que puede surgir podría llevar a hacer innecesario que se dicte el fallo sobre el fondo, si se produce la pérdida del interés en el objeto del proceso. En explicación de Gascón, "[...]cuando se satisface el derecho material del actor, el proceso deja de ser necesario pues ha perdido su subsidiariedad, su carácter de último recurso para la realización de derecho: ya no se da esa necesidad [...] como la única forma de lograr lo que se pretendía: en otros términos, al actor ya no le hace falta la actividad jurisdiccional, pues acudió al proceso para hacer efectivo su derecho o interés y ya lo ha visto satisfecho por otra vía, aunque pueda haber sido la existencia del proceso la que, en buena medida, haya sido el detonante de esa satisfacción que lo ha convertido en innecesario"[110].

Naturalmente que habría que examinar cada caso para saber si efectivamente se da la pérdida del interés en el objeto del proceso. La eventual irreversibilidad de la medida que anticipó el cumplimiento es un índice relevante a considerar. Por ejemplo, en "Carabantes Cárcano", antes citado, es de toda lógica que se prescindiera de resolver sobre el fondo de un recurso de protección, atendido que a través de la orden de no innovar se había garantizado el derecho a la vida del que está por nacer.

3. LA TUTELA PREVENTIVA

La acción de tutela preventiva se vincula con una forma de acción de condena, a través de la cual se adoptan las medidas que sean necesarias para evitar la consumación de un daño eventual.

---

y aun antes de la formalización, el tribunal con competencia en lo penal podrá decretar las medidas cautelares que sean necesarias para proteger a la víctima de manera eficaz y oportuna, tales como las que establece el artículo 92 de la ley N° 19.968 y las aludidas en el artículo 7° de esta ley".

109 Sobre el tema, Villegas Díaz, Myrna, "El delito de maltrato habitual en la Ley N° 20.066 a la luz del derecho comparado" en *Revista Política Criminal*, Vol. 7 N° 14, 2012, pp. 276-317.

110 Gascón Abellán, Fernando, *La terminación anticipada del proceso por desaparición sobrevenida del interés*, *op. cit.*, p. 63. SILVA HANISCH, Maximiliano, "La terminación anticipada del proceso por la desaparición sobrevenida del interés en el proceso civil chileno" en *Revista de Derecho de la Pontificia Universidad Católica de Valparaíso,* N° 48, 2017, pp.167-198.

A través de la tutela preventiva, la jurisdicción actúa antes que se lesione en derecho[111].

Lo que comprende esta categoría todavía no es pacífico en la doctrina ni en la legislación. En ciertos casos, la tutela preventiva reconoce la posibilidad de ejercitar acciones autónomas para lograr esta protección; en otros casos, ella forma parte del contenido de la protección cautelar que puede impetrar el actor o que va implícita en ciertas acciones. A modo de ejemplo, esto último se da con la orden de no innovar que está prevista en el interdicto posesorio de denuncia de obra nueva, atendido que permite decretar provisionalmente la suspensión de la obra, sin necesidad de notificación al demandado (arts. 565 al 567 CPC)[112].

4. ALGUNAS ACCIONES DE TUTELA PREVENTIVA AUTÓNOMAS

4.1. *La acción de tutela preventiva para proteger la vida del que está por nacer*

Se debe encasillar dentro de esta categoría la situación regulada en el artículo 75 del Código Civil, cuando impone al juez el deber de adoptar "a petición de cualquiera persona o de oficio, todas las providencias que le parezcan convenientes para proteger la existencia del no nacido, siempre que crea que de algún modo peligra".

La normativa del Código Civil sobre protección del *nasciturus* tiene una larga tradición que hunde sus raíces en el derecho romano y se erige como uno de los hitos jurídicos más excelsos del derecho de los pueblos civilizados[113].

---

111 Una explicación de este tema, Molinari Valdés, Aldo, *De la responsabilidad civil al derecho de daños y tutela preventiva civil*, Santiago: LexisNexis, 2004, especialmente pp. 179-213; Peyrano W., Jorge, "La acción preventiva", en *Revista Peruana de Derecho Procesal*, N° VII, 2004, pp. 363-410.

112 En tal sentido, la C. de Ap. de La Serena, en sentencia de 19 de noviembre de 2010, ha resuelto: "7°: *Que en este sentido, asimismo, resulta relevante destacar que la tramitación de la acción posesoria de obra nueva está estructurada sobre la base de la aceptación provisional de la demanda, y que se dispone, por tanto, la suspensión inmediata de las obras, resolviendo en la sentencia definitiva solo si se ratifica y se mantiene en carácter permanente la suspensión, o, por el contrario, se decide el alzamiento de tal suspensión, difiriendo, por regla general, en ambos casos la acción de demolición o de obtención de la autorización, al juicio ordinario, conforme a lo previsto en el artículo 569 del Código de Procedimiento Civil*" (Rol N° 557-10, MJ 25512).

113 Aunque los juristas romanos no llegaron a conocer los aportes de la teoría celular moderna, ni pudieron contar con la tecnología que hoy día es capaz de mostrar el preciso momento en que el óvulo es fecundado por un espermatozoide, su normativa no limitó la protección de la vida del *nasciturus*. Para los romanos el hecho de provocar la muerte del que está por nacer, en cualquier estado de desarrollo en que este se encontrase, estuvo sancionado desde la época del emperador Severo, mediante el crimen *de veneficiis* (envenenamiento). Según Mommsen, la Ley Cornelia aplicaba al envenenamiento con resultado mortal la pena de muerte. Con la misma pena se castigaba a todo aquel que, con el propósito de causar la muerte de otro, daba o preparaba el veneno, lo vendía o lo confeccionaba. Si el envenenamiento causaba el aborto, la pena que se imponía era la de confiscación y destierro, salvo cuando se hubiese originado la muerte de la

La acción de tutela preventiva que estamos comentando se explica al haber aceptado nuestro derecho la regla *conceptus pro iam nato habetur*, por la cual al concebido se le tiene por nacido para todo lo que le favorezca[114]. Tal solución ya había sido recibida en el derecho castellano, específicamente en las *Siete Partidas* y, luego, en los textos derivados de ella (*Partidas*, 4, 23, 3; *Partidas*, 4, 23, 4; *Partidas*, 4, 23, 5; *Partidas*, 7, 23, 8).

Es importante recordar que la protección de los derechos del embrión humano tiene su origen en el padre de la medicina científica, el griego Hipócrates. Este prohombre, que vivió cuatro siglos antes de Jesucristo, hacía jurar a sus discípulos en el siguiente sentido: "Y no suministraré, por más que me lo pidan, ningún tipo de droga homicida ni aconsejaré este tipo de iniciativas; asimismo, me abstendré de dar a la mujer ningún abortivo".

En el comienzo del cristianismo es obligatoria la referencia al abogado Quintio Septimio Florencio Tertuliano (nacido en Cartago, hacia el año 155). Sobre el tema que se examina, en su obra *El Apologético* señalaba: "[N]o solo nos está absolutamente prohibido el homicidio, sino que nos está prohibido también destruir al concebido, cuando todavía la sangre lo alimenta en el seno materno para formar un hombre. El impedir el nacimiento es un homicidio anticipado; y no hay diferencia entre quitar la vida ya nacida o destruir la vida en el nacimiento: también es hombre el que ya va a serlo, como todo el fruto está ya en la semilla".

En la cultura del pueblo judío la protección de los derechos del embrión también tiene historia. Así, por ejemplo, Assaph, médico judío del siglo VII decía: "No intentes matar a nadie con extractos de plantas ni hagas beber pócimas abortivas a mujeres adúlteras embarazadas". También es pertinente recordar lo expresado por Harofim de Jacob Zahalon, médico y rabino italiano (1630-1693): "Señor, líbrame de la mano del malvado, de la mano del injusto y del opresor. No me coloques bajo su poder ni un solo momento para que no tenga que tomar parte en ninguno de sus festines, en los que se administran drogas, brebajes o venenos que puedan dañar a un hombre o hacer abortar a una mujer".

La situación de amenaza que justifica el ejercicio de esta acción es amplia, comprendiendo desde el intento de distribuir o comercializar productos que amenacen la vida de los embriones humanos hasta la promoción de los deshumanizados "fono aborto", que promueven algunas organizaciones no gubernamentales transnacionales para promover y facilitar la muerte de seres inocentes.

---

mujer, en cuyo caso, se podía aplicar hasta la pena capital (*Derecho penal romano*, t. II, Madrid 1898, p.114 ss.).

114 Sobre el tema, con una amplia bibliografía, HENRÍQUEZ HERRERA, Ian, *La regla de la ventaja para el concebido en el derecho civil chileno*, Santiago: AbeledoPerrot, 2011, pp. 11-260; CATALANO, Pierangelo, *Diritto e persone I*, Torino: G. Giappichelli Editore, 1990, pp. 185-203; CASTÁN VÁSQUEZ, JOSÉ María, *La tradición jurídica sobre el comienzo de la vida humana. Del derecho justinianeo a los códigos civiles*, lección inaugural del curso académico 1994-95, Universidad San Pablo Ceu, Madrid, 1994, pp. 6-7.

Corresponde al juez adoptar las medidas para que esta acción de tutela preventiva no se frustre, pudiendo, entre tantas iniciativas, pedir informes a organismos públicos o privados, hacer comparecer a su oficio a personas que estén tramando un atentado contra la vida del que está por nacer.

Todo juez comprometido con la dignidad de la persona humana pondrá lo mejor de su inteligencia para evitar la lesión contra el derecho más elemental de un inocente, considerando que el tenor literal del art. 75 del CC. le autoriza para adoptar todas las medidas que sean necesarias para proteger la vida del que está por nacer.

A diferencia de lo que ha ocurrido en otras latitudes, nuestra Corte Suprema puede exhibir en su historia una actuación inequívocamente *pro vida*. En tal sentido es relevante el estudio de la sentencia de 30 de agosto del 2001, cuando nuestro máximo tribunal declaró: "17°.- Que desde la perspectiva señalada se hace evidente que el que está por nacer –cualquiera que sea la etapa de su desarrollo prenatal–, pues la norma constitucional no distingue, tiene derecho a la vida, es decir, tiene derecho a nacer y a constituirse en persona con todos los atributos que el ordenamiento jurídico le reconoce, sin que a su respecto opere ninguna discriminación".

La amplitud de la legitimación activa para ejercer esta acción de tutela preventiva ha sido reconocida en el siguiente considerando de la sentencia de la Corte Suprema antes aludida: "8°.- Que a mayor abundamiento, la legitimación activa solo requiere que haya seres concretos existentes que pudieren ser afectados por la acción que denuncia como arbitraria o ilegal, aun cuando no sepa dónde se encuentran ni se tenga certeza de su nombre y de ningún otro atributo individualizador". "Esto no significa que el Recurso se utilice en el caso presente, como acción popular o general a favor del orden jurídico, sino como una acción cautelar de derechos subjetivos concretos; tal como en otros casos, los tribunales han acogido recursos de protección respecto de una persona actualmente afectada, pero otorgando protección también a todas las otras personas afectadas en el presente y en el futuro". "Es así que, en el caso de una acción ilegal o arbitraria que amenaza un derecho fundamental, es necesario que la persona titular del derecho sea cierta o probable en el momento de hacerse efectiva la amenaza. Si el sujeto no existe en el momento de formularse la amenaza –lo que impide recurrir por cualquiera a su nombre–, pero ciertamente existirá al momento previsto para el cumplimiento de la amenaza, el sujeto merece entonces la protección adelantada del derecho prevista precisamente por este recurso de protección, que contempla explícitamente la posibilidad de proteger contra una amenaza, acción por definición referida a la existencia del sujeto en el futuro".

La tutela preventiva que reconoce el art. 75 del CC. es consecuencia de que en nuestro ordenamiento *el nasciturus* es un sujeto de derecho, no un objeto de derecho[115].

---

115 Esta distinción no se da en otros países, donde han *cosificado* a los embriones, con el objeto de privarlos de toda protección jurídica o generar zonas de auténtica inmunidad jurisdiccional. A este resultado se ha llegado por tres caminos: i) proponiendo etapas de desarrollo embrionario con distintos niveles de protección legal y jurisdiccional del derecho a la vida; ii) asumiendo, interesadamente, posturas de duda científica frente al origen de la vida humana, con el objeto de

En suma, el art. 75 del Código Civil y 19 N° 1 de la Constitución amparan todo el ciclo vital que se constata en el desarrollo de todo embrión humano, que sabemos parte con la concepción del óvulo por el espermio. El embrión humano conforma una realidad cuyo trato debe ser muy diverso al que se permite dar a los embriones de otras especies animales.

4.2. *La acción para evitar un daño contingente*

Para enfrentar la consumación de un daño contingente, el art. 2333 del CC. dispone que, "por regla general, se concede acción popular en todos los casos de daño contingente que por imprudencia o negligencia de alguien *amenace a personas indeterminadas*; pero si el daño amenazare solamente a personas determinadas, solo alguna de estas podrá intentar la acción"[116].

5. LAS CONDENAS DE FUTURO

5.1. *Contenido de la figura*

Se trata de otra manifestación de tutela preventiva, que permite solicitar la protección jurisdiccional antes de que se consume la lesión del derecho. Con las condenas de futuro se protege al actor de un inminente peligro de daño futuro, que de consumarse lesionaría gravemente su situación jurídica[117].

La peculiaridad de esta figura radica en el quiebre del tradicional axioma de que las acciones de condena solo se pueden ejercer cuando se ha lesionado el derecho, esto es, cuando el obligado a realizar la prestación no lo hizo en la oportunidad prevista. En cambio, aquí el demandante obtiene una verdadera *condena presente con ejecución futura,* para que, si llegado el día en el que la obligación se hace exigible y el deudor la incumple, se pueda proceder a ejecutar el fallo que acogió esta tutela preventiva de condena.

---

justificar actuaciones en desmedro de los embriones, sosteniendo que antes de la implantación "no habría nada"; iii) afirmando que ninguna de las capacidades relevantes que hacen a una persona objeto de consideración se encuentran en el embrión. Como el embrión no tendría racionalidad, no tendría conciencia, carecería de las estructuras biológicas que sirven de soporte a la racionalidad y el lenguaje.

116 Sobre el tema, Corral Talciani, Hernán, *Lecciones de responsabilidad civil extracontractual*, *op. cit.*, pp. 407-411.

117 Esta acción existe en el derecho francés, italiano, alemán y español (desde la LECiv de 2000). Sobre el tema, López Simó, Francisco, "Las condenas de futuro", en *Revista General de Derecho*, Valencia, julio-agosto 1994, N° 598-599, pp. 8123-8154; López Simó, Francisco, Cavanillas Mugica, Santiago, Gascón Inchausti, Fernando, *Las condenas de futuro*, Pamplona: Aranzadi, 2001, pp. 21-231; Aguirrezábal G., Maite, *Las condenas de futuro* (memoria de prueba), Universidad de Valparaíso, 1998.

Los requisitos para la procedencia de las acciones de condena de futuro son:

1°) La existencia de un derecho subjetivo a obtener cierta prestación (dar, hacer o no hacer), y

2°) Que la prestación no sea todavía exigible, pero exista un interés procesal en obtener una sentencia anticipada, para precaver al actor del daño que le podría provocar el temido incumplimiento.

El desarrollo de esta figura ha significado admitir una excepción a la regla general sobre la oportunidad en el ejercicio de la acción. Esto mismo explica que la acción de condena de futuro tenga un campo restringido de aplicación.

Con distintos matices, la doctrina requiere al actor que solicita esta forma de amparo jurídico que acredite un interés en accionar, que de un modo razonable justifique que el juez pueda dictar una condena anticipada ante lo que en ese momento es un hipotético incumplimiento del deudor. Tal exigencia se entiende presente, por ejemplo, si existen antecedentes fundados de que el deudor no podrá cumplir en el día previsto en el contrato con su obligación de pagar o restituir, por tratarse de una persona que está en insolvencia o cerca de caer en esta situación, o por tener deudas impagas[118].

El simple temor a que se incumpla una obligación no puede dar lugar a una tutela anticipada.

Aunque en nuestra jurisprudencia algunas sentencias han establecido que "es improcedente una demanda que se funda en hechos que solo quedan perfeccionados y efectivos después de trabada la litis"[119], o que "el interés en la acción debe ser actual"[120], ello no puede llevar a desechar de plano la figura que analizamos.

La tutela del derecho que se puede solicitar en este caso se explica porque el derecho de acción, como se explicaba, no nace de la lesión. Bajo ciertas condiciones, basta con la amenaza inminente para que pueda actuar la jurisdicción.

5.2. *Algunas hipótesis de condenas de futuro*

Nuestro sistema jurídico no es contrario a esta modalidad de protección jurídica, admitiendo que se puede precaver la vulneración de un derecho que está en etapa de nacimiento, o para adoptar decisiones jurisdiccionales que cubran futuros incumplimientos, tal como se pasa a ilustrar con algunos ejemplos.

---

118 La condena de futuro es una situación distinta de la caducidad del plazo del art. 1496 del CC. En la condena de futuro la sentencia existe, pero si una vez vencido el plazo no se cumple por el demandado, se procede a la ejecución del fallo. La condena de futuro no está haciendo exigible la obligación antes del plazo.

119 Corte de Ap. de Talca, 10 de diciembre de 1913, *Gaceta Jurídica* 1913, 2° Sem. N° 1095, p. 3157.

120 Así, Corte de Ap. de Santiago, 13 de enero de 1953, *RDJ*, t. L, sec. 2ª, p. 17.

5.2.1. La condena de ejecución continuada

También el artículo 236 del CPC discurre sobre la base de una posible condena de futuro. Allí, en materia de pago de obligaciones periódicas, se permite obtener otra forma de condena de futuro.

Según ese precepto, "si la sentencia ordena el pago de prestaciones periódicas y el deudor retarda el pago de dos o más, podrá el juez compelerlo a prestar seguridades para el pago, tal como la de convertir las prestaciones en los intereses de un capital que se consigna al efecto, en un Banco, Caja de Ahorros u otros establecimientos análogos. Este capital se restituirá al deudor tan pronto como cese la obligación".

En rigor, si la obligación no está vencida solo a través de una condena de futuro se puede validar la imposición del pago de una obligación cuyo plazo no está vencido.

5.2.2. La acción de desahucio

En materia de juicios de arrendamiento, los artículos 594 y 595 del Código de Procedimiento Civil discurren sobre la base de una condena de futuro en materia de desahucio.

Una vez que se ha declarado el derecho a la restitución, si el demandado no cumple se procederá a la ejecución de esta sentencia de condena con ejecución futura.

CAPÍTULO IV

LA LEGITIMACIÓN COMO ELEMENTO DE LA ACCIÓN

1. PRESENTACIÓN DEL TEMA

La legitimación es un presupuesto de eficacia de todo acto jurídico. Siguiendo esta orientación, se la ha definido como "el reconocimiento que hace el derecho a una persona de la posibilidad de realizar con eficacia un acto jurídico, derivando dicha posibilidad de una determinada relación existente entre el sujeto y el objeto del mismo"[121].

La doctrina ha dicho prácticamente de todo sobre este elemento, desde elevarlo a la categoría de tema fundamental del derecho hasta señalar que es un concepto inútil, o que se trata de un problema superfluo y sin relevancia[122].

En nuestro caso, entendemos que la legitimación es un elemento constitutivo del derecho de acción, que tiene enorme trascendencia jurídica. Su utilidad radica en contribuir a determinar en todo juicio quién es el portador auténtico del derecho de acción. Si el que solicita la protección jurídica no tiene la legitimación (activa) o se deduce la

121 LADARIA CALDENTEY, Juan, *Legitimación y apariencia jurídica*, Barcelona: Bosch, 1952, p. 11.

122 Sobre la legitimación, entre otros, ORTELLS RAMOS, Manuel, *Derecho procesal civil*, Pamplona: Thomson-Aranzadi, 11ª ed. 2012, pp. 187-198; SAN JUAN SÁNCHEZ, Ricardo, *La legitimación en el proceso civil*, Cizur Menor: Thomson-Aranzadi, 2014, pp. 25-416; PRIETO-CASTRO, Leonardo, *Tratado de derecho procesal civil, op. cit.*, T. II, pp. 319 ss. MONTERO AROCA, Juan, *La legitimación en el proceso civil (Intento de aclarar un concepto que resulta más confuso cuanto más se escribe sobre él)*, Madrid: Civitas, 1994, pp. 49-73; *De la legitimación en el proceso civil*, Barcelona: Bosch, 2007, pp. 23-552; ALSINA, Hugo, "Unificación de la legislación acerca de la intervención de terceros en la relación procesal", en *Revista de Derecho Procesal*, N° 4, 1957; ATTARDI, Aldo, "In tema di limiti oggettivi della cosa giudicata", en *Rivista Trimestrale di Diritto e Procedure Processuale,* 1990, N° 2; COUTURE, Eduardo J., "Legitimación procesal del tercero coadyuvante", en *Estudios de derecho procesal,* T. III, Buenos Aires: Depalma, 1989; FERRÉ MARTI, José María, *Protección procesal del tercero en el derecho canónico,* Barcelona, 1982; FERRI, Corrado, *Profili dell'acertamento constitutivo*, Padua: Cedam, 1970; LANFRANCHI, Lucio, *Contributo allo studio dell'azione di mero accertamento*, Milán: Giuffrè, 1969; SCARCELLI, Giuliano, *La condanna con riserva*, Milán: Giuffrè Editore, 1989; TESSONE, Alberto José, "En torno de la legitimación para recurrir", en *La legitimación* (AA.VV.), Buenos Aires: Abeledo-Perrot, 1996. ROJAS SEPÚLVEDA. Mario, "Función de la legitimación *ad causam* en el sistema procesal civil (Pretexto: un caso de litisconsorcio necesario pasivo impropio)", en *Actualidad Jurídica*, N° 35, 2016, pp. 127-174. RODRÍGUEZ JOSSE, Cristián, *Teoría general de la legitimación en el proceso civil*, Santiago: Editorial Hammurabi, 2019, pp. 9-200.

acción en contra de un sujeto sin legitimación (pasiva), esa petición de tutela jurisdiccional no puede prosperar, al faltar un elemento constitutivo del derecho de acción.

Aunque en abstracto resulta fácil entender el rol que cumple la legitimación en la protección jurisdiccional de los derechos e intereses legítimos, a la hora de concretar su función suelen presentarse dificultades. Como se podrá apreciar, se trata de un componente cuyo comportamiento depende de la situación de derecho sustantivo o situación legitimante que se debate en el objeto del proceso.

Ahora, cualquiera que sea el conflicto materia de la petición de protección jurídica, la legitimación se encamina a un objetivo jurídico: a determinar quiénes tienen la calidad de *justa parte* en ese proceso[123].

En palabras de Liebman[124], "la legitimación es la titularidad (activa y pasiva) de la acción. El problema de la legitimación consiste en individualizar la persona a la cual corresponde el interés para accionar (y, por consiguiente, la acción) y la persona frente a la cual el mismo corresponde"[125]. "La legitimación, como requisito de la acción, es una condición de la providencia de fondo sobre la demanda; indica, pues, para cada proceso, las *justas partes*, las *partes legítimas*, esto es, las personas que deben estar presentes a fin de que el juez pueda proveer sobre un determinado objeto"[126].

La mayor parte de las veces la determinación de la legitimación no viene dada en forma precisa por una norma legal. La regla general en esta materia es que este elemento se debe determinar a través de normas generales. Las leyes expresamente indican que quienes tienen legitimación para accionar o para ser sujeto pasivo de la acción son de excepción[127].

---

123 Sintetiza esta idea la sentencia de la CS, 29 de julio de 2009, Rol N° 3021-09, MJ 20800, señalando: "Cuarto: Que trae a colación, entonces, el error denunciado, la institución de la legitimación procesal o '*ad causam*' y que va más allá de la simple aptitud general o capacidad de ser parte, pues siendo un presupuesto para la válida constitución, prosecución y desarrollo del proceso, alude, como lo ha referido la doctrina, a la legitimación para pretender o resistir la pretensión, una consideración especial en que tiene la ley, dentro de cada proceso, a las personas que se hallan en una determinada relación con el objeto del litigio y, en virtud de la cual, exige, para que la pretensión procesal pueda ser examinada en cuanto al fondo, que sean dichas personas las que figuren como parte en aquel. De acuerdo a lo anterior, la pasiva –específicamente–, obedece a la circunstancia que el demandado sea la persona a quien, según la normativa, le corresponde contradecir la pretensión o frente al cual el legislador permite que se declare la relación sustancial objeto de la demanda".

124 Enrico Tullio Liebman (1903-1986), jurista italiano nacido en Leopoli. Se graduó en la Facultad de Derecho en Roma, donde tuvo de maestro a Chiovenda. Fue catedrático de Derecho Procesal Civil en la Universidad de Parma. Llegó a Brasil en 1939, huyendo del fascismo, con 36 años de edad. Enseñó en la Facultad de Derecho de la Universidad de Sao Paulo, donde hizo verdadera escuela.

125 Liebman, Enrico T., *Manual de derecho procesal civil, op. cit.*, p. 116.

126 *Ibid.*, p. 117.

127 Normalmente esto lo puede hacer el legislador en relación al ejercicio de acciones constitutivas, para limitar quiénes pueden debatir sobre el derecho al "cambio jurídico" involucrado en el ejercicio de un derecho potestativo.

Como lo expone Cordón Moreno, "la legitimación hace siempre referencia a una determinada relación del sujeto con la situación jurídica sustancial que se deduce en juicio. Esta relación se concreta la mayoría de las veces en su titularidad, siendo el contenido de esta el que delimita el contenido de la legitimación. A veces, sin embargo, el ordenamiento jurídico, en atención a un interés que considera prevalente y digno de protección, legitima a un sujeto para deducir en juicio a nombre propio un derecho del que no es titular, produciéndose entonces una disociación entre titularidad de la situación jurídica sustancial deducida y la titularidad del derecho a hacerla valer. Tal cosa ocurre en todos los casos de *legitimación extraordinaria* o *por sustitución*, que tienen su fundamento exclusivamente en la ley y son de interpretación estricta"[128].

2. LAS SITUACIONES LEGITIMANTES

La concurrencia de la legitimación se debe realizar considerando las categorías jurídicas de derecho sustancial o material que, en el campo de lo concreto, permiten examinar si está presente o no este componente del derecho de acción[129]:

a) Las obligaciones. En nuestro derecho, las fuentes de las obligaciones están enumeradas en el artículo 1437 del Código Civil y comprende los contratos, los delitos, los cuasicontratos, los cuasidelitos y la ley. A las anteriores hay que agregar, según la doctrina, el enriquecimiento sin causa y en ciertos casos la declaración unilateral de voluntad.

La determinación de la legitimación se debe precisar atendiendo a los rasgos esenciales que tiene cada una de las fuentes generadoras de obligaciones. Por ejemplo, en la obligación contractual la existencia de un vínculo previo entre las partes determina que los sujetos legitimados (ordinariamente) sean las partes del contrato o sus causahabientes a título universal o singular. Lo anterior no obsta a que ciertos terceros puedan discutir respecto de los efectos de ciertos contratos, especialmente, cuando se trata de solicitar su ineficacia jurídica por simulación[130] o por nulidad[131].

---

128 Cordón Moreno, Faustino, "Consideraciones sobre la legitimación activa en el proceso de amparo constitucional", Madrid: La Ley, 1984 N° 2, p. 1038.

129 En esta sistematización hemos seguido a Irti, Natalino, *Introduzione allo studio del diritto privato*, Padua: Cedam, 1990, pp. 23-47.

130 El negocio simulado, según Ferrara, "es el que tiene una apariencia contraria a la realidad; o porque no existe en absoluto o porque es distinto que como aparece. Entre la forma extrínseca y la esencia íntima hay un contraste llamativo: el negocio que aparentemente es serio y eficaz es en sí mismo mentiroso y ficticio o constituye una máscara para ocultar un negocio distinto". Ferrara, Francisco, *La simulación de los negocios jurídicos*, Madrid, Editorial Revista de Derecho Privado, 1960, p. 42.

131 Cuando surgen ese tipo de situaciones se aprecia la nítida separación entre el derecho de acción y el derecho sustantivo material, atendido que los terceros accionan invocando los efectos de un acto o contrato en el que técnicamente no son parte. El caso más típico de esta situación se da con la acción de simulación, al reconocerse a los terceros legitimación para poder impugnar

En cambio, en materia de responsabilidad extracontractual, la falta de un vínculo previo entre los obligados impone un ejercicio intelectual para establecer si está o no presente la legitimación. Esta actividad se torna todavía más compleja si se considera que este ámbito de la responsabilidad civil se presenta como un sistema disperso y disgregado, que contempla un régimen general y varios sistemas sectoriales. Para cada uno de ellos se debe examinar la concurrencia de la legitimación.

b) El status. Se trata de una condición jurídica en la que se encuentra una persona en el ámbito de la colectividad organizada.

El *status* es una categoría que subyace en varios conjuntos normativos, donde el control de la legitimación se centra, en primer lugar, en verificar si las partes de la relación jurídica tienen la calidad que le permite reclamar o ser obligado a realizar una determinada prestación. Los casos más típicos provienen del derecho de familia, especialmente, del estado civil, que es definido justamente como "la calidad de un individuo, en cuanto le habilita para ejercer ciertos derechos o contraer ciertas obligaciones civiles" (art. 304 CC).

Ilustra con claridad esta situación la sentencia de la Corte Suprema de 1 febrero de 2016, al señalar que "(...) el título que habilita a los cónyuges para demandarse recíprocamente alimentos no tiene otro fundamento que la existencia del matrimonio, de manera que disuelto dicho vínculo, desaparece la causa que justifica dicho deber. Solo en la medida que el demandante sea titular del derecho procede verificar si concurren los requisitos de estado de necesidad del alimentario y capacidad económica del alimentante para otorgar los alimentos".- "En efecto, es presupuesto procesal del ejercicio de la acción de alimentos, acreditar estar legitimado para recabar tal derecho. En tal contexto, parece útil señalar que uno de los presupuestos básicos del ejercicio de toda acción es justificar la legitimación de las partes para actuar en la posición de tales,

---

actos o contratos. La doctrina ha sostenido que "tratándose siempre de contratos simulados, el tercero en general puede hacer valer la simulación, esto es, descubrir el verdadero estado de las cosas como si fuere partícipe de la simulación, en todos aquellos casos en que el contrato aparente perjudique sus derechos. Este es un caso en que la voluntad efectiva de las partes puede ser invocada por el tercero, aunque sea extraño al contrato" (MUÑOZ DÍAZ, Erika, *El efecto relativo de los contratos*, Santiago: Editorial Jurídica de Chile, 1985, p. 44).
También se han dado interesantes soluciones para proteger a terceros frente a la suscripción de actos que intentan generar una situación fraudulenta, como es el caso de una compraventa suscrita por un padre con un hijo, a vil precio, y reservando la nuda propiedad a la cónyuge del vendedor. En estos casos se podría configurar una situación de lesión enorme, de conformidad al artículo 1889 del Código Civil: el vendedor sufre lesión enorme, cuando el precio que recibe es inferior a la mitad del justo precio de la cosa que vende; y el comprador a su vez sufre lesión enorme, cuando el justo precio de la cosa que compra es, al tiempo del contrato, inferior a la mitad del precio que paga por ella. Aunque los legitimados ordinarios son las partes del contrato, para evitar la consumación de un fraude se ha reconocido también a terceros legitimación para impugnar dicho acto (En tal sentido, se ha pronunciado la sentencia de la CS, de 22 de marzo de 1978, al confirmar una resolución de la C. de Ap. de Concepción, de 5 enero 1978, *F. del M.* N° 232, sent. 5ª, pp. 6-9).

lo cual, como lo ha entendido esta Corte, se refiere a la demostración de la efectividad de la calidad invocada por las partes de un proceso, en cuanto correspondencia de la acción que se deduce respecto del actor (legitimación activa) o demandado (legitimación pasiva)". Octavo: Que, de este modo, la normativa antes citada permite concluir que, en relación al derecho de alimentos, solo están legitimados para ser partes en una relación procesal en que se discuta la procedencia de dicho derecho y obligación recíproca, quienes procesalmente demuestren la posición de cónyuges, descendientes, ascendientes, hermanos o donante y donatario, en los términos del artículo 321 del Código Civil, siendo de carga del demandante acreditar de dicha circunstancia"[132].

Conforman otras típicas situaciones de *status* la calidad de ciudadano, de nacional o de extranjero[133].

c) El derecho subjetivo. Se trata de un concepto tradicional que se vincula al poder que se ejerce sobre algo o por alguien[134]. La titularidad del derecho subjetivo es la regla elemental para acreditar la legitimación.

Aunque las obligaciones están comprendidas tradicionalmente dentro del concepto de derecho subjetivo, también existen derechos subjetivos que técnicamente no conforman una obligación. El contenido de los denominados derechos de la personalidad (especialmente, el honor y la privacidad), han ido evolucionando, al punto de asignarse a ellos un contenido distinto del que comprenden las obligaciones en sentido estricto.

d) El derecho potestativo. Este tipo de derechos se caracteriza por reconocer a un determinado sujeto la posibilidad de poder constituir, modificar o extinguir una relación jurídica con la propia declaración de voluntad o del juez. El titular de esta prerrogativa no tiene un poder sobre una cosa. Lo que el ordenamiento le reconoce a su titular es el ejercicio de una potestad para obtener un cambio jurídico, como se explicó al examinar el ejercicio de las acciones constitutivas.

---

132 CS, 1 de febrero de 2016. Rol N° 6524-15 (MJ 43386), "Atik con Ramirez".

133 La nacionalidad en ciertos casos es una condición jurídica que permite verificar si la parte que reclama es o no titular del derecho de acción (CS, 16 de julio de 2002, *RDJ*, t. XCIX, sec. 1ª, pp. 145-150).

134 Según algunos autores, la consideración del derecho como facultad o poder del hombre [un derecho subjetivo] es consecuencia del movimiento filosófico de los siglos XIV y XV, gestado en el seno de la Orden Franciscana, a propósito de la polémica relativa a la propiedad y el uso de los bienes (Mayores antecedentes, con abundantes referencias bibliográfica: FOLGADO, Avelino, *Evolución histórica del concepto del derecho subjetivo*, Madrid: San Lorenzo de El Escorial, 1960, especialmente pp. 113 ss.; LACHANCE, Louis, *El derecho y los derechos del hombre,* tr. Luis Horno, Madrid: Rialp, 1979, pp. 194-201; OLLERO TASSARA, Andrés, *Interpretación del derecho y positivismo legalista*, Madrid: *Revista de Derecho Privado*, 1982, pp. 43-53). UGARTE VIAL, Jorge, "Naturaleza y propiedad de los derechos subjetivos", en *Las razones del derecho* (Estudios en honor de José Joaquín Ugarte), (VV.AA), edit. M. Correa, P. Carvajal y F- Widow, Santiago: Thomson Reuters, 2021, pp. 591-625.

e) El interés. En sentido negativo, el interés no sería un derecho subjetivo, sino una situación que está en vía de convertirse en un derecho subjetivo, cuando el legislador lo reconozca formalmente; esta falta de sanción legal, en todo caso, no es impedimento para otorgarles protección jurisdiccional.

En sentido positivo, el interés diría relación con una "aspiración legítima de orden pecuniario o moral, que representa para una persona la existencia de una situación jurídica o la realización de una determinada conducta"[135].

El interés legítimo es una categoría de gran relevancia en el campo del derecho administrativo[136]. Utilizando este concepto jurídico indeterminado, se permite en muchos casos que las personas puedan solicitar que la jurisdicción controle la juridicidad de los actos de la administración[137].

También en el desarrollo de los mecanismos de protección colectiva se ha ido reconociendo la existencia de los denominados intereses supra individuales o colectivos, categorías que generan interesantes problemas en relación a quien tiene la legitimación y la representación de los mismos para pedir su protección en sede jurisdiccional[138].

A la hora de enfrentar este tema, hay que tener en cuenta que el interés puede revestir varias formas: interés público e interés privado; interés colectivo, interés difuso e interés supraindividual. En cada caso la legitimación se comporta de un modo diferente, puesto que cada tipo de interés tiene sus propias peculiaridades jurídicas que inciden en el examen de esta condición del derecho de acción.

---

135 COUTURE, Eduardo J., *Vocabulario jurídico*, Buenos Aires: Desalma, 1993, p. 344.

136 Una explicación del tema, FERRADA BÓRQUEZ, Juan Carlos "El sistema de justicia administrativa chileno: revisión de la legalidad de actos administrativos o protección de derechos y/o intereses", en *Revista de Derecho* (Valdivia), 2012, vol. 25, n.1 pp.103-126.

137 La Ley N° 19.880, sobre las Bases de los Procedimientos Administrativos, admite esta categoría. Al definir a quiénes se considera como interesados frente a la actuación u omisión de los órganos de la Administración, el artículo 21 establece que "se consideran interesados en el procedimiento administrativo: 1. Quienes lo promuevan como titulares de derechos o intereses individuales o colectivos. 2. Los que, sin haber iniciado el procedimiento, tengan derechos que puedan resultar afectados por la decisión que en el mismo se adopte. 3. Aquellos cuyos intereses, individuales o colectivos, puedan resultar afectados por la resolución y se apersonen en el procedimiento en tanto no haya recaído resolución definitiva". Es nítido que el legislador chileno ha tomado partido ampliando los supuestos de legitimación para actuar ante la administración, especialmente, para la revisión judicial de sus actos. Al extender la Ley N° 19.880 la calidad de interesados a los que actúan instando por la protección de intereses, se acepta que no solo pueden reclamar los que detenten la titularidad subjetiva de un derecho, sino que también quienes actúen invocando un *interés legítimo* efectivo, sea este de carácter individual o colectivo.

138 En nuestro medio, la protección de los intereses difusos y colectivos ha tendido un reconocimiento en el ámbito de la protección de los consumidores. Con la promulgación de la Ley N° 19.955 (Diario Oficial de 14 de julio de 2004) se introdujo una sustancial reforma a la Ley N° 19.496, sobre Protección al Consumidor (LPC). El artículo 50 de la LPC reconoce como principio que el ejercicio de las acciones puede realizarse a título individual o *en beneficio del interés colectivo o difuso de los consumidores.*

Si no hay ley que resuelva este tema, serán los tribunales los que deban calificar si una determinada situación configura un interés susceptible de ser amparado jurisdiccionalmente, siempre que revista la condición de *interés legítimo*.

Un ejemplo de lo anterior se contiene en la sentencia de la Corte Suprema de CS de 19 de mayo de 2010 que, dentro de otros alcances sobre esta situación legitimante, indicó "que en teoría al menos, el interés legítimo para interponer el recurso de nulidad requiere no de un derecho lesionado, sino de un interés legítimo, y ello consiste en que 'el acto le afecte de alguna forma'; siendo la jurisprudencia de los tribunales administrativos en los países donde existen, la que ha determinado cuál es el grado necesario para que el interés sea legítimo. Así, por ejemplo, si en el caso de la corta de palmeras en una plaza, pueden verse afectados los vecinos inmediatos, los del barrio, los de la comuna, de la provincia, de la región y finalmente los de todo el país, la jurisprudencia determinará cuál es el grado de interés necesario para considerar al particular como afectado por el acto y si, en el ejemplo, determina que son los de la comuna, ello incluye a los del barrio y a vecinos inmediatos y excluye a los de la provincia, región y resto del país"[139].

En el campo del derecho civil, un interés legítimo protegido jurisdiccionalmente se da a propósito de los terceros que impugnan los efectos de ciertos actos jurídicos fraudulentos, como es el caso de la simulación de contrato. Así, se ha resuelto que un acreedor valista *tiene interés* en que se declare la nulidad de un determinado acto que grava los bienes del deudor, atendido que con ello puede obtener que un tercero pierda su privilegio pasando los bienes a engrosar el patrimonio en igualdad de condiciones *(par conditio creditorum)*[140].

* * *

Del cuadro general recién expuesto sobre las distintas situaciones jurídicas que sirven para controlar la legitimación, saltan a la vista dos consecuencias generales:

1ª) Existe una diversidad de situaciones jurídicas que pueden ser objeto de protección jurisdiccional. La concurrencia de legitimación se debe hacer considerando la titularidad del derecho sustancial controvertido entre las partes o en relación al interés legítimo cuyo amparo se solicita.

2ª) Junto a la clásica concepción individualista del derecho subjetivo se han instalado otras categorías jurídicas que, en mayor o menor grado, pueden ser objeto de una petición de protección jurídica, en la que es el legislador el que debe asignar la legitimación.

139 CS, 19 de mayo de 2010, Rol N° 4383-08, MJ 23974.

140 En tal sentido, C. de A. de Santiago, 30 de abril de 1997, *RDJ*, t. XCIV, sec. 2ª, p. 41.

3. TRATAMIENTO PROCESAL DE LA LEGITIMACIÓN

3.1. *La falta de legitimación es un tema de fondo*

La legitimación es una condición de la acción que se debe apreciar en la sentencia definitiva. Su alegación se hace por vía de una excepción perentoria[141]. En consecuencia, no resulta admisible su control previo por la vía de las excepciones procesales, denominadas en el juicio ordinario como excepciones dilatorias (art. 303 N° 6 del CPC)[142]. En esta línea, la Corte Suprema, en sentencia de 18 de julio de 2012, ha declarado que se trata de un tema de fondo, sosteniendo: "8°) Que, considerando la oportunidad legal para oponer excepciones perentorias, la falta de legitimación activa de la demandante, se interpuso en el escrito de contestación de la demanda [...], siendo la contestación de la demanda el acto jurídico procesal que determina la cuestión controvertida y, siendo la oportunidad legal para ser acogida, la sentencia definitiva (...)"[143].

Como se ha explicado, la legitimación se vincula con la titularidad de la situación controvertida en un juicio y es un presupuesto de fondo de procedencia de la acción[144]; es decir, una exigencia cuya falta determina ineludiblemente que no se pueda conceder la petición de tutela judicial solicitada en el proceso. Si no concurre la legitimación –activa y pasiva– faltará un elemento básico para acceder a la tutela judicial.

En palabras de una sentencia de la Corte Suprema, de 16 de mayo de 2012, "QUINTO: Que en este entorno para resolver acerca de la legalidad del fallo reclamado por la demandante, corresponde determinar si esta goza efectivamente de legitimación activa para obtener la satisfacción de su pretensión a través de juicio de marras, resultando imperioso referirse a los principios dogmáticos que regulan la materia.- Sobre el particular, es preciso señalar que la *legitimatio ad causam* (o legitimación procesal) –sobre cuya carencia cimenta el demandado su defensa– no es sino la aptitud para

141 C. de Ap. de Santiago, 6 de mayo de 1983, *RDJ*, t. LXXX, sec. 2ª, p. 41.

142 En la doctrina, fruto de la diversidad de opiniones que existe sobre este componente de la acción, se discute sobre la forma como se debe controlar tal exigencia. Para alguno, se trata de una cuestión de fondo, que debe ser apreciada en la sentencia definitiva. Para otros, debería ser controlada al inicio de la relación procesal, dándole el tratamiento de un presupuesto procesal.

143 CS, 18 de julio de 2012, Rol N° 7011-11, MJ 32729. En la misma orientación, se ha pronunciado la C. de Apelaciones de Santiago, que ha declarado expresamente que "las alegaciones que formula el demandado y que digan relación con la legitimación para obrar no tienen por objeto corregir vicios de procedimiento, sino que tienden a destruir la acción misma, atacando el derecho que tiene el actor, debiendo desecharse como excepción dilatoria". C. de Ap. de Santiago, 4 de mayo de 1992, *RDJ*, t. LXXXIX, sec. 2ª, p. 65. Idéntico criterio se contiene en una antigua sentencia de la Corte Suprema, de 6 de septiembre de 1923, al expresar que no debe confundirse la excepción de falta de capacidad del demandante con la falta de derecho para ejercitar la acción de la demanda, pues esta última mira al fondo de ella (CS, 6 de septiembre de 1923, *RJD*, t. XXII, sec. 1ª, p. 388). En la misma orientación la sentencia de la Corte Suprema, de 2 de octubre de 1996, *RDJ*, t. XCIII, sec. 1ª, p. 132.

144 CS, 19 de diciembre de 2012, Rol N° 1839-12, MJ 34199; CS, 6 de noviembre de 2015. Rol N° 1044-14 (MJ 42981), "Sociedad Agrícola Frindt Y Fuica Ltda. con Neumann Fiebig, Mauricio".

actuar como parte en un proceso específico y determinado. Sobre estos conceptos se ha extendido esta Corte en fallos anteriores, señalando lo siguiente: 'Que para poder actuar y figurar eficazmente como parte, en un proceso determinado y específico, no basta con disponer de la aptitud general de la capacidad o *legitimatio ad processum*, sino que es necesario poseer además una condición más precisa y referida en forma particularizada al proceso individual de que se trate. Tal condición que se denomina *legitimatio ad causam* o legitimación procesal afecta al proceso no en su dimensión común, sino en lo que tiene de individual y determinado. La legitimación procesal es la consideración especial, que tiene la ley, dentro de cada proceso, a las personas que se hallan en una determinada relación con el objeto litigioso, y en virtud del cual, exige, para que la pretensión procesal pueda ser examinada en cuanto al fondo, que sean dichas personas las que figuren como parte en el proceso. La sola capacidad procesal no basta para formular una pretensión y para oponerse a ella en un juicio, sino que es necesaria una condición más precisa y específica referida al litigio mismo específico. La *legitimatio ad causam*, entonces, es la consideración legal, respecto de un proceso en particular, a las personas que se hallan en una determinada relación con el objeto del litigio y en virtud del cual se exige, para que la pretensión de fondo pueda ser examinada, que dichas personas figuren como tales en el proceso (Corte Suprema, Rol 5651-2005, 9 de julio de 2007)'"[145].

Sintetiza también lo anterior la sentencia de la Corte Suprema de 12 de diciembre de 2016, al señalar que "la legitimación, en palabras del profesor Alejandro Romero Seguel, dice relación 'con la titularidad de la situación controvertida en un juicio y es un presupuesto de fondo de procedencia de la acción; es decir, una exigencia cuya falta determina ineludiblemente que no se pueda conceder la petición de tutela judicial solicitada en el proceso. Si no concurre la legitimación –activa y pasiva–faltará un elemento básico para acceder a la tutela judicial' (*Curso de Derecho Procesal Civil*, Tomo I, Editorial Thomson Reuters, 2014 pág.101). En este sentido, la atribución subjetiva de los derechos y obligaciones deducidos en juicio es una cuestión de fondo que afecta el ejercicio de la acción y que, por lo tanto, debe ser objeto de análisis al momento de pronunciar la decisión. Por lo anterior se ha entendido que, aun cuando no haya sido reclamado por la demandada, constituye deber del tribunal determinar si concurre o no la legitimación para impetrar la acción y, en el evento que se constate una falencia de esa naturaleza, bien puede ser evidenciada en su dictamen, sin que ello importe de manera alguna extenderse a puntos no sometidos a su decisión, por cuanto se trata del examen de un presupuesto procesal de fondo para poder obtener una sentencia favorable"[146].

Coincide con lo anterior la sentencia de la Corte Suprema al señalar que "la legitimación procesal o *legitimatio ad causam* es un presupuesto de fondo y de eficacia jurídica de la acción, básico y esencial para acceder a la tutela judicial y que alude a la

145 CS, 16 de mayo de 2012, Rol N° 9996-11, MJ 31992.

146 CS, 12 de diciembre de 2016. Rol N° 43411-16, MJ 47339), "Jerez Atenas, Rubén c/ Ilustre Municipalidad de Melipilla".

'consideración especial en que tiene la ley, dentro de cada proceso, a las personas que se hallan en una determinada relación con el objeto litigioso, y, en virtud de la cual, exige, para que la pretensión procesal pueda ser examinada en cuanto al fondo, que sean dichas personas las que figuren como parte en tal proceso' (Enrique Vesconi. *Teoría general del proceso*. Editorial Temis. 1986, pág.196). A su vez, respecto del demandado, la legitimación en la causa consiste 'en ser la persona que conforme a la ley sustancial está legitimada para discutir u oponerse a dicha pretensión del demandante. Es decir, el demandado debe ser la persona a quien conforme a la ley corresponde contradecir la pretensión del demandante o frente a la cual permite la ley que se declare la relación sustancial objeto de la demanda; y el demandante, la persona que según la ley puede formular las pretensiones de la demanda, aunque el derecho sustancial pretendido por él no exista o corresponda a otra persona' (Jaime Guasp. *Derecho procesal civil*. Tomo I. Editorial Civitas. Madrid, pág. 168)"[147].

En cuanto a la oportunidad en que debe existir este elemento, se ha resuelto que "ella debe existir al momento de constituirse la relación procesal respecto del demandante y del demandado, y determina quiénes deben estar presentes en un proceso para que sea posible emitir una sentencia sobre la pretensión que se ha formulado"[148].

Como se puede apreciar, la legitimación no es un presupuesto procesal, sino que es una exigencia que atañe al fondo de la acción deducida. Por lo mismo, la carencia de este componente no es un vicio que afecte a la validez del procedimiento, atendido que la relación procesal es una categoría jurídica diversa al derecho de acción.

3.2. El cumplimiento de la legitimación no está sujeta a la utilización de fórmulas sacramentales

Basta que el actor afirme, a lo menos implícitamente, tener esta calidad y atribuir la misma a la parte demandada para que el juez proceda a verificar su existencia cuando se pronuncia sobre el fondo del asunto. No necesita de ninguna frase ritual o sacramental para que se pueda realizar el control de esta condición de la acción.

Tampoco requiere de una acreditación documental, salvo que la ley disponga expresamente lo contrario. El juez deberá apreciar su concurrencia conforme al mérito del proceso y a la luz de los hechos y normas vinculadas a la situación legitimante.

La facultad de apreciación de los jueces de este elemento es amplia, tal como lo ha destacado la Corte Suprema en su sentencia de 16 de septiembre de 2002, al exponer: "7° Que lo que los recurrentes consideran como cuestionado, se trata en realidad de un asunto de análisis y calificación jurídica de la situación procesal producida en el juicio, que el tribunal tiene la facultad de abordar porque en esta materia los jueces del fondo no están constreñidos en su labor intelectual de dictación de sentencias, por el

---

147 CS, 22 de febrero de 2017. Rol N° 28366-16, MJJ48234. "Brotec Inmobiliaria SpA con Cifuentes".

148 CS, 6 de noviembre de 2015. Rol N° 1044-14 (MJ 42981), "Sociedad Agrícola Frindt Y Fuica Ltda. con Neumann Fiebig, Mauricio".

planteamiento de derecho que les sea presentado por las partes, sino que pueden acudir a cualquier norma legal que crean pertinente para determinar si concurren las condiciones jurídicas que hagan procedentes en derecho las pretensiones que plantearon las partes; y entre ellas está –lógicamente – la legitimación activa de los demandantes…"[149].

3.3. *La legitimación es el primer elemento a considerar en el examen de la acción*

La legitimación es el primer elemento que el juez debe considerar al examinar si concurren los elementos que conforman el derecho de acción. Si hay falta de legitimación, necesariamente debe concluir que el demandante carece de acción.

En esta materia existe un verdadero axioma: "No hay acción si no hay legitimación".

Ahora bien, la sola concurrencia de la legitimación no es suficiente para obtener la protección jurídica que se reclama. Como se ha explicado, la carencia de los otros dos componentes del derecho de acción debe llevar al pronunciamiento de una sentencia desestimatoria, aunque la relación se haya trabado entre los que son "justa parte".

Son muchos los juicios donde el rechazo de la petición de protección jurídica se hace exclusivamente por la carencia de la legitimación, pudiendo citarse, a modo ilustrativo, los siguientes:

a) La sentencia de la Corte Suprema, de 19 de diciembre de 2012, declarando explícitamente que "la legitimación se vincula con la titularidad de la situación controvertida en un juicio y es un presupuesto de fondo de procedencia de la acción; es decir, una exigencia cuya falta determina ineludiblemente que no se pueda conceder la petición de tutela jurisdiccional solicitada en el proceso". Acto seguido, procedió a desestimar la acción que no fue deducida contra todos los legitimados, resolviendo que la acción "así sustanciada no ha podido prosperar resultando inoficioso incurrir en otro tipo de consideraciones en torno a las alegaciones y pruebas vertidas y allegadas por quienes figuraron como litigantes"[150].

b) Recurriendo a esta categoría procesal, la Corte Suprema rechazó una demanda indemnizatoria, declarando: "15°. Que en razón de estas particulares características del daño moral provocado por la muerte de otra persona, la jurisprudencia comparada se ha mostrado cuidadosa al momento de definir la titularidad activa, sea desconociendo una acción propia a los terceros dolidos por esa muerte, como ocurre en el common law (J.G. Fleming, *An Introduction to the Law of Torts*, 2ª edición, 1985, página 132) y en Alemania (H. KDeliktsrecht, 5ª edición, 1991, página 190), o ha sido limitada por los jueces a quienes formen el consorcio de vida más cercano al difunto, de modo que el cónyuge e hijos excluyen a los padres y a otros parientes, como ocurre en España (F. Pantaleón, La indemnización por causa de lesiones o de muerte, en *Anuario de Derecho*

149 CS, 16 de septiembre de 2002, *RDJ*, t. XCIX, sec. 1ª, pp. 211-212. En la misma orientación, CS, 12 de diciembre de 2016. Rol N° 43411-16, MJ 47339), "Jerez Atenas, Rubén c/ Ilustre Municipalidad de Melipilla".

150 CS, 19 de diciembre de 2012, Rol Nª 1839-12, MJ 34199.

Civil 1989, página 643), mientras en Francia la jurisprudencia ha tendido a distribuir entre quienes son más cercanos a la víctima una porción de una suma global, considerando como un todo el núcleo familiar más cercano, aunque la familia no constituya una persona jurídica (así, J. Carbonnier, *Droit Civil*, Tomo 4, Les Obligations, 16ª edición, 1992, página 388)"; "16°. Que atendidas las consideraciones anteriores deben estimarse titulares de la acción indemnizatoria por el daño moral que causa la muerte de otra persona quienes conforman el círculo de vida más cercano del difunto, incluso si el consorcio de vida no está amparado por un vínculo matrimonial formal, como se ha fallado por esta Corte, con la consecuencia, sin embargo, de que quienes tienen vínculos más cercanos excluyen a los demás, porque la indemnización por daño moral en tal caso no se puede acumular indefinidamente hasta comprender todos aquellos que sufren dolor o aflicción en razón de esa muerte"[151].

c) Una antigua sentencia de la Corte Suprema, pronunciada el 29 de julio de 1925, señaló: "Pedida en la demanda la restitución de ciertos bienes fundamentándose la acción en los artículo 889 y 895 y 926 y 927 del Código Civil, de los cuales los dos primeros se refieren a la acción reivindicatoria y los dos últimos a las posesorias, acciones que persiguen el mismo fin jurídico, o sea, obtener la restitución de la cosa singular de que ha sido privado el dueño, en el primer caso, y el mero poseedor, en el segundo, debe dirigirse dicha demanda en contra del poseedor, sea regular o irregular".

"En consecuencia, dirigida la demanda en contra de algunos Religiosos Franciscanos personalmente que se excepcionaron diciendo que eran Religiosos de votos solemnes y como tales muertos civilmente y que los terrenos y edificios reclamados estaban inscritos a nombre de la Recoleta o Recolección, la primera y fundamental cuestión que se presenta a los jueces del fondo es la de saber si los demandados eran legítimos contradictores de los demandantes, o sea, si eran poseedores, ya que, si no revestían este carácter, la acción no podía prosperar porque los que estaban en posesión de la cosa disputada continuarán en ella cualquiera que fuera el fallo"[152].

d) En relación a la constitución de un derecho real por vía judicial, se ha resuelto que "la constitución de una servidumbre minera debe ventilarse con el dueño del predio sirviente, titular del derecho que se pretende limitar, no siendo factible que se demande en su lugar al arrendatario"[153].

e) En materia de reconocimiento de derechos personales se ha fallado que "4°) (...) rechazada la demanda por el hecho de ser el subarriendo una convención ajena para el actor y carecer, por tanto, de titularidad de la acción deducida, tales infracciones no han podido influir en lo dispositivo del fallo, lo que es suficiente para rechazar el recurso en este primer aspecto". "5°) Que en relación con el incumplimiento de la obligación del subarrendatario de pagar las contribuciones, que sirve de segundo fundamento a la demanda, y que el actor apoya en el artículo 1489 del Código Civil, el fallo afirma

151 CS, 29 de mayo de 2002, causa "Alarcón con CODELCO y otra", Rol N° 4784/2000.

152 CS, 29 de julio de 1925, *RDJ*, t. XXIII, sec. 1ª, p. 642.

153 C. de Apelaciones de P. Arenas, *RDJ*, t. LXXXIX. Sec. 2ª, p. 45.

que el principio de obligatoriedad que consagra el artículo 1545 del mismo Código pesa solo respecto de los firmantes del subarriendo, siendo estos, en consecuencia, los únicos titulares de la acción"[154].

f) En materia de protección de garantías constitucionales, se ha declarado que "carece de legitimación procesal para solicitar protección quien no demuestra un derecho fundamental comprometido"[155].

g) "Las acciones, o sea los derechos ejercitados en juicio, solo pueden hacerlos valer los poseedores de esos derechos, o sea, los que tienen interés"[156].

4. LEGITIMACIÓN Y BUENA FE

A las reglas generales anteriores se debe agregar ciertas pautas especiales, donde la apreciación de la legitimación está condicionada por elementos relativos a la buena fe del que solicita la tutela jurídica ejerciendo el derecho de acción[157].

El caso más típico se da con la petición de nulidad absoluta, en cuanto ella, conforme al art. 1683 del CC, no puede ser deducida por el que ha celebrado el acto o contrato sabiendo o debiendo saber el vicio que lo invalidaba[158].

En relación a la limitación anterior, se ha discutido por largo tiempo si dicha limitación afecta a los herederos del causante que ha celebrado el acto o contrato sabiendo o debiendo saber el vicio que lo invalidaba.

En nuestra opinión, tal restricción para los herederos no tiene asidero, fundamentalmente, por dos motivos: 1°) Los herederos que accionan de nulidad lo hacen por la lesión jurídica y patrimonial que le causa directamente el acto impugnado, ejerciendo su propia acción, y 2°) toda restricción al ejercicio del derecho de acción es de excepción, para no desnaturalizar su naturaleza de derecho público subjetivo a obtener un pronunciamiento sobre el fondo de la cuestión controvertida.

En otros casos, la jurisprudencia ha impuesto exigencias de probidad en el ejercicio de la acción, recurriendo a la legitimación para aplicar una sanción al litigante de mala fe. Un ejemplo de ello se constata en materia de recurso de protección, cuando para desestimarlo se ha declarado que "[...] el recurso de protección tiene como finalidad esencial restablecer el imperio del derecho cuando este es avasallado por una acción u omisión ilegal o arbitraria que agravie los derechos constitucionales protegidos por

---

154 CS, 9 de noviembre de 1987, *RDJ*, t. LXXXIV, sec. 1ª, p. 149.

155 C. Ap. de Santiago, 23 de marzo de 1989, *RDJ*, t. LXXXVI, sec. 5ª, p. 20.

156 CS, 20 de abril de 1929, *RDJ*, t. XXVII, sec. 1ª, p. 262.

157 Sobre este principio general y su proyección procesal, HUNTER AMPUERO, Iván, "No hay buena fe sin interés: La buena fe procesal y los deberes de veracidad, completitud y colaboración", en *Revista de Derecho*, Universidad Austral de Chile, Vol. XXI – N° 2, 2008, pp. 151-182.

158 Sobre el tema LÓPEZ SANTA MARÍA, Jorge, "¿Tiene interés para alegar la nulidad absoluta de unas compraventas el hijo mayor que, basado en la demencia del vendedor, acciona contra sus padres y hermanas?", en *RDJ*, t. LXXXVI, primera parte, 1989, pp. 7-16.

medio de este arbitrio, a condición de que tales derechos se estén ejerciendo con adecuación al ordenamiento jurídico". // "De esta suerte, aun cuando mediare una acción u omisión ilegítima o arbitraria, si ella afectare de alguna manera a quien también se ha apartado de la juridicidad, cuyo es el caso de autos, no es dable otorgar amparo o resguardo a que apunta el artículo 20 de la Constitución"[159].

5. LA CALIDAD DE PARTE Y LA LEGITIMACIÓN

Desde el punto de vista teórico, la calidad de parte se adquiere en principio sin referencia al derecho sustancial, por el solo hecho de proponer la demanda ante el juez[160]. Esto significa que en el proceso no hay partes materiales y formales, sino solo la condición de ser o no parte procesal[161].

La sola circunstancia de adquirir la calidad de parte en un proceso no significa que se cumpla con el requisito de la legitimación, atendido que esta última es una cualidad distinta.

La separación entre el concepto de parte y la legitimación explica por qué es posible que en un determinado proceso la demanda se proponga por quien (o contra quien) no está en realidad interesado en la relación sustancial controvertida, esto es, que falte la legitimación activa o pasiva para obrar o contradecir. Como bien lo expone la Corte Suprema, en la sentencia de 13 de enero de 1922, "no son sinónimas tener derecho a parecer en un juicio y obtener pronunciamiento en él, y ser legítimo contradictor"[162].

Dicho de otra forma: es posible no tener ninguna relación con el objeto de un proceso (legitimación) y tener la calidad de ser parte, como se da con las personas que demandan o son demandadas por error o temerariamente, atribuyéndose calidades de "justa parte" que conforme a derecho no tienen.

Un sujeto que adquiere la calidad de parte, aunque no tenga legitimación, puede ejercer todos los derechos procesales o ser obligado a cumplir con todas las obligaciones procesales, siempre que cumpla con el presupuesto procesal de la capacidad procesal. En el caso del demandado, la falta de legitimación le asegura una sentencia absolutoria, pero mientras se tramita el proceso deberá cumplir con todas las cargas y obligaciones que surgen de la relación procesal.

---

159 C. de Ap. de Concepción, 31 de agosto de 1988, *RDJ*, t. LXXXV, sec. 5ª, p. 299 (confirmada por la CS, 15 de septiembre de 1988).

160 Coinciden en esta idea, entre otros, Rosenberg, Leo, *Tratado de derecho procesal civil, op. cit.*, T. I, p. 211; Schönke, Adolfo, *Derecho procesal civil,* tr. Leonardo Prieto-Castro, Barcelona: Bosch, 1950, p. 85; Cordón Moreno, Faustino, "Anotaciones acerca de la legitimación", en *Revista de Derecho Procesal Iberoamericana,* 1979, N° 1, pp. 311-312.

161 Así lo defiende Guasp, Jaime, *Derecho procesal civil*, Madrid: Civitas, 5ª ed. 2002, T. I, p. 187.

162 CS. 13 de enero de 1922, *RDJ*, t. XXI, sec. 1ª, p. 571.

Por otro lado, la separación entre el derecho de acción y el derecho sustantivo material explica por qué ciertos terceros pueden demandar invocando los efectos de un acto o contrato en el que técnicamente no son parte. El caso más típico de esta situación se da con la acción de simulación, que es el reconocimiento de la legitimación para que terceros puedan impugnar un determinado acto o contrato. En tal sentido, la doctrina ha sostenido que "tratándose siempre de contratos simulados, el tercero en general puede hacer valer la simulación, esto es, descubrir el verdadero estado de las cosas como si fuere partícipe de la simulación, en todos aquellos casos en que el contrato aparente perjudique sus derechos. Este es un caso en que la voluntad efectiva de las partes puede ser invocada por el tercero, aunque sea extraño al contrato"[163].

6. LEGITIMACIÓN Y REPRESENTACIÓN PROCESAL

La representación –según su explicación tradicional– supone una actuación en nombre de otro, producida de manera tal que los efectos jurídicos del acto derivan siempre de modo directo para la esfera jurídica del representado y nunca para la del representante (art. 1448 CC). En cuanto a la fuente de la representación, ella puede ser convencional, judicial o legal.

La representación se distingue de la legitimación básicamente en los siguientes aspectos:

1°) La representación cubre la imposibilidad que tienen algunos sujetos de derecho de ejecutar válidamente ciertos actos, ya sea absolutamente (para todos los actos procesales), ya relativamente (para ciertos actos procesales). La legitimación procesal, en cambio, es una condición de la acción, cuya ausencia determina una sentencia desestimatoria.

2°) La falta de representación dice relación con la carencia de un presupuesto procesal que, si no se subsana, impide un pronunciamiento sobre el fondo del tema objeto del proceso, esto es, da lugar a una sentencia meramente procesal o absolutoria de la instancia. En cambio, la falta de legitimación determina rechazar la acción emitiendo un pronunciamiento sobre el fondo.

3°) La falta de representación es subsanable a través de la comparecencia del representante que ratifica todo lo obrado; en cambio, la falta de legitimación no es subsanable, puesto que se trata de una exigencia objetiva: si ella no concurre, ello significa que el sujeto no era la "justa parte", activa o pasivamente.

4°) El representante no es parte del proceso, atendido que actúa a nombre ajeno; en cambio, la legitimación indica si los sujetos de esa relación procesal son la "justa parte" de ese proceso.

---

163 MUÑOZ DÍAZ, Erika, *El efecto relativo de los contratos*, *op. cit.*, p. 44.

7. CLASIFICACIÓN DE LA LEGITIMACIÓN

La legitimación admite varios criterios de clasificación:

1°) Según su naturaleza, se distingue entre legitimación ordinaria y legitimación extraordinaria.

2°) Según el número de sujetos, se distingue entre legitimación individual y legitimación conjunta. La primera es aquella que se confiere al titular de un derecho subjetivo o interés legítimo por ser titular del mismo, para poder impetrar tutela jurisdiccional sin el concurso de otros sujetos (art. 18 CPC); en cambio, la legitimación conjunta es la que corresponde mancomunadamente a un grupo de personas, activa c pasivamente, dando vida al litisconsorcio necesario[164].

3°) Según la posición del sujeto legitimado en la relación procesal: legitimación activa; legitimación pasiva. La primera la tiene el demandante o actor; la segunda, el demandado.

4°) Legitimación originaria y sucesiva. La originaria es la que tiene el sujeto al momento del inicio de la relación procesal. La legitimación sobrevenida es la que se reconoce a uno o más sujetos una vez iniciada la relación procesal, para poder participar en ella[165].

---

164 En la doctrina y jurisprudencia, esta distinción se utiliza para dilucidar los casos donde los sujetos a los que se imputa algún grado de responsabilidad civil deben ser demandados individuamente o en forma conjunta, configurando un litisconsorcio voluntario o uno necesario, según el tipo de legitimación que allí se verifique. Asimismo, en esta materia se debe diferenciar entre obligaciones que generan una comunidad de intereses comunes y otras que no lo suponen. En la jurisprudencia utilizan esta distinción, entre otras, las sentencias de la CS, 24 de septiembre de 2014. Rol N° 3198-10, MJ 24826, "Morales con I. Municipalidad de Pucón; CS, 19 de diciembre de 2012. Rol N° 1839-12, MJ 34199 "Silva Vidal, Juan con Alvarado Vera, Jorge y Salmones Caleta Bay S.A."; CS, 10 de diciembre de 2014. Rol N° 4146-14, MJ 39687, "Estay Álamos, Jorge con Díaz Fernández, María".

165 Por regla general, el proceso llega a su fin con las partes activas y pasivas que dieron inicio a la relación procesal, produciéndose entre las partes la cosa juzgada. Sin embargo, puede suceder que durante el proceso uno de los sujetos procesales, ya sea el demandante o el demandado, desaparezca y un sujeto distinto pase a ocupar su sitio en la relación procesal. Este fenómeno se designa como una "sucesión procesal" o "cambio de partes". Se produce una sucesión de parte o cambio de parte cada vez que uno de los litigantes deja de ocupar su sitio en el proceso y es reemplazado por otro sujeto, que pasa a ocupar ese lugar en el proceso. Los supuestos básicos más frecuentes de cambio de partes pueden producirse por las siguientes causas: 1°) Muerte de una de las partes 2°) La disolución de una persona jurídica.
Por otro lado, en general, el fenómeno de la intervención procesal designa realidades muy disímiles entre sí, teniendo como factor común el hecho de que un tercero, hasta entonces ajeno al proceso ya pendiente, entre a participar en él, junto a las partes originarias de la relación jurídico-procesal. Los supuestos básicos para que proceda la intervención son los siguientes: 1°) la existencia de un proceso pendiente; 2°) la calidad de tercero del sujeto que se hace parte en él, y 3°) la titularidad de algún derecho o interés que legitima al tercero para intervenir evitando ser afectado por la sentencia que se pueda dictar en el proceso. Atendiendo al interés o posición del tercero, respecto del objeto proceso pendiente, nuestro ordenamiento distingue entre intervención del tercero coadyuvante, la intervención principal y la del tercero independiente. Por

La legitimación sobrevenida se vincula a la sucesión procesal[143] o al derecho a intervenir en juicio[144].

8. LEGITIMACIÓN ORDINARIA

La legitimación ordinaria (o propia) es la que corresponde al titular de la situación jurídica sustancial que se deduce en juicio.

Como se ha explicado, el contenido de la legitimación ordinaria viene delimitado por la relación del sujeto con la situación legitimante, de modo que, por ejemplo, solo el propietario podrá intentar la acción para reivindicar la propiedad de una cosa singular, de la que no está en posesión, demandando al poseedor de ella para que sea condenado a restituírsela.

A su turno, la legitimación ordinaria puede ser *individual o conjunta*.

i) *La legitimación individual* se refiere a la calidad de justa parte que debe tener cada sujeto, activa o pasivamente, para cumplir con este elemento constitutivo del derecho de acción. Lo anterior no se modifica en aquellos casos de obligaciones plurisubjetivas en las que existen varios sujetos que activa o pasivamente pasan a formar parte de un litisconsorcio voluntario por demandar varios o ser demandados varios conforme a las reglas del art. 18 del CPC[166].

ii) *La legitimación conjunta* se explica por la existencia de situaciones donde la titularidad del derecho o del interés legítimo, para que se pueda emitir un pronunciamiento sobre el fondo, debe ser ejercida por todos los sujetos que activa o pasivamente están legitimados, originando un litisconsorcio necesario.

---

otro lado, según la iniciativa en cuanto a la intervención del tercero en el proceso, se distingue entre la intervención voluntaria y la intervención provocada (forzada o coactiva).

166 Desde el punto de vista sustantivo, existen diversos modelos para regular el fenómeno de la pluralidad de deudores, también conocido como las obligaciones subjetivamente complejas u obligaciones plurisubjetivas. Esta realidad puede ser agrupada en tres categorías. Un primer grupo, en que cada uno de los deudores está obligado al cumplimiento íntegro de la prestación debida al acreedor. Un segundo grupo, la prestación debida por varios se puede dividir en tantas partes como deudores, donde solo se le puede exigir al deudor su parte en la prestación. Un tercer grupo, donde la prestación solo puede ser reclamada por el acreedor de manera conjunta contra todos los deudores, y estos últimos deben cumplir conjuntamente con lo debido para extinguir la obligación. Desde otro punto de vista, según la proporción que se puede exigir a cada uno de los varios obligados, es posible diferenciar entre responsabilidad solidaria, *in solidum*, simplemente conjunta, accesoria, subsidiaria y concurrente, conforme a la terminología admitida en nuestra legislación y jurisprudencia. La existencia de las obligaciones subjetivamente complejas no hace perder, en la mayoría de los casos, el carácter de individual a la legitimación. El litisconsorcio voluntario supone siempre una concurrencia de varios legitimados individualmente.

La doctrina coincide en señalar que en el litisconsorcio necesario el objeto del proceso está compuesto por una única acción o una única pretensión, aunque se constate en esa relación procesal una pluralidad de sujetos[167].

En términos más simples: al tratarse el litisconsorcio necesario de una única acción, desaparece la base de toda acumulación de acciones, que es la existencia de una pluralidad de las mismas afirmadas en un mismo proceso[168]. Volveremos sobre esta figura más adelante.

9. LA LEGITIMACIÓN EXTRAORDINARIA

La legitimación extraordinaria, a diferencia de la ordinaria, supone el ejercicio de una acción por una persona distinta del titular del derecho mediando una habilitación legal para ello.

La singularidad de la legitimación extraordinaria proviene de que se admite por parte del legislador que el ejercicio de una acción lo realiza una persona distinta del titular del derecho, quebrando la regla general, que presupone que la acción solo puede ser deducida eficazmente por los titulares legitimados para la protección del derecho. Esta idea está muy bien expresada en el art. 81 del Código de Procedimiento Civil italiano, al declarar que "fuera de los casos expresamente previstos por la ley, nadie puede hacer valer en el proceso, en nombre propio, un derecho ajeno".

Tradicionalmente, la doctrina agrupa las hipótesis de legitimación extraordinaria en dos:

---

167 En este sentido, entre otros, FAIRÉN GUILLÉN, Víctor, "*Sobre el litisconsorcio en el proceso civil*", en *Estudios de derecho procesal*. Madrid: *Revista de Derecho Privado*, 1955, p. 137; MONTERO AROCA, Juan, "Acumulación de procesos y proceso único con pluralidad de partes", en *Estudios de derecho procesal*, Barcelona: Bosch, 1981, p. 220; *La intervención adhesiva simple, Contribución al estudio de la pluralidad de partes en el proceso civil*, Barcelona: Hispano Europea, 1972, pp. 20 y 69 y 72; DÁVILA MILLÁN, María Encarnación, *El litisconsorcio necesario. Concepto y tratamiento procesal*, Barcelona: Bosch, 2ª ed.1992, p. 61; MORÓN PALOMINO, Manuel, "El proceso civil y la tutela de los derechos", en *Revista de Derecho Procesal*, 1965, julio-septiembre, pp. 162-163; CALAMANDREI, Piero, *Instituciones de derecho procesal civil*, Buenos Aires: Ediciones Jurídicas Europa-América, 1962, T. II, p. 310.

168 La unidad de acción en el litisconsorcio necesario, frente a la pluralidad de acciones del litisconsorcio voluntario, se proyecta en el campo práctico en una serie de efectos: a) los actos de disposición del objeto del proceso (desistimiento, allanamiento, transacción) solo producen efectos cuando concurren todos los litisconsortes necesarios; en el voluntario, cada litisconsorte es libre para disponer del objeto del proceso, sin el concurso de los otros; b) en el litisconsorcio necesario, se debe pronunciar una sentencia única, que resuelva de un modo único para todos los sujetos la cuestión controvertida; en el voluntario, la decisión final puede ser distinta para cada uno de ellos, y c) las defensas o excepciones que se deduzcan por uno o más de los demandados favorecen a todos los litisconsortes necesarios; en el litisconsorcio voluntario, el contenido del derecho de defensa puede manifestarse en forma singular, beneficiando solo a uno de los varios sujetos que actúan conjuntamente.

i) Casos en los que la ley admite que la acción sea ejercitada por un tercero que no es titular del derecho material deducido en juicio y que es invocado como fundamento de su pretensión;
ii) Casos donde se concede legitimación extraordinaria para la defensa de los intereses supraindividuales, colectivos o difusos.

9.1. *La legitimación extraordinaria por sustitución*

La figura de la sustitución procesal se da en aquellas situaciones donde la ley permite que la acción sea ejercitada por un tercero que no es titular del derecho material deducido en juicio como fundamento de la pretensión.

En doctrina existen distintos criterios para delimitar la extensión y alcance de esta institución[169]. La diferencia entre las posturas radica, en síntesis, en determinar si el sustituto concurre al proceso ejercitando un derecho propio o, por el contrario, si actúa por un derecho ajeno[170]. Cualquiera sea la tesis que se defienda sobre el tipo de derecho que ejerce el sustituto procesal (propio o ajeno), se coincide en atribuir a este la calidad de parte en el proceso.

La sustitución es una figura distinta de la representación procesal. Como se sabe, la representación se caracteriza por la actuación que un tercero realiza en nombre de otro en un proceso. Cualquiera sea la clase de representación, lo distintivo es que el representante actúe en nombre ajeno y por un derecho igualmente ajeno, a diferencia de la sustitución, donde el sustituto actúa en su nombre, adquiriendo él la calidad de parte.

El Código de Procedimiento Civil, por su antigüedad, no reconoce de un modo expreso el fenómeno de la sustitución procesal. En el derecho sustantivo, reconoce algunas hipótesis que pasamos a reseñar a modo ilustrativo.

9.1.1. La acción subrogatoria, oblicua o indirecta

Nuestro legislador no ha previsto una hipótesis general de acción subrogatoria, limitando su reconocimiento a hipótesis muy especiales, como es el caso del art. 2466 del CC.

En la acción subrogatoria, el acreedor ejerce los derechos y acciones de su deudor, reclamando en su beneficio un derecho ajeno, que invoca en su interés propio.

---

169 Sobre el tema, Nieva Fenoll, Jordi, *La sustitución procesal,* Madrid: Marcial Pons, 2004, pp. 15-207.

170 Entre otros, Mandrioli, Crisanto, *Corso de diritto processuale civile*, Torino: Giapichelli, 2001 T, I, pp. 49-56; Andrioli, Virgilio, *Diritto Processuale Civile*, Nápoles: Dott, 1979, pp. 570-573; Ramos Méndez, Francisco, *La sucesión procesal,* Barcelona: Hispano Europea, 1974, p. 28, nota 88; Serra Domínguez, Manuel, *Intervención de terceros en el proceso,* en *Estudios de derecho procesal*, Barcelona, Ariel, 1969, p. 231; Gutiérrez de Cabiedes e Hidalgo de Caviedes, Pablo, *La tutela jurisdiccional de los intereses supraindividuales, colectivos y difusos*, *op. cit.*, especialmente pp. 110-112 y 169 ss.; Jordano Fraga, Francisco, "La legitimación pasiva en el ejercicio judicial de la acción subrogatoria (art. 111 CC)", en *Anuario de Derecho Civil*, t. L, 1997, pp. 501-629.

En el plano teórico, la acción subrogatoria puede adoptar dos modalidades: una función ejecutiva o una función conservatoria. En su variante conservativa, esta acción no satisface de un modo directo el crédito que tiene el sustituto contra su sustituido, toda vez que con su ejercicio lo único que se busca es incrementar el patrimonio del sustituido, haciendo ingresar nuevos bienes que estaban ausentes, ayudando a complementar el embargo[171].

En cambio, cuando se le reconoce una función ejecutiva, el sustituto, después de haber perseguido su crédito en los bienes de su deudor (sustituido), podrá cobrar lo que se le debe en los créditos que su deudor tiene en nombre de otros, esto es, la acción facultará al sustituto para cobrar su crédito directamente al deudor de su deudor.

9.1.2. La acción derivativa

Esta manifestación de la legitimación por sustitución se contiene en artículo 133 bis de la Ley de Sociedades Anónimas[172].

---

171 En doctrina se han intentado varios conceptos de embargo. Partiendo del art. 450 del CPC, existe coincidencia en definir a este acto procesal como "la aprehensión material o simbólica de un bien para afectarlo a los resultados de un juicio ejecutivo" (Tavolari Oliveros, Raúl, "Algunas reflexiones en torno a la regulación positiva actual del embargo y la enajenación forzada en el derecho chileno", en *Comentarios procesales*, Valparaíso: Edeval, 1994, pp. 9-35, o en *El proceso en acción*, Editorial Libromar Ltda. Jurídica de Chile, 2000, pp. 19-45). Para Navarrete Villegas, "es aquella actividad procesal compleja llevada a cabo en el proceso de ejecución, enderezada a elegir los bienes del ejecutado que deben sujetarse a la ejecución y afectarlos concretamente a ella, con el fin de realizar posteriormente los que sean necesarios para pagar al ejecutante; o bien, si se ha afectado dinero o la cosa específica que se debe, llevar a cabo el pago de inmediato al acreedor". Navarrete Villegas, Gonzalo, *Embargo y realización de bienes*, Santiago: Editorial Jurídica de Chile, 1995, pp. 15-16. En la jurisprudencia los conceptos coinciden con los anteriores. La Corte Suprema ha señalado que el "embargo [...] es la aprehensión material o simbólica, que por mandato de la justicia se hace de determinados bienes de un deudor y que se entregan a un depositario para que tome la tenencia de ellos, cesando desde ese momento la que antes ejercía el dueño o ejecutado" (CS, 3 de agosto de 1962, *RDJ*, t. 59, sec. 1ª, p. 281).

172 Este precepto dispone: "Toda pérdida irrogada al patrimonio de la sociedad como consecuencia de una infracción a esta ley, su reglamento, los estatutos sociales o las normas que imparta la Superintendencia, dará derecho a un accionista o grupo de accionista que representen, a lo menos, un 5% de las acciones emitidas por la sociedad o a cualquiera de los directores de la sociedad, a demandar la indemnización de perjuicios a quien correspondiere, en nombre y beneficio de la sociedad". "Las costas a que hubiere lugar serán pagadas a los demandantes y no podrán, de forma alguna, beneficiar a la sociedad. Por su parte, si los accionistas o el director demandantes fueren condenados en costas, serán exclusivamente responsables de estas". "Las acciones contempladas en este artículo, son compatibles con las demás acciones establecidas en la presente ley". Esta norma la introdujo la Ley N° 19.705, de 29 de diciembre de 2000. Sobre el tema, Pfeffer Urquiaga, Francisco, "Nuevas normas sobre gobierno corporativo y mayores responsabilidades para los directores de sociedades anónimas", en *Revista Chilena de Derecho*, Vol. 27 N° 3, 2000 pp. 485-499; García Morales, Pedro, "Deberes de los directores de las sociedades anónimas bajo la Ley N° 19.705. Un enfoque comparado", en *Revista Chilena de Derecho*, N° 3, 2002, pp. 635-636.

Este precepto se enmarca dentro del desarrollo legislativo de los instrumentos jurídicos para amparar los denominados intereses de grupo o colectivos, en este caso, de los accionistas de las sociedades anónimas[173]. Esta modificación perfeccionó el sistema de protección del derecho de las minorías en las sociedades anónimas.

La denominación de esta acción no es unívoca. Algunos autores la individualizan con el nombre de "acción social" o "acción subrogatoria"[174]. Otros, influidos por la legislación norteamericana prefieren usar la voz "acción derivativa".

La acción derivativa es una pretensión deducida para exigir un derecho de la sociedad que esta no ha reclamado. Esta facultad puede ejercitarse contra las autoridades de la sociedad, sus directores o terceros. Si bien la administración de una sociedad anónima corresponde al directorio, la ley legitima extraordinariamente a los accionistas a través de este mecanismo, para hacer frente a situaciones que dañan el patrimonio social[175].

9.1.3. La acción directa

Con la denominada *acción directa*, se autoriza –por ley– que un tercero ajeno a una determinada relación contractual pueda reclamar directamente por su propio nombre contra el deudor de su deudor, con el objeto de reclamar lo que se le adeuda.

Por tratarse de una marcada excepción al efecto relativo del contrato, esta hipótesis de legitimación extraordinaria debe estar prevista expresamente en la ley.

Se trata de una legitimación extraordinaria, atendido que el tercero, no obstante no ser parte de un contrato, puede ejercer *la acción directa* para resarcirse de su daño.

En nuestra opinión, una hipótesis de acción directa se contempla en el art. 2003 parte final del CC. También se ha sostenido que esta figura está incluida en la actual regulación del contrato de seguro[176].

---

173 Cada legislación ha establecido distintas exigencias para la procedencia de la acción derivativa. En Francia, el art. 245 de la Ley de 1966 concede legitimación al socio individual para el ejercicio de una acción en nombre de la sociedad. La misma técnica sigue el art. 756 del Código de las Obligaciones de Suiza. En Portugal se admite que el cinco por ciento de los socios puedan deducir esta acción (art. 77 del *Código das sociedades comerciais*). En el derecho estadounidense, también se reconoce a los accionistas individuales la posibilidad de ejercitar la *derivative action*, cuyo nombre proviene precisamente del ejercicio de una acción que naturalmente corresponde a la sociedad. En dicho sistema esta pretensión se encuadra como una manifestación más de las *class action*, en la medida en que se considere que el accionista individual representa los intereses de los demás. Para evitar los abusos en esta materia, se ha establecido una serie de rigurosas exigencias, partiendo por la autorización judicial como condición previa al ejercicio de una acción en el nombre y beneficio de la sociedad.

174 Así, por ejemplo, Corral Talciani, Hernán, *Lecciones de responsabilidad civil extracontractual*, *op. cit.*, pp. 305-309; Carey B., Guillermo, *De la sociedad anónima y la responsabilidad civil de los directores*, Santiago, Editorial Universitaria, 1993, pp. 213-215.

175 Un mayor desarrollo del tema en, Romero Seguel, Alejandro, Díaz Villalobos, José Ignacio, "La acción de responsabilidad civil del art. 133 bis de la Ley de Sociedades Anónimas", en *RDJ*, T. XCIX, pp. 51-65.

176 En tal sentido, CORRAL TALCIANI, Hernán, "La interposición de la acción directa implícita del tercero perjudicado en contra del asegurador de responsabilidad civil en el nuevo régimen de

10. LA ACCIÓN POPULAR

La acción popular viene otorgada por el legislador con el objeto de promover la protección jurídica en las situaciones en la que concede a cualquiera el poder de acción.

Como lo precisa Cordón Moreno, "el conferir la acción popular supone el reconocimiento de unos derechos que tienen por sujeto, no al pueblo como ente, sino a todos y cada uno de sus miembros; cada ciudadano es titular de un verdadero derecho, aunque este corresponda también a los demás. El ordenamiento jurídico les otorga un verdadero *jus activae civitatis* para la defensa de intereses que son, a la vez particulares y comunitarios. Interés o derecho particular de naturaleza cívica que, aun coincidente con el interés público, es todavía autónomo"[177].

No se debe confundir la protección que puede obtenerse ejercitando la acción popular con la que proviene de las hipótesis de legitimación extraordinaria por sustitución. Como lo ha declarado la Corte Suprema, en sentencia de 28 de septiembre de 2009, para el ejercicio de la acción popular "solo es necesario tener interés en su interposición"[178].

---

seguros chileno", en *Revista Chilena de Derecho* vol. 42, 2015, N° 2, pp. 397-422; "Acción directa de la víctima contra el asegurador de responsabilidad civil", en Susan Turner y Juan Andrés Varas (coords.), *Estudios de Derecho Civil IX*, LegalPublishing, Santiago, 2014, pp. 565-582.

177 Cordón Moreno, Faustino, *La legitimación en el proceso contencioso-administrativo,* Pamplona: Eunsa, 1979, pp. 151-152.

178 CS, 28 de septiembre de 2009, Rol N° 3833-08, MJ 21648.

CAPÍTULO V

RELACIONES ENTRE LAS ACCIONES

1. EXPLICACIÓN PREVIA

Entre las acciones es posible verificar una serie de relaciones jurídicas y fácticas que explican varios fenómenos procesales que estudiaremos con mayor detención en su momento.

Ahora nos limitaremos a presentar un cuadro general, que permite proyectar el concepto de acción a un conjunto relevante de situaciones que pueden surgir o están presentes en el desenvolvimiento de un proceso civil.

2. LA IDENTIDAD

Las acciones serán idénticas cuando coinciden los sujetos, la causa de pedir y el *petitum*.

La identidad entre las acciones es un presupuesto de la litispendencia (art. 303 CPC), de la cosa juzgada (art. 177 CPC) y de la acumulación de autos (art. 92 N°s. 1 y 2 del CPC).

La litispendencia, en general, alude al hecho de existir un juicio pendiente entre los mismos sujetos. En nuestro ordenamiento ello se produce desde la notificación de la demanda, provocando una serie de efectos jurídicos materiales y procesales que cesan cuando la relación procesal concluye (de un modo normal o anormal). A dicho estado se le denomina *litispendencia in genere.*

También existe la *litispendencia in specie,* que se refiere a un estado procesal que surge cuando una misma acción es propuesta en otro proceso diverso, concurriendo la triple identidad entre la nueva acción deducida y la que está siendo conocida o fue resuelta en un proceso anterior. En esta situación, para evitar que la misma acción sea conocida nuevamente, se permite al demandado, según el caso, oponer la excepción de litispendencia o la cosa juzgada. A través de lo anterior se evita el pronunciamiento de sentencias contradictorias sobre un mismo asunto[179].

179 El carácter instrumental de la excepción de litispendencia se ha reconocido por la CS, estableciendo que "la ley no ha definido, en forma expresa, lo que debe entenderse por litis pendencia, ni ha señalado los requisitos que deben tener los procesos en que sea procedente esta excepción.

Tanto en la cosa juzgada como en la litispendencia (*in specie*) lo que se busca es hacer respetar el principio jurídico del *non bis in idem* (no dos veces lo mismo)[180].

3. LA CONEXIÓN

La voz conexión proviene del latín *connexio* y significa –entre otras cosas– enlace, atadura, trabazón, concatenación de una cosa con otra[181]. En su dimensión jurídica procesal la doctrina mayoritaria entiende que la conexión entre dos o más acciones se presenta cuando tienen estas en común uno o dos elementos de identificación[182]. Si la conexión se da en relación con el elemento subjetivo de las acciones será de tipo subjetivo; por el contrario, si se produce entre los componentes objetivos se trata de una conexión objetiva. La conexión objetiva es aquella que se da cuando varias acciones tienen en común la causa de pedir o el *petitum*.

Dentro de la conexión, atendiendo al grado de relación que se da entre las acciones, se propone distinguir entre conexión propia e impropia. La del primer tipo, esto es, la conexión propia, es aquella en la cual las acciones tienen en común los elementos objetivos: causa de pedir o el *petitum*, o bien ambos a la vez[183].

En cambio, la conexión impropia, más que una conexión jurídica entre los componentes de las acciones, consiste en una cierta situación de cercanía intelectual entre acciones en razón de semejanza u homogeneidad.

Sin embargo, bien puede sostenerse, como principio general, que su fundamento radica en la necesidad de evitar una duplicidad inútil de la actividad jurisdiccional; impedir la dictación de fallos contradictorios..." (CS, 7 de julio de 1951, *RDJ*, t. 48, sec. 1ª, p. 264). Sobre las diferencias y elementos comunes de la excepción de cosa juzgada y de litispendencia. CS, 9 de agosto de 1951, *RDJ*, t. XLVIII, sec. 1ª, p. 405.

180 Según Domingo, el *non bis in idem* tiene su origen en el derecho romano, y se utiliza en las fuentes y doctrina para expresar habitualmente la consumición de la acción, tanto civil, penal como administrativa. En opinión de Mommsen, al parecer su origen se encuentra en la *lex Afilia repetundarum*, del 123-122 a. C. (Mommsen, *Romisches Strafrecht*, Leipzig 1899, pp. 708-709). En la Edad Media su formulación se encuentra en la *Glossa Ordinaria ad Decretum Gratianni*. (Domingo, Rafael, *Reglas jurídicas y aforismos*, *op. cit.*, N° 427, p. 92). Otros alcances jurídicos de esta regla, Cano Campos, Tomás, "*Non bis in idem*, prevalencia de la vía penal y teoría de los concursos en el derecho administrativo sancionador", en *Revista de Administración Pública*, Madrid, 2001, pp. 191-249.

181 *Latin Dictionary*, Oxford, 1958; Diccionario RAE, 21ª ed., 1992, acepción 1ª.

182 Así lo entienden, entre otros, Calamandrei, Piero, *Instituciones de derecho procesal civil*, *op. cit.*, I. p. 296; Gutiérrez de Cabiedes, Eduardo, "La Litis-pendencia", en *Revista de Derecho Procesal Iberoamericana*, Madrid, N° 3, 1969, p. 610.

183 En este sentido, por todos, Calamandrei, Piero, *Instituciones de derecho procesal civil...*, *op. cit.*, I, p. 297; Chiovenda, José, *Principios de derecho procesal civil*, tr. de la 3ª ed. italiana, José Casais y Santaló, Madrid: Reus, 1922, T. I, p. 710.

La distinción anterior importa para la práctica de la acumulación de acciones, específicamente, en la configuración del litisconsorcio voluntario previsto en el art. 18 del CPC.

De igual forma, la conexión se manifiesta en la designación del procurador común (art. 19 CPC) y en la acumulación de autos (art. 92 N°s. 2 y 3 CPC).

4. LA PREJUDICIALIDAD

La palabra prejudicial deriva de la voz latina *praejudicium,* que significa "prejuicio, juicio previo o prematuro" (de *prae-* "antes", *judicium* "juicio"). Sin embargo, esta aproximación no clarifica el alcance de la institución en comento, que tienen varias proyecciones procesales.

La reglamentación de la prejudicialidad le impone al legislador realizar varias opciones técnicas, dentro de un amplio marco de posibilidades que condicionan la forma como se debe ejercer el derecho de acción.

El sistema de prejudicialidad en un determinado ordenamiento jurídico incide en varios asuntos: en el mecanismo de distribución de competencia entre los distintos jueces que conforman el órgano jurisdiccional; en la eficacia que la ley le atribuye a un fallo en relación a la intervención de otros jueces y tribunales que integran la jurisdicción, en procesos posteriores o que se tramitan simultáneamente; en el régimen de ejercicio conjunto o separado de la acción civil y penal; en la posibilidad de suspender obligatoria o facultativamente la tramitación de un proceso, en espera de la conclusión de otro, cuando entre las acciones que conforman los objetos procesales se presentan relaciones de conexión o de prejudicialidad.

Como lo describe De la Oliva, "[...] la prejudicialidad tiene razón de ser en virtud de dos factores: la unidad del ordenamiento jurídico, de un lado, y, de otro, la especialización de los órganos jurisdiccionales. Este tópico es cierto en el sentido de que en una organización jurisdiccional en que no existiese más de un tipo de órgano jurisdiccional con todas las competencias civiles, penales, contencioso-administrativas y laborales, carecería de sentido preguntarse si el órgano penal ha de resolver también los puntos civiles, laborales o administrativos o, por el contrario, ha de deferir su conocimiento a otros órganos jurisdiccionales [...]". "Pero la prejudicialidad es, además, de un problema de distribución de trabajo enjuiciador, un fenómeno de método enjuiciador –la necesidad de juicios previos, que preparan otro enjuiciamiento posterior–, en el que juega un papel de relieve otro elemento, determinante de la existencia de auténticas cuestiones prejudiciales"[184]. Su correcta utilización debería asegurar que, en la resolución de los conflictos asignados a los diversos jueces y tribunales que componen el órgano jurisdiccional, no surjan decisiones contradictorias o que no tengan una justificación jurídica.

---

184 De La Oliva Santos, Andrés, *Derecho procesal penal,* Madrid, Centro de Estudios Ramón Areces, 2010 (reimp. de la 8ª ed. 2007), p. 254.

En nuestro proceso civil, la relación de prejudicialidad se aprecia en varias instituciones:

- En las denominadas "cuestiones prejudiciales", que forman parte del pronunciamiento del objeto del proceso civil o penal. Dependiendo de la regulación legal, se distinguen entre cuestiones prejudiciales absolutas o relativas, devolutivas o no devolutivas. En este caso se trata de la interferencia que puede surgir en la actuación de los distintos jueces y tribunales, cuando cada uno de ellos, actuando dentro de su competencia, se pronuncia sobre un conflicto intersubjetivo cuya decisión sobre el fondo se proyecta en la resolución de otro proceso (arts. 173 y 174 COT y 167 CPC).
- En la denominada eficacia positiva o prejudicial de la cosa juzgada, que se produce cuando en una sentencia anterior, amparada por la cosa juzgada material, contiene una declaración del derecho que constituye un antecedente lógico-jurídico para resolver la nueva acción deducida en un juicio[185].
  Mediante este vínculo se busca impedir que en un juicio posterior se decida una nueva acción en contradicción con la declaración del derecho que consta en un fallo, que se encuentra firme y ejecutoriado, en cuanto la decisión anterior constituya un antecedente lógico a la nueva acción deducida en juicio[186].
- En la denominada acumulación inicial sucesiva o accesoria de acciones. Esta situación se presenta cuando en una demanda se han deducido dos o más acciones, entre las que existe un vínculo de tipo lógico-jurídico que determina

185 No se debe confundir esta relación con la identidad que justifica el efecto negativo de la cosa juzgada. El efecto negativo impide reabrir un debate cuando la acción deducida en un proceso posterior ha sido resuelta en una sentencia que ha adquirido el carácter de firme y ejecutoriada. De esa forma se protege el principio del *ne bis in ídem,* que prohíbe que pueda juzgarse dos veces por la misma cosa. Mediante esa regla, se garantiza que no se repita un juicio cuyo objeto fue juzgado con antelación. En cambio, el efecto positivo o prejudicial "comprende la eficacia vinculante que puede llegar a poseer todo pronunciamiento judicial firme sobre los juicios futuros relacionados con el mismo". PÉREZ AGUILERA, Luis Miguel, *El efecto positivo o prejudicial de la cosa juzgada en el proceso penal,* Pamplona: Aranzadi, 2020, p. 31.

186 En doctrina, EZURMENDIA, explica que la eficacia positiva de la cosa juzgada supone la existencia de una sentencia firme sobre un asunto que mantiene un vínculo de dependencia o conexidad con otro que será sometido a un nuevo proceso, de tal forma que, si en aquel y ese se resuelve de forma diferente una misma cuestión a ambos litigios se genera el riesgo de existencia de dos sentencias contradictorias (EZURMENDIA ÁLVAREZ, Jesús, *Reflexión contemporánea sobre la cosa juzgada,* Barcelona: J.M. Boch, 2021, p. 249). En la jurisprudencia reconoce esta categoría el fallo de la Corte de Apelaciones de Santiago, de 2 de diciembre de 2021, al declarar: "[...] la eficacia positiva o prejudicial tiene un rol subsidiario al efecto negativo y, se aplicará cuando, precisamente, no exista triple identidad, pues en el caso de existir aquella deviene en innecesaria. Es decir, que entre dos procesos exista una relación distinta de la identidad (triple identidad) ya que, si bien existe, como queda de manifiesto, una identidad legal de personas; el objeto y particularmente la causa son distintos entre los respectivos juicios. Además, debe configurarse una relación de conexión o dependencia entre lo resuelto entre el primer proceso y el segundo, aunado a que la cuestión resuelta en juicio anterior sea fundamento insoslayable y un paso lógico ineludible en la decisión que debe tomar el tribunal para el caso presente" (C. de Ap. de Santiago, 2 de diciembre de 2021. Rol N° 739-2020 (acumulada Rol N 13.291-2020)).

que la resolución de la afirmada como principal incide en la o en las restantes acumuladas; si es acogida la acción principal, se puede conceder la protección jurídica solicitada a través de las acciones acumuladas en forma sucesiva o accesoria, como ocurre con el ejercicio conjunto de la acción de nulidad de un acto y contrato y la reivindicatoria intentada contra el actual tercero poseedor, conforme a lo previsto en el art. 1689 del Código Civil.

- En la reglamentación de la acumulación sobrevenida por reunión, que surge cuando los procesos ya pendientes para su composición se funden en uno solo, siendo su manifestación más típica la acumulación de autos (art. 92 CPC).
- En la denominada prejudicialidad en la acción, que tiene lugar en los casos donde la iniciación de un determinado proceso está subordinada a una declaración judicial anterior[187].
- En la reglamentación del recurso de revisión de una sentencia firme, en cuanto exige la declaración judicial previa de ilicitud de la prueba que sirvió de base al pronunciamiento de la sentencia que se solicita rever por alguna de las partes, invocando alguna de las causales del artículo 810 Nos. 1, 2 y 3 del Código de Procedimiento Civil. La sentencia que hace esta declaración prejudicial, según la jurisprudencia, puede ser civil o penal.

5. LA ACCESORIEDAD

La accesoriedad se constata cuando entre dos acciones, una de las cuales se llama precisamente *accesoria,* aparece como subordinada y dependiente por el título de la otra (que se denomina "principal")[188]. Si se acoge la acción principal, ella actúa como título justificador de la acción accesoria.

Este tipo de nexo justifica la utilización de la acumulación sucesiva o accesoria de acciones.

6. LA INCOMPATIBILIDAD

Las acciones son incompatibles cuando los supuestos de hecho en que respectivamente se funden son inconciliables, al punto que el fundamento de una excluye a la otra, normalmente, por encontrarse en una relación de concurso electivo de acciones.

Cuando surge este vínculo entre acciones se puede intentar una acumulación eventual de acciones. Por ejemplo, la acción de cumplimiento de un contrato no se puede ejercitar simultáneamente con la acción para declarar la resolución del mismo,

---

187 Gómez Orbaneja, Emilio, *Comentario a la ley de enjuiciamiento criminal,* Barcelona, Bosch, 1947, T. I, p. 133.

188 Calamandrei, Piero, *Instituciones de derecho procesal civil*, t. I, *op. cit.*, p. 298.

pero sí se pueden intentar en una misma demanda para que una sea resuelta en subsidio de la otra, a través de la acumulación eventual de acciones (arts. 17 inc. 2° CPC y 1489 CC).

7. EL CONCURSO DE ACCIONES

Esta relación entre acciones parte del supuesto de que una misma situación de hecho puede estar amparada por una diversidad de acciones, que concurren a satisfacer el mismo interés del actor. En su esencia, se trata de acciones con causa de pedir diversa, aunque busquen el mismo fin jurídico o el mismo objetivo económico.

El reconocimiento de esta situación jurídica ha sido admitido explícitamente en la sentencia de la Corte Suprema, de 18 de abril de 1986, al declarar "que un mismo hecho, acto jurídico, convención o contrato puede dar lugar a más de una acción, las que tienen vida independiente una de la otra"[189].

En palabras de Chiovenda[190], el concurso es la relación que media entre varias acciones que, aun siendo diversas, pueden ser satisfechas solo una sola vez para todas. No obstante que desde el punto de vista del derecho material las distintas acciones pueden ser satisfechas de una sola vez, ello no obsta a la diversidad de las acciones[191].

Dentro de esta relación se debe distinguir entre un concurso simple de acciones y un concurso alternativo o electivo.

i) El concurso simple se produce cuando dos o más derechos concurren en un mismo sujeto teniendo por objeto una prestación que satisface un mismo fin económico. En este tipo de concurso, las diversas pretensiones *tienen por objeto la misma prestación*, existiendo entre ellas una relación de concurrencia, en el sentido de que la satisfacción de una tiene por efecto la extinción de la otra.

En un concurso simple de acciones hay un único interés protegido mediante una pluralidad de acciones que tienden a lograr el mismo contenido[192].

---

189 *RDJ*, t. LXXXIII, sec. 1ª, p. 35. En igual orientación, CS, 25 de abril de 1996, *RDJ*, t. XCIII, sec. 1ª, p. 50.

190 CHIOVENDA, José, *Principios de derecho procesal civil*, *op. cit.*, T., II, pp. 731-732. En nuestra doctrina, ROMERO RODRÍGUEZ, Sophia, "Concurso de normas y concurso de acciones en el derecho procesal civil chileno", en *Ius et Praxis,* Año 19, N° 2, 2013, pp. 207-250.

191 Así, CHIOVENDA, José, *Instituciones de derecho procesal civil,* tr. del italiano Emilio Gómez Orbaneja, Madrid: *Revista de Derecho Privado*, 1954, I, p. 379.

192 Por ejemplo, el dinero que presta un banco a una persona origina un contrato de mutuo de dinero. Pero, también, en ese mismo acto, el banco solicita al deudor que suscriba un título ejecutivo, para que, en caso de incumplimiento, busque recuperar el dinero utilizando el juicio ejecutivo. Como se puede apreciar de la descripción anterior, hay dos acciones diversas que el banco puede utilizar para cobrar el mismo crédito. Una, la que tiene como causa de pedir el contrato de mutuo. La otra, la acción ejecutiva que tiene fundamento en el título ejecutivo que consta de un pagaré.

En las hipótesis de concurso simple, los derechos concurrentes son autónomos tanto en su existencia como en su extinción. Sin embargo, extinguida una acción por su cumplimiento (satisfacción), se produce la extinción de las otras[193].

Dicho de otra forma, en el concurso simple las relaciones jurídicas que lo originan son diferentes y también lo son las acciones que se pueden afirmar en torno a él, las que, además, se pueden hacer valer autónomamente o a través de una acumulación de acciones (si se cumplen los supuestos legales).

ii) *Concurso alternativo o electivo.* A diferencia del anterior, este presupone la existencia de una diversidad de derechos que son atribuidos alternativamente a un sujeto. Se trata de derechos que se originan de un mismo acaecimiento histórico, para la protección de un mismo bien jurídico y tienden a satisfacer un único interés económico[194]. En este tipo de concurso, la doctrina mayoritaria defiende la existencia de una pluralidad de derechos y de acciones, siendo sus manifestaciones más clásicas las que se dan en el doble derecho que puede ejercer un contratante para solicitar la resolución del contrato o bien su cumplimiento forzado (art. 1489 CC); el derecho a obtener la resolución del contrato o el pago del precio (art. 1875 CC); el derecho a solicitar la reducción del precio por evicción, o bien a solicitar que se le repare la evicción (art. 1861 CC).

En el derecho histórico, cuando existían acciones concurrentes el actor tenía que elegir entre las diversas acciones, quedando extinguidas las restantes. En la actualidad, al haberse trasladado el efecto extintivo de las acciones al pronunciamiento de una sentencia amparada por el efecto de la cosa juzgada, toda la problemática de las acciones concurrentes se reduce, en su esencia, a determinar cuándo la decisión sobre el fondo de una acción extingue las otras acciones que se encuentran en relación de concurso con la que ya fue fallada[195].

---

193 En el ejemplo recién referido, si el banco obtiene el pago del dinero prestado en el juicio ejecutivo, no podría luego demandar para obtener la misma prestación invocando el contrato de mutuo.

194 Sobre este concurso, mayores antecedentes, Menchini, Sergio, *I limiti oggettivi del guidicato civile*, Milán: Giuffrè, 1987, pp. 351-357.

195 Esto que venimos explicando se produjo al superarse los efectos jurídicos que traía aparejada la *litis contestatio,* específicamente, el denominado efecto *consuntivo* o *consumativo* de la *actio.* En el proceso romano clásico, si entre dos personas concurrían dos o más acciones, o bien, cuando las mismas acciones concurrían entre varias personas (tanto activa como pasivamente), el solo ejercicio de una de estas acciones extinguía también todas las acciones concurrentes. El contenido de este peculiar efecto se extrae de la siguiente regla formulada por Ulpiano, y contenida en del *Digesto* en los siguientes términos: Ulp. 43 1, Dig. 50, 17, *Quotiens concurrunt plures actiones eiusdem rei nomine una quis experiri debet* ("Cuando concurren varias acciones por la misma causa, se debe ejercitar solo una de ellas"). Sobre el tema, mayores antecedentes en Liebman, Enrico T., "Acciones concurrentes", en *Eficacia y autoridad de la sentencia,* tr. Santiago Sentís Melendo, Buenos Aires: Ediar, 1946, pp. 243-257; Gómez Orbaneja, Emilio, "Concurso de leyes y concurso de acciones en derecho civil", en *Revista de Derecho Privado*, octubre 1946, N° 355, pp. 705-715; González, Amparo, "Concurrencia de la 'actio legis aquiliae' con acciones de contratos consensuales en aplicación del 'officium iudicis'", y "Concurso de la 'actio legis aquiliae'

La jurisprudencia ha tenido ocasión de pronunciarse directamente sobre este tema en la sentencia de la Corte de Apelaciones de Santiago, de 21 de septiembre de 1950, declarando:

"4°) Que la opinión de los autores, y basta para ese objeto citar a Savigny y Laurent, entre los antiguos y a Chiovenda entre los modernos, es uniforme en el sentido de considerar la cosa pedida como el beneficio jurídico que se reclama, o sea, la materia del pleito, la cuestión que se discute. Según Alsina, ella se compone de dos elementos: el objeto material a que se refiere la acción y el derecho que sobre el objeto se reclama; 5°) Que de lo expuesto resulta que, no obstante tratarse de acciones diversas, puede resultar cosa juzgada si el nuevo juicio versa sobre la misma materia que el anterior, si en él se persigue idéntico objeto, como ocurre en los casos en que si bien la demanda contiene una petición distinta, porque se persigue un derecho diferente, esta tiene por base el mismo fundamento jurídico que ya fue denegado en el juicio anterior (...); 6°) Que la reproducción del litigio sobre un mismo asunto o materia hace que se considere idéntico el objeto de ambos juicios y procede aceptar la excepción de cosa juzgada, aunque no haya identidad perfecta entre lo actualmente pedido y lo resuelto con anterioridad, porque las aparentes diferencias no excluyen la cosa juzgada, si de aceptarse la nueva petición en la sentencia, resulta esta incompatible con el fallo precedente (...); y (...) "En consecuencia, no es posible en derecho renovar la misma controversia, pidiendo igualmente la restitución del mismo objeto, aunque se haya cuidado por el solicitante de variar la calificación de su acción, al titularla como reivindicatoria"[196].

También aborda el tema del concurso de acciones la sentencia de la Corte Suprema de 12 de septiembre de 2011. Después de enunciar una serie de normas que reconocen derechos opcionales para solicitar protección jurisdiccional frente a un incumplimiento, para el tema que aquí interesa allí se puntualizó:

"13°) Que todos los casos reseñados a título puramente ejemplar en el motivo precedente, son demostrativos de la invariable consecuencia que trae consigo postular a los efectos de un derecho optativo y ella es que el titular del mismo habrá de inclinarse, seleccionar o preferir de entre las alternativas que le concede el ordenamiento aquella que más convenga a sus intereses, para lo cual y ante la disyuntiva, habrá de procurarse la información pertinente y analizar sus posibilidades". "La técnica legislativa caracterizada por la ausencia de una definición general, abstracta y obligatoria, en beneficio del poder de decisión que se entrega al legitimado para escoger cuál será el camino de

---

con acciones derivadas de contratos reales", en *Tres estudios romanísticos*, Madrid: Universidad Autónoma de Madrid, 1983, pp. 9-60). Una síntesis del problema, entre otros, Fuenteseca, Pablo, *Derecho privado romano*, Madrid. Imprenta Sánchez, 1978, p. 72; Murga Gener, José Luis, *Derecho romano clásico II: El proceso,* Universidad de Zaragoza, 3ª ed. 1989, pp. 287, 291-292.

196 C. de Ap. de Santiago, 21 de septiembre de 1950, *RDJ*, t. XLVII, sec. 2ª, pp. 57-59.

acción que adoptará, no ha de confundirse o degenerar en la posibilidad de ejercitar las opciones propuestas sin desechar ninguna, aun bajo el expediente de diferir la manifestación concreta de la preferencia, circunstancia que fluye inmediatamente y con toda evidencia al contrastar los efectos, no solo disímiles, sino que abiertamente contrapuestos –cuando no contrarios a la lógica material– que aquellas presentan"[197].

8. EL CONCURSO DE NORMAS

El ejercicio de una acción también puede dar lugar a otra relación diversa del concurso de acciones, conocido como concurso de leyes o de "unidad de ley".

El tema del concurso de normas se produce cuando un mismo hecho es subsumible en varios preceptos legales, en los que uno excluye necesariamente a los demás[198].

En el ámbito del derecho civil, siguiendo la explicación de Larenz, el "concurso o concurrencia de varias normas jurídicas o 'regulaciones' se presenta cuando: los supuestos de hecho de varias normas jurídicas pueden corresponderse plena o parcialmente, de tal modo que el mismo hecho sea comprendido por ellas. Se habla entonces de un concurso o de una concurrencia de normas jurídicas"[199]. Esta concurrencia puede presentarse –según el mismo autor– en los siguientes supuestos: 1°) cuando ambas normas jurídicas ordenan exactamente la misma consecuencia jurídica, como sería el caso de un daño a la salud causado que supone una infracción a la norma base de la responsabilidad extracontractual y a una ley especial; 2°) cuando las consecuencias de las normas que tienen el mismo supuesto de hecho se excluyen mutuamente; 3°) en otros casos, cuando los supuestos de hecho de dos normas solo se corresponden parcialmente, es decir, algunos caen bajo un supuesto de hecho, algunos bajo otro y algunos bajo ambos; 4°) también se presenta el concurso de leyes entre complejos enteros de regulación, como podría ser el caso de conflictos entre responsabilidad por daño contractual y extracontractual[200].

Desde un punto de vista procesal, el problema del concurso de leyes se traduce en determinar si esta realidad configura un proceso con objeto singular o con objeto

---

197 CS, 12 de septiembre de 2011, Rol N° 6453-10, MJ 29283.

198 Este tema ha sido tratado profusamente por la doctrina penal y para solucionar este fenómeno se han propuesto una serie de criterios interpretativos (especialidad, subsidiariedad, de consunción, etc.), con arreglo a los cuales se obtendría la decisión de cuándo existe un concurso de leyes (y un solo delito) y no un concurso de delitos; así como, en su caso, la cuestión de qué norma es preferente y cuál debe quedar desplazada, fenómeno que en definitiva se reduce –según la mayoría de la doctrina– a un problema interpretativo de la ley penal.

199 LARENZ, Karl, *Metodología de la ciencia del derecho*, tr. Marcelino Rodríguez Molinero, 2ª ed. (de la 4ª ed. alemana definitiva), Barcelona: Ariel, 1980. p. 260, nota 25.

200 LARENZ, Karl, *Metodología de la ciencia del derecho*, *op. cit.*, p. 263; del mismo autor, *Derecho civil. Parte general*, tr. Miguel Izquierdo y Macías-Picaveda, Madrid: *Revista de Derecho Privado*, 1978, pp. 341-351.

múltiple (acumulación de acciones). El tema no es puramente académico, ya que en la práctica resulta frecuente que el actor, motivado por distintas razones, presente en una misma demanda un mismo hecho calificado jurídicamente de distintas maneras, configurando un objeto del proceso que será plural o singular, según la posición que se tenga sobre el rol que juega en la configuración de la causa de pedir el componente jurídico.

La pluralidad de fundamentos jurídicos para un mismo hecho proviene –por lo general– de una deficiente técnica legislativa, en la cual los textos legales no aclaran cuál es la base jurídica de una pretensión; de ciertas hipótesis en las que se establecen distintas reglamentaciones superpuestas para un mismo hecho, sin que se pueda perfilar adecuadamente cuál es el régimen que le es aplicable.

Para un importante sector de la doctrina procesal, en el concurso de normas no existe una acumulación de acciones, atendido que la calificación jurídica diversa de unos mismos hechos no altera la materia objeto del proceso[201]. La consecuencia práctica de esta tesis se traduce en lo siguiente: si el actor pide una misma cosa basándose en los mismos hechos, aunque estos últimos sean subsumibles en dos normas jurídicas diferentes, no hay pluralidad de acciones; ello, con todas las consecuencias que se producen en orden a la congruencia de la sentencia, la omisión del asunto controvertido, la litispendencia, la cosa juzgada, etc. La explicación de esta conclusión –según Berzosa– provendría de la circunstancia que la calificación jurídica que los litigantes formulan respecto de un mismo hecho no forma parte de la causa de pedir, la que viene configurada únicamente por aquellos hechos delimitadores de la petición que el actor realiza. Se trataría, en suma, de un mismo hecho, pero valorado desde distintos puntos de vista jurídicos, sin que la pluralidad de normas obste a que sea una sola la pretensión[202]. Esta unidad de acción determina que no pueda hablarse de acumulación allí donde no hay nada diverso para acumular. En síntesis, la distinta calificación jurídica de una causa de pedir no sería un problema de diversidad de objetos del proceso.

Sin embargo, si se estima que la causa de pedir conjuntamente con el elemento fáctico está compuesta por los fundamentos jurídicos alegados por el actor, la tesis necesariamente tendría que ser la opuesta, admitiendo que allí se genera una acumulación de acciones. En esta hipótesis, la pluralidad de fundamentos jurídicos concurrentes en un mismo hecho daría nacimiento a acciones distintas, tantas como calificaciones jurídicas admita el componente fáctico de la *causa petendi*. La sentencia del juez, para ser congruente, debería pronunciarse sobre todas estas calificaciones; de lo contrario, estaría omitiendo el asunto controvertido (la acumulación de acciones).

En nuestra jurisprudencia predomina la idea que la fundamentación jurídica propuesta por las partes en sus pretensiones, excepciones o defensas no son vinculantes

201 Así lo sostienen, entre otros, BERZOSA FRANCOS, María Victoria, *Demanda, "Causa petendi" y objeto del proceso*, Córdoba: El Almendro, 1984, pp. 56-58; VON TUHR, Andreas, *Derecho civil*, tr. Tito Ravá, Buenos Aires: Depalma, 1946, vol. I, 1, p. 342, cuando establece que la pretensión es única cuando el mismo *factum* jurídico se rige por varias disposiciones legales, de las que una es especial y excluye a la otra o se completa con ella.

202 BERZOSA FRANCOS, María Victoria, *op. cit.*, pp. 56-58.

para el juez, conforme a una aplicación extensiva al principio *iura novit curiae* (el juez sabe el derecho)[203], con lo cual las distintas calificaciones jurídicas frente a una misma causa de pedir no generarían una acumulación de acciones. Esta opción se ha materializado a través de diversas sentencias, entre las que se pueden destacar las siguientes: que para adoptar sus resoluciones los tribunales no se encuentran atados a las tesis jurídicas de las partes, pudiendo dar a los hechos que estas les presenten la calificación que estimen más ajustada a derecho[204]; que no es preciso que en la demanda se citen las disposiciones legales que les sirven de fundamento, sino tan solo los principios, la razón jurídica de la acción[205].

Desde otro punto de vista, la jurisprudencia ha postulado, en relación a la extensión de la regla del *iura novit curiae,* que "una errónea denominación de la acción ejercitada no es óbice para que sea acogida si lo que se pide es la consecuencia jurídica de los hechos aducidos en la demanda y si estos resultan probados"[206], o que es perfectamente lícito al juez para allegar fundamentos jurídicos no invocados por los litigantes, con tal que no cambie la acción intentada[207].

9. LA ACUMULACIÓN DE ACCIONES: BREVE DESCRIPCIÓN

Las relaciones antes explicadas, como se ha anticipado, tienen relevancia práctica para la configuración de un objeto del proceso con acumulación de acciones.

En general, la acumulación de acciones es una institución procesal con varias manifestaciones, cuyo factor común es la configuración de una relación procesal con un objeto compuesto por dos o más acciones, que se tramitan en un mismo procedimiento.

Existen varias pautas para sistematizar esta institución, a saber:

1°) Según el número de sujetos que intervienen en el proceso, la acumulación de acciones puede trabarse entre un demandante y un demandado, cuando el actor deduce varias acciones en contra de su contradictor en una misma demanda. También surge esta acumulación de acciones en el litisconsorcio voluntario, que es el proceso con pluralidad de sujetos en una de las posiciones de parte o en ambas a la vez, en el que se han deducido varias acciones.

2°) Según el momento en que se produce la acumulación de acciones, ella puede ser inicial o sobrevenida. Debe entenderse por acumulación inicial aquel proceso cuyo

---

203 Sobre este tema, Corral Talciani, Hernán, *De la ignorancia de la ley*, Santiago: Editorial Jurídica de Chile, 1987.

204 En este sentido, entre varias, CS, 6 de agosto de 1992, *RDJ,* t. LXXXIX, secc. 1ª, p. 109; CS, 6 de septiembre de 1995, *RDJ,* t. XCII, secc. 1ª, p. 85; CS, 7 de diciembre de 1917, *RDJ,* t. XVIII, secc. 1ª, p. 195.

205 Así, entre varias, CS, 14 de enero de 1947, *RDJ,* t. LXIV, secc. 1ª, p. 450.

206 CS, 26 de junio de 1986, *RDJ,* t. LXXXIII, secc. 1ª, p. 85.

207 Así lo ha reconocido la Corte de Ap. de Concepción, 17 de junio de 1993, *RDJ,* t. XC, secc. 2ª, p. 84.

objeto múltiple se configura cuando en una misma demanda el actor afirma varias acciones; en cambio, la acumulación es sobrevenida cuando después de producida la relación procesal se agregan al objeto del proceso otras acciones. Alguna doctrina propone distinguir, dentro de este último género, entre acumulación por inserción y acumulación de acciones por reunión[208].

La acumulación por inserción se produce cuando una nueva acción es introducida en el proceso pendiente para la composición de otra, como ocurre con la ampliación de la demanda o en la reconvención. Por el contrario, la acumulación sobrevenida por reunión se generaría cuando los procesos ya pendientes para su composición se funden en uno solo, siendo su manifestación más típica la acumulación de autos.

3°) Según la forma de solicitar la tutela jurisdiccional, la acumulación puede ser simple o acumulación condicional. En la acumulación condicional, la parte petitoria o *petitum* de las acciones deducidas en el escrito de demanda están sometidas entre sí a una condición; en la acumulación simple, la petición de tutela se formula pura y simplemente, sin condicionamiento entre las acciones deducidas, solicitando al órgano jurisdiccional que se acojan todas ellas.

El Código de Procedimiento Civil reconoce prácticamente todas las hipótesis de la institución que nos ocupa: la acumulación inicial simple o condicional de acciones (art. 17); el litisconsorcio voluntario (art. 18); la intervención principal (art. 22), siempre que se entienda que esta amplía el objeto del proceso; la acumulación de autos o reunión de procesos conexos (arts. 92 ss.); la reconvención (arts. 314 ss.) y la modificación de la demanda (art. 261).

208 En esta explicación de la acumulación por reunión o por inserción, seguimos a CARNELUTTI, Francisco, *Instituciones del proceso civil*, Buenos Aires: E.J.E.A., tr. 5ª ed. italiana Santiago Sentís Melendo, vol. I., 1959, T. I, p. 388.

CAPÍTULO VI

EL DERECHO DE DEFENSA DEL DEMANDADO

1. EL CONTENIDO DEL DERECHO DE DEFENSA

Una vez que se produce el estado de la litispendencia, el demandado puede reaccionar de diversas formas, a saber:

1°) Adoptar una actitud activa, que puede ser alguna de las siguientes:

a) Contestar la demanda, deduciendo excepciones materiales o procesales.
b) Allanarse a la demanda, que es reconocer total o parcialmente la pretensión de la contraria.
c) Negar total o parcialmente los hechos en que se sustenta la causa de pedir de la acción afirmada por el actor. En términos técnicos, a esta negación se le denomina alegar una "defensa".
d) Apersonarse al juicio realizando varias actuaciones distintas de las anteriores, que puede ir desde limitarse a designar un apoderado judicial (cumpliendo con el presupuesto procesal de la postulación) hasta promover algún incidente como el de nulidad de todo lo obrado, una cuestión de competencia por inhibitoria declinatoria (art. 116 CPC), entre tantas posibilidades.
e) Deducir una demanda reconvencional.

2°) Asumir una actitud pasiva frente a la demanda válidamente notificada. En lenguaje procesal a esta actitud se le conoce con el nombre de rebeldía[209].

El esquema anterior revela la existencia de una diversidad de situaciones que dan cuenta de lo que, genéricamente, se denomina como objeto del proceso, y cuyo contenido pasamos a examinar.

---

209 Un completo estudio en nuestro derecho, CARRASCO POBLETE, Jaime, *La rebeldía en los procesos civil y laboral*, Santiago: AbeledoPerrot, 2010, pp. 3-162.

2. EL OBJETO DEL PROCESO

El objeto del proceso es el asunto respecto del que las partes solicitan la protección jurisdiccional de su derecho[210]. Como lo explica De la Oliva, "en sentido propio [el objeto del proceso], es aquello sobre lo que, en cada proceso, se proyecta la actividad jurisdiccional o procesal: la del juzgador y la de las partes. Con términos clásicos, el objeto del proceso es la cosa (en sentido amplio y, a la vez, propio) de la que un proceso trata: la *res qua agitur*, la 'cosa de que se trata', que en los procesos civiles regidos por el denominado principio dispositivo es, a su vez, la *res in iudicio deducta* ('la cosa llevada a juicio')"[211].

En palabras de Armenta, "el objeto del proceso es aquello sobre lo que el proceso trata, la cuestión que se somete a decisión judicial. La teoría del objeto del proceso sirve y se encamina a identificarlo, distinguiéndolo de otro, en la medida en que será sobre ese en concreto sobre el que se resolverá y sobre el que recaerá la cosa jugada". "La correcta delimitación del objeto del proceso incide sustancialmente en muchas instituciones procesales claves: la fijación de la jurisdicción y competencia; la clase de juicio que ha de seguirse; la prohibición del cambio de demanda; la litispendencia; la cosa juzgada; la congruencia de la sentencia; la acumulación de acciones..."[212].

El artículo 158 del CPC se refiere a este elemento de la relación procesal al definir la sentencia definitiva como aquella resolución que pone fin a la instancia, resolviendo la cuestión o asunto que ha sido *objeto del juicio*.

En el proceso civil regido por el principio dispositivo y de aportación de parte, el objeto del proceso es por actor en la demanda. El demandado, si reconviene.

Como se ha explicado en el estudio del derecho de acción, el actor debe pedir en forma clara y precisa la tutela jurídica de sus derechos e intereses legítimos. Por su parte, el demandado también tiene el mismo imperativo al hacer valer las excepciones, alegaciones y defensas que configuran, por su parte, el mentado objeto del proceso.

En el plano positivo, lo anterior está consagrado en el art. 160 del CPC, cuando dispone que "las sentencias se pronunciarán conforme al mérito del proceso, y no podrán extenderse a puntos que no hayan sido expresamente sometidos a juicio por las partes, salvo en cuanto las leyes manden o permitan a los tribunales proceder de oficio".

---

210 Sobre este tema, Berzosa Francos, María Victoria, *Demanda "causa petendi" y objeto del proceso*, *op. cit.*, pp. 56-58; Guasp Delgado, Jaime, *La pretensión procesal*, Madrid: Civitas, 2ª ed. 1985; Pedraz Penalva, Ernesto, "Objeto del proceso y objeto litigioso", en *Presente y futuro del proceso civil*, Barcelona: J.M. Bosch, 1998 (coord. Picó I Junoy, Joan), pp. 41-87 (con una síntesis de las doctrinas italiana, española y alemana); Tapia Fernández, Isabel, *El objeto del proceso. Alegaciones. Sentencia. Cosa Juzgada*, Madrid: La Ley, 2000, pp. 9-128; Ortells Ramos, Manuel, *Derecho Procesal Civil*, *op. cit.*, pp.187-198; Picardi, Nicola, *Manuale del Processo Civile*, Milano: Giuffré Editore, 2006, pp. 81-84.

211 De la Oliva Santos, Andrés, *El objeto del proceso y cosa juzgada en el proceso civil*, Madrid: Thomson, 2005, pp. 23-24.

212 Armenta Deu, Teresa, *Lecciones de derecho procesal civil*, Madrid: Marcial Pons, 7ª ed. 2013, p. 105.

En la jurisprudencia aborda este tema la sentencia de la Corte Suprema de 2 de octubre de 2013, cuando señala: "6°.- Que con miras a la resolución del asunto, y a la luz de los planteamientos formulados en la demanda, debe decirse que los elementos identificadores del objeto del proceso son la petición o 'petitum' y la 'causa petendi' o causa de pedir. El primero, referido a aquello que se solicita del órgano jurisdiccional, sea de condena, constitución o declaración, y también aquello que en cada caso pretende se obtenga, la prestación específica, se distingue entonces, entre la petición inmediata y la mediata. Por su parte, la causa de pedir es entendida como el fundamento inmediato del derecho deducido en juicio, definida en el artículo 177 del Código de Procedimiento Civil. Se reconoce la causa con la pregunta 'por qué se pide la declaración o reconocimiento del derecho'. Permite identificarla con el conjunto de hechos que fundamentan la petición, en búsqueda de la identificación de los mismos a un aspecto concreto, los que debidamente acreditados, persiguen se les apliquen determinadas consecuencias jurídicas. Se tratará, entonces, en los procesos constitutivos, de los hechos a los que la norma vincula el efecto de crear, modificar o extinguir la relación jurídica. 7°.- Que, conforme a lo previamente razonado, el imperativo que limita el pronunciamiento jurisdiccional a la causa petendi formulada por la parte en el libelo de demanda, constituye un postulado al que debe sujetarse tanto el tribunal como las partes en los diversos estadios procesales, de forma tal que pesa sobre estas últimas limitar sus pretensiones sometidas al tribunal de la instancia, así como las revisiones posteriores que pretendan, a la causa de pedir contenida en la demanda"[213].

La actitud que asuma el demandado frente a la demanda tiene importancia práctica, atendido que solo pueden ser conocidos y juzgados por el juez civil los hechos alegados y probados por las partes. En el lenguaje forense lo anterior se traduce al adagio: "Lo que no está en el proceso no existe".

Como principio básico, ningún hecho puede llegar al proceso sino a través de lo señalado por las partes en los escritos fundamentales. Por consiguiente, si no ha sido incluido en sus escritos fundamentales se puede predicar que no forma parte del objeto de la decisión[214].

---

213 CS, 2 de octubre de 2013, Rol N° 8607-12, MJ 36038. En similares términos, CS, 29 de diciembre de 2011, Rol N° 2786-11, MJ 30431.

214 Como lo ha declarado la sentencia de la CS, de 2 de octubre de 2013, "una interpretación sobre la base de los elementos histórico, gramatical y doctrinal, permiten concluir que es factible ampliar la demanda, en términos tales de singularizar o concretar las pretensiones que las hagan de mayor claridad en su interposición". "Resulta evidente que las partes buscan esclarecer sus respectivos derechos y debatir aquellas cuestiones que dan lugar a las principales discrepancias en el juicio. Así, respecto de la réplica, '[b]asta con advertir que, comúnmente, el demandado promueve en la contestación temas nuevos o abre polémica alrededor de los hechos aducidos en la demanda, cuando no intenta desfigurar por completo la acción y alterar la sustancia misma de la controversia judicial, actitudes todas que aconsejan la audiencia del demandante con el fin de dilucidar y precisar tales cuestiones, so pena de dar margen a incidentes o trámites para alcanzar el conveniente resultado'. 'En consecuencia, solo en estos dos escritos fundamentales del pleito, en que recíprocamente las partes tienen la oportunidad de refutar las alegaciones

Dicho de otra forma, el objeto del proceso queda fijado por el ejercicio del derecho de acción del actor y la contrapartida, que proviene de alguna de las actitudes del demandado ya referidas esquemáticamente.

En principio, el demandado no propone el objeto del proceso, salvo que reconvenga o se admita en ese procedimiento alguna excepción reconvencional.

La actitud activa del demandado se vincula a varias situaciones cuyo alcance y contenido jurídico pasamos a examinar.

3. LA EXCEPCIÓN Y DERECHO DE DEFENSA

La excepción es un concepto jurídico que ha tenido una interesante evolución[215]. Aunque hay muchos aspectos todavía controvertidos, la doctrina ha logrado cierto consenso en torno a que la excepción no apunta siempre al mismo fin jurídico dentro de un proceso. No resulta exacto –por simplista– seguir sosteniendo que la excepción es una suerte de poder opuesto al derecho de acción.

El diverso contenido que se atribuye a la excepción obliga a matizar en el análisis de los diversos problemas jurídico-procesales, resultando útil considerar la distinción teórica entre excepciones procesales y materiales.

3.1. *Las excepciones procesales*

Son aquellas que se fundan en la ausencia de presupuestos de carácter procesal que, estimados por el tribunal, impiden emitir un pronunciamiento sobre el fondo.

Con la oposición de estas excepciones se pone de manifiesto que, en un determinado proceso, no se están dando las exigencias formales para que el juez pueda emitir válidamente un pronunciamiento sobre la acción objeto del juicio.

Las excepciones procesales permiten denunciar desde la forma de los actos procesales (*v. gr.*, la ineptitud del libelo) a la observancia de condiciones de validez de la relación procesal, como ocurre con la carencia de los presupuestos procesales.

Aunque la finalidad de las excepciones de este tipo es común, sus efectos dependen de la forma como ha permitido alegarlas el legislador:

---

del contradictor y concretar sus propias peticiones, es dable tener por cerrado el debate y colocar al tribunal en situación de compenetrarse a fondo de todos los puntos controvertidos y resolverlos adecuadamente en su sentencia' (Carlos Anabalón Sanderson, Tratado práctico de derecho procesal civil Chileno", Tomo III, Edit. Arancibia Hnos., 1963, págs. 193 y 194)" (CS, 2 de octubre de 2013, Rol N° 8607-12, MJ 36038).

215 Una síntesis del tema, véase de MIRANDA VÁZQUEZ, Carlos, *Las excepciones materiales en el proceso civil*, Barcelona: J.M. Boch, 2016, pp.17-367; CLARIÁ OLMEDO, Jorge, *Derecho procesal*, t. I., Buenos Aires, Depalma, 1982, pp. 303-359; VÁSQUEZ SOTELO, José Luis, "Instituciones saneadoras del proceso civil español: excepciones dilatorias y comparecencia previa", en *Justicia 87*, 1987, especialmente pp. 19-32.

a) Si se tramitan como dilatorias y se acoge la excepción el demandado, se libera de contestar la demanda, mientras no se subsane el defecto constatado, si ello es factible de realizar (art. 308 CPC);
b) Si la ley obliga a oponer conjuntamente las excepciones procesales y materiales, y se acoge las del primer tipo, se debe pronunciar una *sentencia absolutoria de la instancia*. En nuestro ordenamiento esta opción técnica rige, entre otros, en el juicio sumario (art. 690 del CPC).
c) Hacerlas valer en la audiencia preparatoria del juicio (en los procedimientos donde esté contemplada).

3.2. Las excepciones materiales

Son todas las que se sustentan en cuestiones de derecho sustantivo y su fin es enervar la acción. Al ser acogidas, provocan la absolución del demandado en cuanto al fondo de la controversia. Como lo explica Tapia Fernández, "las excepciones son hechos nuevos que introduce el demandado con el fin de restar eficacia y virtualidad a los alegados por el actor"[216].

Lo anterior significa que la contestación a la demanda introducirá al proceso un conjunto de hechos que buscan enervar la demanda contraria[217]. Estos hechos pueden ser impeditivos, extintivos y excluyentes.

---

216 Tapia Fernández, Isabel, *El objeto del proceso. Alegaciones. Sentencia. Cosa Juzgada*, *op. cit.*, p. 34.

217 Se debe insistir en que esto solo puede introducirse en los escritos de demanda y contestación, atendidas las limitaciones que nuestra jurisprudencia ha fijado para los escritos de réplica y dúplica. En el último tiempo sintetiza esta doctrina la sentencia de la CS de 2 de octubre de 2013 (Rol N° 8607-12, MJ 36038), al señalar: "DECIMOCUARTO: Que, en el contexto de la norma en análisis, la jurisprudencia de esta Corte ha señalado que dicha norma legal 'concede facultades limitadas al demandante y al demandado con relación a las acciones y excepciones deducidas en la demanda y contestación. Establece este precepto que en los escritos de réplica y de dúplica podrán las partes ampliar las acciones y excepciones, esto es, extenderlas, o sea, formular nuevas razones o argumentos para reforzarlas o cimentarlas mejor, sin salirse de lo que ya han expresado; adicionarlas, esto es, añadir nuevos argumentos no expresados anteriormente respecto de las mismas acciones y excepciones que hayan sido deducidas en el juicio y, por último, modificarlas, esto es, limitar, determinar, restringir o reducir las cosas a los términos justos, templando el exceso o exhorbitación. Y todo ello es sin que puedan alterar, esto es, cambiar la esencia o forma de dichas acciones o excepciones. La disposición del artículo 312 citado es restrictiva, concede a las partes las facultades que taxativa y limitativamente pueden usar en la réplica y en la dúplica y no las autoriza para que formulen ellas nuevas acciones o excepciones de las que contienen la demanda y la contestación (C. Suprema, 8 de junio de 1961, R., t. 58, sec. 1ª, pág. 158). Resulta evidente, entonces, a la luz de las alternativas que el artículo en cuestión entrega a las partes al tiempo de evacuar los escritos de réplica y dúplica, que la sustancia del conflicto apunta a determinar el alcance de la forma verbal 'alterar', palabra que según el Diccionario de la Lengua Española (vigésima segunda edición), tiene como primera acepción: 'cambiar la esencia o la forma de alguna cosa'. De esta manera, es dable advertir que, con la disposición en referencia, el legislador procesal civil ha definido que lo expresado por los litigantes en sus respectivos escritos de demanda y de contestación de la misma será aquello

Dentro de las excepciones materiales, las más tradicionales provienen del derecho que tiene el demandado para hacer valer los modos de extinguir las obligaciones (art. 1567 CC.), dando vida, entre otras, a las excepciones de pago, compensación, remisión, nulidad, transacción, prescripción.

Sin embargo, las excepciones anteriores no agotan el contenido de las mismas. Al igual de lo que acontece con la acción, las excepciones no están tipificadas en fórmulas rígidas. El contenido de las mismas debe ser analizado considerando las peculiaridades del conflicto intersubjetivo. Sobre el particular, es pertinente recordar la sentencia de la Corte Suprema, de 18 de mayo de 1964, al expresar que "nuestra legislación no define lo que es una excepción que se opone a la demanda, tampoco las ha señalado todas, y no ha podido hacerlo, dado su número y variedad"[218].

Todo demandado tiene el derecho a oponer excepciones. Ahora, el tipo de excepciones y el número de ellas dependen de la reglamentación legal prevista para cada procedimiento. El legislador, por razones técnicas, puede restringir el derecho a oponer excepciones, como ocurre en el proceso ejecutivo.

Las limitaciones en el contenido del derecho de defensa siempre deben considerar equilibrios que eviten el surgimiento de un privilegio procesal exorbitado, que menoscabe el derecho al debido proceso.

Tampoco la alegación de las excepciones está sujeta a fórmulas sacramentales, bastando que exista claridad en que se trata de una situación que permita ejercer el derecho de defensa del demandado[219].

---

con lo cual quedarán fijados los contornos de la controversia, en cuanto a la pretensión y *causa petendi* que se encuentran en la base de la acción incoada y la oposición que respecto de la misma pueda plantear aquel en contra ella se dirige".

218 CS, 18 de agosto de 1964, *Fallos del Mes,* N° 69, p. 179.

219 Ilustra bien este punto la sentencia de la CS de 28 de enero de 2009, al declarar: "CUARTO: Que la sentencia impugnada para revocar la de primer grado que acogió la demanda, fundamentó el rechazo de la misma en el hecho de que doña Estephanía Francesca Carreño Ossio no es hija de filiación no matrimonial del causante ni heredera testamentaria, desde que el testamento es nulo de nulidad absoluta. La Corte, para concluir que la nulidad se alegó como excepción perentoria, señaló: 'Esta alegación (aquella hecha al contestar la demanda), en concepto de esta Corte, es una manera de formular la ineficacia del acto jurídico –el testamento– por falsedad del mismo, pudiendo sostenerse que ello importa sostener su nulidad'. Desde luego, el *Diccionario de la Lengua Española* de la Real Academia define falso como 'engañoso, fingido, simulado, falto de ley, de realidad o de veracidad', empleando nuestro Código Civil, en el artículo 704, a propósito de la posesión. el mismo significado al decir que no es justo título el falsificado, 'esto es, no otorgado por la persona que se pretende'. De este modo, y tal como lo señaló la sentencia de primer grado en su considerando undécimo, es lo cierto que las demandadas, al afirmar la falsedad del testamento, han alegado la nulidad del mismo por falta de voluntad del testador y, al contrario de lo afirmado en dicho motivo suprimido, la sanción de la nulidad de un acto jurídico determinado sí puede alegarse por la vía de la excepción'. 'A continuación cita a don Arturo Alessandri Besa en su obra *La nulidad y la rescisión en el derecho civil chileno*, para establecer que 'al contestar la demanda y sostener la falsedad del testamento agregado a fojas 3 del cuaderno de medida prejudicial precautoria, han alegado la nulidad absoluta del acto por la vía de una excepción perentoria, estando facultado el tribunal para pronunciarse al respecto'.

La aceptación de una excepción material, que sabemos tiene como efecto enervar la acción del actor, promueve un interesante problema en la determinación de lo que debe entenderse como sentencia sobre el fondo que queda amparada por la cosa juzgada. La tesis clásica excluye el pronunciamiento sobre las excepciones de la eficacia de cosa juzgada. Lo anterior se explica en que la forma de determinar la triple identidad se hace atendiendo a la acción fallada con anterioridad y no a las excepciones, aunque estas hubieran determinado la dictación de una sentencia absolutoria para el demandado. Bajo este prisma se entiende que la sentencia que desestima la demanda, a lo más, establecería en beneficio del demandado victorioso una declaración negativa, pero no contendría un reconocimiento jurídico mayor sobre la declaración que se haya efectuado sobre sus excepciones[220].

Como se puede apreciar, la diferencia entre ambos tipos de excepciones radica en lo siguiente: la excepción material busca enervar la acción; en cambio, la excepción procesal se encamina solo a evitar un pronunciamiento sobre el objeto del proceso, por la ausencia de un presupuesto procesal o la presencia de un óbice o impedimento procesal[221]. Como lo precisa Clariá Olmedo, las excepciones procesales no se oponen contra la acción, sino que indirectamente resisten su ejercicio. El demandante puede

---

'Al sostener la parte demandada que el testamento es falso, se está señalando que el testador no concurrió con su voluntad a otorgarlo o, lo que es lo mismo, que dicho acto jurídico es nulo de nulidad absoluta por falta de voluntad del testador. Finalmente, sobre este mismo punto, los jueces del grado señalaron que 'el testamento aludido es efectivamente falso, esto es, no ha concurrido la voluntad del señor Guillermo Carreño Poblete a otorgarlo, de modo tal que es nulo de nulidad absoluta y así debe declararse, toda vez que se ha alegado tal nulidad por la vía de la excepción perentoria, lo que es jurídicamente procedente como se adelantó'. QUINTO: Que, examinada la sentencia impugnada, se advierte que los jueces del grado, atendida la acción interpuesta y los términos de la contestación de la demanda, se avocaron al análisis de las alegaciones vertidas en la contestación de la demanda y en la apelación, materia que fue objeto de la controversia. De tal examen se colige que la sentencia recurrida guarda cabal conformidad y congruencia con las pretensiones expresadas al demandar y con respecto a las alegaciones y defensas del demandado, limitándose dicho fallo a resolver lo pedido al rechazar la demanda, sin contener pronunciamiento alguno que pueda corresponder a una excepción o defensa no alegada. Siendo esto así, resulta ineludible concluir que los fundamentos del vicio denunciado no constituyen la causal que se invoca" (CS, 29 de enero de 2009, Rol N° 5682-07, MJ 19440).

220 Un ejemplo de sentencia que no reconoce eficacia de cosa juzgada en materia de excepciones, CS, 4 de enero de 1937, *RDJ*, t. 35, sec. 1ª, p. 95. Sin embargo, el tema no es pacífico en la jurisprudencia, como lo refleja una sentencia de la CS de 30 de noviembre de 1926, que estimó procedente la excepción de cosa juzgada, impidiendo discutir en un juicio ordinario posterior el cumplimiento de una obligación que había sido declarada nula en un juicio ejecutivo anterior; según la sentencia, "cuando se trata de acciones o de excepciones que se refieren a la existencia de la obligación, que es el caso de autos, lo resuelto en aquel juicio produce cosa juzgada en este" (CS, 30 de noviembre de 1926, *RDJ*, t. 24, sec. 1ª, p. 537).

221 Por ejemplo, la litispendencia. En este caso la relación procesal podría estar correctamente configurada, pero la presencia de esta situación jurídica impide que el segundo juicio siga adelante, por haber uno anterior donde está deducida la misma acción.

intentar nuevamente su acción, si el defecto que impidió entrar a fallar el fondo es subsanable[222].

Se debe considerar que existen situaciones donde nuestra jurisprudencia considera que el derecho de defensa del demandado no se satisface con oponer excepciones, sino que para lograr ciertos efectos jurídicos debe proceder a demandar reconvencionalmente o en un proceso autónomo que se pueda acumular conforme a las exigencias del art. 92 del CPC.

Dentro de las situaciones que no se pueden oponer por vía de excepción, está la alegación de la prescripción extintiva. Entre otras, esto ha sido declarado por la sentencia de la Corte Suprema, de 11 de diciembre de 2007, "[...] como lo ha sostenido reiteradamente este Tribunal de Casación, la prescripción, como modo de adquirir, procesalmente debe ser requerida en términos tales que determine una declaración del juez, ya sea interponiendo la demanda por vía principal o reconvencionalmente, situación que no se logra por medio de una excepción o defensa, los que solo constituyen modos de oposición de una acción que únicamente puede determinar su rechazo, pero en ningún caso, una declaración o constitución de una situación jurídica nueva, como es el reconocimiento del modo de adquirir prescripción adquisitiva"[223].

3.3. *Las excepciones reconvencionales*

Una situación excepcional a lo antes descrito surge cuando el procedimiento contempla la posibilidad de oponer excepciones reconvencionales.

Como lo explica Richard, "las excepciones reconvencionales se diferencian de las ordinarias en su ámbito y alcance. Así, mediante las excepciones ordinarias el demandado se limita exclusivamente a defenderse de las pretensiones del actor. Con las reconvencionales el demandado se defiende, pero mediante la alegación de un derecho propio de este, ampliando con ellos los límites de la demanda inicial. Se trata, pues, de alegaciones introducidas por vía de excepción y que tienen por finalidad solicitar la absolución del demandado, pero que, en tanto que se fundamentan en un derecho propio, podrían fundar una demanda que podría interponerse por vía reconvencional"[224].

La excepción reconvencional, junto con enervar la pretensión del demandante, permite que el actor sea condenado por su actuar ilícito o abusivo sin necesidad de reconvenir. En estos casos el fallo adquiere una eficacia positiva o prejudicial, por ejemplo, para discutir en un proceso civil posterior la reparación pecuniaria que el litigante temerario le debe a su demandado original[225].

---

222 Clariá Olmedo, Jorge, *Derecho procesal*, *op. cit.*, p. 337.

223 CS, 11 de diciembre de 2007, Rol N° 3672-06, MJ 16245.

224 Richard González, Manuel, *Reconvención y excepciones reconvencionales en la LEC 1/2000*, Madrid: Civitas, 2002, p. 63.

225 Un ejemplo de esta situación se encuentra en el art. 50 letra e) de Ley de Protección de los derechos del Consumidor. Allí se dispone que, "en aquellos casos en los que, en virtud de esta ley, se interponga ante tribunales una denuncia o demanda que carezca de fundamento plausible,

En la jurisprudencia han reconocido esta situación la sentencia de la Corte de Apelaciones de Santiago, de fecha 11 de enero de 2011, en los autos caratulados "Scharfstein S.A. con Browne Keeling y Cía. Ltda. y Emparanza Paiva, Margarita Juliana". Para lo que aquí importa, allí se declaró: "Octavo: Que las excepciones que pueda interponer un demandado frente a una demanda, no pueden ampliar el objeto del proceso fijado por el demandante pues como dice una autora española 'se limitan a aniquilar, restar eficacia o enervar la acción ejercitada, pero siempre dentro del terreno marcado por los límites de la acción' (Isabel Tapia Fernández, "El Objeto del Proceso. Alegaciones. Sentencia. Cosa Juzgada", Colección Ley de Enjuiciamiento Civil 2000, página 36). Sin embargo, es procedente, también, que el demandado se defienda con excepciones que la doctrina ha llamado 'excepciones reconvencionales', que comparten con la excepción pura y simple el no pretender más que la declaración de ineficacia del derecho del actor y con la demanda reconvencional 'el fundarse en un derecho del demandado no cubierto por los límites de la acción, ampliando por ello los límites de la contienda jurídica' (autora citada, página 39)".

4. LOS ÓBICES PROCESALES

Los óbices procesales son obstáculos que impiden el pronunciamiento sobre el fondo.

Aunque el CPC no utiliza esta expresión, su reconocimiento y tratamiento no les son ajenos, al permitir que se tramiten de una manera diversa la excepción de litispendencia, la cosa juzgada, la excepción de transacción, la excepción de pago y la excepción de prescripción.

La presencia de ese impedimento no permite pronunciar una sentencia sobre el fondo, según la tramitación que la ley haya asignado a esas situaciones.

Es en el juicio ordinario de mayor cuantía donde esta situación está regulada con mayor claridad, dentro de las excepciones contempladas en el artículo 310 del CPC. A ellas la doctrina nacional las denomina como "excepciones mixtas o anómalas", atendido que pueden poner término anticipado al juicio si son alegadas y acogidas en forma preliminar, esto es, como un óbice procesal[226].

el juez, en la sentencia y a petición de parte, podrá declararla como temeraria". En este caso la petición de la parte configura una excepción reconvencional, atendido que si prospera la declaración de temeridad los responsables serán sancionados a pagar una multa y luego esa misma declaración permitirá invocar ese fallo en un juicio de responsabilidad civil (art. 50 inc. 2° letra e) LPC).

226 Sobre el particular, la ley dispone, "no obstante lo dispuesto en el artículo anterior, las excepciones de prescripción, cosa juzgada, transacción y pago efectivo de la deuda, cuando esta se funde en un antecedente escrito, podrán oponerse en cualquier estado de la causa; pero no se admitirán si no se alegan por escrito antes de la citación para sentencia en primera instancia, o de la vista de la causa en segunda. Si se formulan en primera instancia, después de recibida la causa a prueba, se tramitarán como incidentes, que pueden recibirse a prueba, si el tribunal lo estima necesario, y se reservará su resolución para definitiva. Si se deducen en segunda, se

Se debe precisar que el art. 310 del CPC solo permite oponer la excepción de cosa juzgada con el objeto de que el proceso pendiente no continúe entre las partes (arts. 305 inc. final y 310 CPC). A través de ella se busca impedir que se emita un nuevo juicio sobre un asunto que fue resuelto en un fallo anterior. En cambio, no se puede alegar invocando esa excepción el efecto positivo o prejudicial de la cosa juzgada, atendido que ello conforma una alegación fáctica que debe ser introducida válidamente en los escritos fundamentales del proceso (en la contestación de la demanda). Esta distinción se explica porque en la excepción de cosa juzgada no se alegan hechos nuevos, sino la existencia de un fallo anterior que impide continuar con el debate de un asunto ya juzgado, lo que origina un auténtico óbice procesal.

5. LA REGLA "EL JUEZ DE LA ACCIÓN ES EL JUEZ DE LA EXCEPCIÓN"

Dentro del estudio del contenido del objeto del proceso, tiene relevancia examinar la regla proveniente del derecho romano que proclama que "el juez de la acción es el juez de la excepción".

En síntesis de Alsina, "en virtud del principio romano de que 'el juez de la acción es el juez de la excepción', al juez civil le corresponde pronunciarse sobre todos los medios de defensa (excepción, en sentido amplio), debiendo hacerlo respecto de cada una de ellas para llegar a la decisión final, aun cuando esas defensas exijan la solución de una cuestión previa que escaparía a su competencia si fuese propuesta por vía de acción"[227].

En nuestra codificación, después de haber definido la competencia como "la facultad que tiene cada juez o tribunal para conocer de los negocios que la ley ha colocado dentro de las esferas de sus atribuciones", el legislador de 1875 complementó esa definición con una serie de normas que nuestra doctrina ha designado como reglas generales de competencia. Esa reglamentación buscaba solucionar los problemas que se presentaban en la determinación de la garantía constitucional a ser juzgado por el juez natural, específicamente, para ampliar o extender la competencia de los jueces, para conocer o resolver los asuntos que son sometidos a su conocimiento.

---

seguirá igual procedimiento, pero en tal caso el tribunal de alzada se pronunciará sobre ellas en única instancia.

227 Alsina, Hugo, *Las cuestiones prejudiciales en el proceso civil*, Buenos Aires: E.J.E.A., 1959, *cit.*, p. 26. El autor pone el siguiente ejemplo: "Así, un tribunal es llamado a conocer de una determinada ejecución de un contrato y el demandado alega en su defensa la nulidad del contrato. Ello significa que el juez puede pronunciarse sobre la nulidad invocada, sin estar obligado a someter esa defensa a otro tribunal competente; pero el tribunal se pronuncia sobre los medios de defensa sin efecto de cosa juzgada, es decir, que la cuestión podrá nuevamente discutida en otro juicio" (Ídem, *cit.*). Como lo puntualiza el mismo autor, "el principio romano subsistió en la doctrina italiana medieval y luego sirvió de base a la legislación francesa, la que introdujo algunas limitaciones, y cuyo ejemplo fue seguido por la mayoría de los códigos modernos" (Ídem, *cit.* ant., p. 23).

Para lo que aquí interesa, dentro de estas reglas generales está la que se ha denominado por nuestra doctrina como regla de la extensión. Después de una amplia discusión, la denominada Comisión Revisora aprobó el art. 195 con la misma redacción que contiene en el art. 111 del COT, señalando que "el Tribunal que es competente para conocer de un asunto lo es igualmente para conocer de todas las incidencias que en él se promuevan". "Lo es también para conocer de las cuestiones que se susciten por vía de reconvención o de compensación, aunque el conocimiento de estas cuestiones, atendida su cuantía, hubiera de corresponder a un juez inferior si se entablan por separado"[228].

Más adelante examinaremos los problemas que surgen de esta norma. Anticipemos que los más difíciles de resolver, y que atañen al contenido del derecho de defesa, son: i) los procesos especiales que no contemplan la posibilidad de reconvenir, surgiendo la duda de si el demandado puede, por la vía de oponer excepciones, salvar esa limitación; ii) los casos donde la ley encomienda por razón de la materia a otro juez ordinario o especial el conocimiento y resolución de un determinado conflicto que contiene elementos de prejudicialidad por conexión, sin que el demandado tampoco pueda reconvenir. Esta situación conflictiva se produce por la diferencia técnica que existe entre la reconvención y la excepción, como institutos que componen el derecho de defensa del demandado. Como se explicaba, solo la reconvención tiene la virtualidad de ampliar el objeto del proceso. Y de manera muy excepcional, también producen esta ampliación los casos donde se admiten excepciones reconvencionales, en los términos antes explicados.

6. LA RECONVENCIÓN

6.1. *Descripción general*

Reconvenir es una defensa activa del demandado mediante la cual, utilizando el mismo procedimiento iniciado en su contra, presenta su demanda en contra de su contraparte.

La reconvención es una acumulación de acciones por inserción. En efecto, un juicio que comenzó por el actor es adicionado en su objeto por el demandado que se decide accionar en ese juicio contra el demandante original.

Detrás de la reconvención está el adagio de que *la mejor defensa es el ataque* y podría ocurrir, perfectamente, que el victorioso al final del juicio sea el demandante reconvencional.

---

228 Para Ballesteros, "aunque en muchas legislaciones modernas no se consignen preceptos expresos sobre esta materia, en todas partes se ha respetado el principio de la jurisprudencia romana establecido en la ley romana. Así, los jurisconsultos franceses distinguen dos clases de prórroga de la jurisdicción, una *voluntaria [...]*; y la otra *legal,* que es la que tiene lugar por la sola fuerza de la ley, y se verifica en materia de reconvención, de garantía y de demandas incidentales o conexas". Sobre esta discusión hemos seguido lo consignado por BALLESTEROS, Manuel E., *La Lei de Organización i Atribuciones de los Tribunales de Chile*, Santiago, Imprenta Nacional, 1890, t. II, pp. 157-163.

Esta actitud permite que el demandado supere el campo de defensa que le concede la excepción, solicitando, por ejemplo, la resolución del contrato que el demandante original pide cumplir.

El demandante reconvencional en nuestro sistema puede ser el demandado y, excepcionalmente, un tercero que haya ingresado a la relación procesal antes que se venza el plazo para contestar la demanda (o para reconvenir).

El demandado reconvencional solo puede ser el demandante original. En cuanto a sus aspectos formales, la reconvención tiene su regulación general en el juicio ordinario de mayor cuantía (arts. 314 y 317 CPC). Junto a lo anterior existen reglas especiales en otros procedimientos, que la permiten, la prohíben o no dicen nada sobre esta actitud que puede asumir el demandado.

6.2. *Aspectos procesales*

La reconvención se deduce obligatoriamente en el escrito de contestación y adopta la forma de una demanda. No existe en nuestro sistema la denominada reconvención implícita. Toda reconvención debe ser expresa y la oportunidad para intentarla es el escrito de contestación.

Puede deducir la reconvención el mandatario judicial sin necesidad de contar con una facultad expresa o especial del mandato judicial, porque se entiende que la facultad de reconvenir pertenece a las facultades ordinarias del mandato judicial.

Debe ser deducida en contra del actor inicial o demandante. No señala nuestro Código qué ocurre con aquellas reconvenciones donde la legitimación impone el deber de demandar a un tercero que no forma parte de esa relación procesal.

Por regla general, no se exige una relación de conexión entre las acciones deducidas en la demanda principal. Excepcionalmente, en el juicio de mínima cuantía existe una reconvención que apunta a la conexión entre la acción deducida por el demandante principal y la que quiere deducir el demandado (art. 713 CPC).

6.3. *Efectos de la reconvención*

Son sujetos de la reconvención el demandante reconvencional y el demandado reconvencional.

La reconvención determina la tramitación y resolución conjunta, en una misma sentencia, de las varias acciones que conforman el objeto del proceso. Para que pueda realizarse este acto procesal, el juez debe tener competencia para conocer de todas las acciones, las principales y las deducidas por vía de reconvención, y conjuntamente con ello las acciones reconvencionales deben estar sometidas al mismo procedimiento (arts. 314 al 317 CPC).

La reconvención genera una relación procesal autónoma cuya litispendencia tiene autonomía respecto de la que se genera con la demanda principal, sin perjuicio de la unidad de procedimiento a la que se somete la tramitación de todas estas acciones. Esto significa que en una "crisis procesal" que afecte a las acciones deducidas por el demandante principal no se afecta a las que fueron deducidas por la vía de la reconvención. Por ejemplo: podría darse el caso de que se configure un abandono del procedimiento para la acción principal, sin que ello atente o afecte a la acción deducida reconvencionalmente. Asimismo, si el actor principal se desiste de su acción, ello no obsta a que se siga tramitando la acción deducida reconvencionalmente.

La reconvención se tramita y falla junto a las acciones deducidas por el actor principal, salvo que se pueda dar la figura de la desacumulación de acciones prevista en el art. 172 CPC.

No obstante lo anterior, la demanda reconvencional solo en relación al término extraordinario de prueba, está sujeta a lo que ocurra con la demanda principal, el art. 316 inc. 3° CPC.

6.4. *Problemas procesales de la reconvención*

La jurisprudencia no es uniforme en la posibilidad de reconvenir en procesos especiales que no contemplen expresamente esta facultad, y pareciera ser que si la ley no lo permite ello no sería procedente.

Por otro lado, en la jurisprudencia han surgido casos donde se ha establecido la obligatoriedad de reconvenir como parte del derecho de defensa. En efecto, se trata de situaciones donde no basta que el demandado deduzca como medio de defensa una excepción material. El caso más típico de esta situación surge en relación a la excepción de prescripción adquisitiva. Según la jurisprudencia, no basta con oponer la excepción de prescripción, existiendo la necesidad de alegar esta situación por vía reconvencional[229].

229 Entre otras, CS, 19 de diciembre de 2006 (MJ 18178), "Cubillos Bravo, María Adriana y otros con Comercial Romanini Ltda.", al señalar: "Tercero: Que, sobre el particular es útil recordar, además, que la alegación de prescripción adquisitiva opuesta como excepción, es del todo improcedente ya que ella, como reiteradamente se ha sostenido por esta Corte, debe alegarse como acción por quien pretende ser dueño, sea por medio de una demanda o por reconvención al contestar la que se hubiere entablado. En el caso de autos, la demanda se tuvo por contestada en rebeldía según se lee a fojas 15 vta. y solo en la dúplica de fojas 25 se formula la prescripción adquisitiva como excepción, por lo que los jueces del fondo han resuelto acertadamente al estimarla improcedente sin violar ninguna de las normas dadas como tales en el recurso". En igual sentido, CS, 16 de junio de 1993(MJJ2233", "Soquimich con Andía Luza Isidoro", declarando que, "[…] la prescripción adquisitiva solo puede ser declarada por sentencia judicial en juicio seguido entre contradictores legítimos mediante acción del poseedor contra el dueño, interpuesta por vía de demanda o de reconvención, nada de lo cual ha ocurrido en la especie".

CAPÍTULO VII
LA TUTELA CAUTELAR

1. MECANISMOS PARA ASEGURAR EL RESULTADO DE LA ACCIÓN

En principio, podría estimarse que la protección de los derechos e intereses legítimos está asegurada por la existencia del proceso declarativo y ejecutivo, que son los instrumentos formales para el ejercicio del derecho de acción ante la jurisdicción. Sin embargo, distintas razones han demostrado, hasta la saciedad, que estos mecanismos no son siempre eficaces.

El primer escollo proviene del transcurso del tiempo, atendido que la tutela declarativa o ejecutiva no es instantánea. Todo procedimiento debe recorrer una serie de etapas, cuya duración dependerá de la estructura de lato conocimiento, sumaria o sumarísima prevista en cada caso por el legislador. Como lo explica Ramos Méndez, "una tutela definitiva de forma inmediata es prácticamente inviable en el proceso civil. Por definición, este se compone de una sucesión de actos que requieren inexorablemente un espacio de tiempo más o menos largo para la creación del derecho en el juicio. El *processus iudicii* tiene un determinado componente temporal que retrasa el iter hacia el derecho. Esta duración, siempre que sea razonable, se convierte en garantía del proceso que acrecienta el valor seguridad en la creación del derecho"[230].

Es una realidad que, entre el inicio de la relación procesal y el cumplimiento de la sentencia definitiva, pueden ocurrir varias alteraciones jurídicas o de hecho que terminen frustrando la pretensión del actor.

La falta de eficacia que se constata en la utilización de los diversos procedimientos, principalmente los declarativos o de conocimiento, se ha tratado de solucionar buscando distintas fórmulas, que tienen como objetivo común enfrentar la demora del proceso. Dentro de las reacciones legislativas y doctrinales están la *sumarización de la función declarativa*: a través de esta vía, se fija como procedimiento común la realización de juicios de carácter sumario o sumarísimo, con etapas concentradas de debate, prueba y sentencia.

---

230 Ramos Méndez, Francisco, "Las medidas cautelares indeterminadas", en *Justicia 85*, N° I, pp. 75-76.

Un segundo paliativo, frente a la tardanza del proceso, lo constituye la denominada tutela anticipada del derecho, en los términos antes explicados.

Un tercer intento para dar eficacia al proceso viene dado por la tendencia a perfeccionar el sistema de ejecución de sentencias. En la doctrina se ha tomado conciencia de que no basta con obtener una sentencia favorable, si ello no viene acompañado de un mecanismo de cumplimiento efectivo del derecho reconocido en la sentencia. Las propuestas en esta dirección se encaminan a desarrollar medidas alternativas al embargo y enajenación de bienes, para obtener el cumplimiento más expedito del derecho[231].

En cuarto lugar, se debe agregar un mayor desarrollo y perfeccionamiento del sistema cautelar, que ha superado el carácter tradicionalmente conservativo de las medidas precautorias, para dar paso a otros instrumentos como son las medidas autosatisfactivas, innovativas o anticipatorias[232].

Por su estrecha vinculación con el derecho de acción, en lo que sigue nos detendremos en el análisis de la estructura general de la tutela cautelar, en el proceso civil.

No basta con ejercer el derecho de acción para que la protección jurídica se haga efectiva. En muchos casos, la omisión de una medida precautoria o la petición inoportuna de la misma llevará a que la sentencia sobre el fondo, aunque sea favorable, solo sirva para colgarla en el muro de las lamentaciones.

---

231 En este orden de cosas, gran difusión ha tenido la técnica de las "astreintes" o multas conminatorias, nacida en la jurisprudencia francesa; se trata de "una sanción pecuniaria impuesta a tanto por día, o por otra unidad de tiempo de retraso en el cumplimiento de una obligación establecida por resolución judicial". Aragoneses Martínez, Sara, *Las "Astreintes"*, Madrid: Edersa, 1985; En nuestra doctrina, Fueyo Laneri, Fernando, "Las astreintes", en *Instituciones de derecho civil moderno*, Santiago de Chile: Editorial Jurídica de Chile, 1990, pp. 497-534; Hübner G., Ana María, "Las astreintes en el derecho civil chileno", en *Instituciones modernas de derecho civil*, Santiago: ConoSur, 1996, pp. 374-384.

232 Entre la abundante bibliografía, con las tendencias producidas en el derecho comparado, Comoglio, Luigi, Ferri, Corrado, "La tutela cautelare in Italia", en *Rivista di Diritto Processuale*, Padova: Cedam, 1990, T. XLV, pp. 963-972; Gascón Inchausti, Fernando, *Medidas cautelares de proceso civil extranjero*, Granada: Comares, 1998, pp. 65-165; Baptista da Silva, Ovidio, *Teoría de la acción cautelar*, Porto Alegre: Fabris Editor, 1993, pp. 9-127; Berizonce, Roberto O., "La tutela cautelar y la prestación jurisdiccional efectiva", en *Revista Uruguaya de Derecho Procesal*, N° 1, 1996, pp. 24-26; Vescovi, Enrique, "La búsqueda de una mayor eficacia para la justicia. Ejecución. Tutela anticipada y otras medidas en el Derecho comparado", en *Revista Uruguaya de Derecho Procesal*, N° 3, 1996, pp. 183-191. En nuestra doctrina es obligatoria la consulta del trabajo de Marín González, Juan Carlos, *Las medidas cautelares en el proceso civil chileno*, Santiago: Editorial Jurídica de Chile, 2004, pp. 107-489, con una síntesis de la doctrina nacional y extranjera del tema, ampliado en su *Tratado de las medidas cautelares*, Santiago: Editorial Jurídica de Chile, 2ª ed., 2016. Bordalí Salamanca, Andrés, "Diversos significados de la tutela cautelar en el proceso civil" en *Revista de Derecho*, Universidad Austral de Chile, Vol. XII N° 2, 2001, pp. 50-66, Carrasco Delgado, Nicolás, *Análisis económico de las medidas cautelares*, Santiago: AbeledoPerrot, 2012, pp. 5-361, Ramos Romeu, Francisco, *Las medidas cautelares civiles*, Barcelona: Atelier, 2006, pp. 35-737.

2. LA TUTELA CAUTELAR EN EL PROCESO CIVIL

Nuestro Código de Procedimiento Civil en materia de protección cautelar es tributario de las soluciones heredadas del derecho castellano, que no se caracterizaba precisamente por su claridad dogmática en esta materia[233]. El Mensaje del Código de Procedimiento Civil no deja duda acerca de lo que venimos describiendo, cuando expone: "La reglamentación de las medidas precautorias, sobre lo cual nada fijo existe en nuestro actual procedimiento, es punto delicado, pues se hace preciso conciliar la seguridad del derecho del actor y el respeto a la propiedad del demandado. Menester es limitar dichas medidas a lo estrictamente indispensable para que no se burle la acción del demandante y evitar al mismo tiempo que con ellas sufra menoscabo el derecho de terceros. Se ha procurado alcanzar estos resultados en el Proyecto, excusando molestias innecesarias y exigiendo la inscripción en el Conservador de las prohibiciones que se decreten sobre bienes raíces que puedan afectar a personas extrañas al juicio".

Con anterioridad a las restricciones fijadas en la codificación, los jueces gozaban de un amplio poder en este tema, tal como lo ilustra la sentencia de 18 de noviembre de 1876: "[...] que la cuestión que se ventila se trata de tomar una medida provisoria de precaución, las medidas de esta clase están sujetas al arbitrio i prudencia del juez"[234].

En su lineamiento general, el mecanismo logrado en la codificación ha tenido como eje central el aseguramiento de bienes, con el objeto de conseguir que no se frustre el cumplimiento de la sentencia que conceda la protección jurídica solicitada por el actor.

Para contribuir a lo anterior, nuestro legislador optó por aplicar la sanción jurídica más radical que reconoce nuestro ordenamiento civil, la nulidad absoluta, a todos los actos o contratos que vulneren la protección cautelar concedida judicialmente, cuando ellos configuran alguna de las hipótesis de objeto ilícito que establece el art. 1464 N°s. 3 y 4 del Código Civil[235].

Lo anterior es sin perjuicio del desarrollo que el sistema cautelar ha logrado en procesos especiales, cuyo objeto apunta a dar protección a derechos extrapatrimoniales, como ocurre en el campo del derecho de familia, protección de menores, violencia intrafamiliar, entre otros casos.

---

233 Un estudio de los antecedentes históricos del derecho castellano y nacional en MARÍN GONZÁLEZ, Juan Carlos, *Tratado de las medidas cautelares*, *op. cit.*, pp.151-279.

234 En el caso concreto, la Corte de Apelaciones de Santiago moderó los efectos de una precautoria adoptada por un juez de Valparaíso, que había concedido indeterminadamente una medida de retención de bienes, sin fijar plazo para presentar demanda. En materia de acreditación de los presupuestos de la precautoria, la libertad de los jueces se colige del siguiente considerando del fallo de apelación: "[...] que el hecho de haber sido don Francisco Fernández Rodella declarado en quiebra por los tribunales franceses, hecho acreditado por la palabra oficial del Cónsul francés en Valparaíso, es un antecedente bastante para apreciar como equitativo i prudente la retención provisoria de las mercaderías".

235 Una síntesis de los problemas que surgen en torno al concepto de objeto ilícito, TAVOLARI OLIVEROS, Marcela, "Algunas reflexiones sobre el artículo 1464 N° 3 del Código Civil", en *Instituciones modernas de derecho civil*, Santiago: ConoSur, 1996, pp. 385-394.

3. LA PRETENDIDA AUTONOMÍA DEL PROCESO CAUTELAR

En relación al desarrollo dogmático de la tutela cautelar, se ha promovido una discusión acerca de la existencia de un derecho material o subjetivo a la cautela, distinto de las clásicas formas de protección que se conceden a través de la tutela declarativa y ejecutiva.

El tema de la autonomía del proceso cautelar no es fácil de resolver, principalmente, por la confusión que existe acerca de qué debe entenderse dogmáticamente como un proceso cautelar. Para un sector de la doctrina, la tutela cautelar comprendería todas las medidas que tienden a asegurar la eficacia de un derecho, comprendiéndose desde las medidas de aseguramiento y conservación de la prueba[236], hasta las clásicas manifestaciones de las medidas precautorias (retención de bienes, prohibición de celebrar actos y contratos, etc.).

Ahora, proclamar la autonomía de la tutela cautelar genera la dificultad de tratar de explicar, de un modo coherente, cómo se concilia el rasgo meramente instrumental, en virtud del cual se predica que estas medidas solo pueden durar mientras exista un proceso pendiente[237].

La concesión de una medida cautelar es –en lenguaje figurado– la protección de un derecho virtual, de una apariencia de derecho, frente al peligro de ineficacia que pueda darse para el futuro cumplimiento de una sentencia pronunciada en un juicio declarativo o ejecutivo. Bajo tal premisa, no se puede concebir que la resolución cautelar haya realizado un pronunciamiento sobre el fondo, sino esencialmente provisional. Como lo destaca Reimundín, el proceso cautelar no tiene un fin en sí mismo, pues está preordenado a la existencia de un proceso principal de fondo[238]. En explicación de Calamandrei, "la tutela cautelar es, en relación al derecho sustancial, una tutela mediata: más que hacer justicia, contribuye a garantizar el funcionamiento de la justicia"[239]; según el mismo autor, la sustancia de la providencia cautelar está en la "anticipación provisoria de ciertos efectos de la providencia definitiva, encaminada a prevenir el daño que podría derivar del retardo de la misma"[240].

En nuestro derecho positivo la discusión sobre la autonomía del proceso cautelar prácticamente no se da, básicamente, por las razones que provienen del art. 290 del

---

236 Sobre el tema, Jara Castro, Eduardo, "La cautela y las pruebas de inicio en la fase preparatoria de los procedimientos civiles", en *Cuadernos de Análisis Jurídico*, Escuela de Derecho, Universidad Diego Portales, N° 32, 1996, pp. 145-203.

237 Según Calamandrei, el carácter de provisionalidad en las providencias cautelares quiere significar, en sustancia, lo siguiente: que los efectos jurídicos de las mismas no solo tienen duración temporal, sino que tienen una duración limitada a aquel período de tiempo que deberá transcurrir entre la emanación de la providencia cautelar y la emanación de la providencia jurisdiccional (Calamandrei, Piero, *Introducción al estudio sistemático de las providencias cautelares*, B. Aires: Editorial Bibliográfica Argentina, 1945, pp. 36-37).

238 Reimundín, Ricardo, *Prohibición de innovar como medida cautelar*, B. Aires: Astrea, 1979, p. 108.

239 Calamandrei, Piero, *Introducción al estudio sistemático de las providencias cautelares, Introducción...*, *op. cit.*, p. 45.

240 Ídem. cit. ant., p. 45.

CPC, cuando afirma que *"para asegurar el resultado de la acción deducida..."*. Igual técnica siguen los procesos especiales, que normalmente reglamentan las medidas precautorias como un incidente[241].

Nuestro sistema cautelar está construido sobre el principio de que la tutela judicial del derecho es un acto intrínseco de la sentencia judicial sobre el fondo. Ni siquiera en el caso de las medidas prejudiciales precautorias se da tal autonomía, puesto que impone al futuro demandante –cuando obtuvo la prejudicial precautoria– la carga procesal de presentar la demanda dentro de un plazo legal, bajo sanción de caducidad que contempla el artículo 280 del CPC.

En suma, la protección cautelar no decide la litis; por regla general, es un instrumento auxiliar de los fines del proceso declarativo o ejecutivo[242].

4. LA NECESIDAD DE LA TUTELA CAUTELAR

Distintos estudios han revelado que la litispendencia en el derecho histórico llevaba implícita la prohibición de innovar, produciendo una situación cautelar que impedía realizar cambios o alteraciones sobre la cosa litigiosa mientras durara el litigio (*inhibitio iuris*)[243].

241 Una situación dudosa surge a propósito del recurso de protección. Para un sector importante de la doctrina científica y jurisprudencial, dicha acción reviste una naturaleza *cautelar*, para denotar que la sentencia de protección no puede ser considerada como una declaración jurisdiccional del derecho de un modo definitivo, sino que más bien obedece a una medida de carácter provisional, a un mero paliativo frente a las amenazas o perturbaciones de las garantías constitucionales tasadas por la Constitución. En nuestro caso, no compartimos tal visión sobre la acción de protección, puesto que la pretensión de todo recurrente al intentar esta vía es obtener alguna de las tres formas clásicas de protección jurídica, esto es, la condena, la declaración o la constitución de un nuevo estado jurídico. En rigor, el sistema cautelar en dicho procedimiento viene dado por la *orden de no innovar*, pero no por el contenido final de la sentencia. Solo en casos muy excepcionales se podría atribuir a la sentencia de protección naturaleza cautelar, específicamente cuando el fallo de protección ordena adoptar medidas para conflictos que se encuentran en estado de litispendencia (*in genere*); un caso se dio con el fallo de la Corte de Apelaciones de Santiago, de 30 de agosto de 1989, que ordenó la paralización de un remate, "hasta que no se decida en el procedimiento que corresponda, si los mencionados estacionamientos constituyen o no bienes comunes de los edificios señalados" (*RDJ*, t. LXXXVI, sec. 5ª, p. 179). Sigue la misma orientación anterior la sentencia de la C. de Ap. de Santiago, de 7 de enero de 1992, que acogió un recurso de protección contra el Superintendente de Instituciones de Salud Previsional, declarando –como medida de protección–, que un determinado contrato de salud previsional se encontraba vigente, autorizando a la recurrente a pagar las cotizaciones de salud como independiente "mientras no se dicte resolución definitiva sobre su situación laboral" (*RDJ*, t. LXXXI, sec. 5ª, p. 63, entre otras).

242 Entre tantas, C. de Ap. de Valparaíso, 25 de octubre de 1983, *RDJ*, t. XXC, sec., 5ª, p. 196; C. de Ap. de Santiago, 20 de julio de 1981, *RDJ*, t. LXXVIII, sec. 5ª, p. 90.

243 En el derecho canónico la orden de no innovar, como efecto procesal, se recogió a propósito de los efectos del recurso de apelación. En las Decretales de Gregorio IX (promulgadas el 5 de

Durante la vigencia de la explicación del proceso como el contrato judicial de *litis-contestatio*, la sola interposición de la demanda tenía efectos de inhibición del patrimonio del deudor, de pleno derecho.

Nuestro ordenamiento contiene varios preceptos que demuestran que no existe un efecto cautelar por la sola existencia de un juicio; así, el artículo 898 del CC establece que la acción reivindicatoria tendrá también lugar contra el que enajenó la cosa, para la restitución de lo que haya recibido por ella, siempre que por haberla enajenado se haya hecho imposible o difícil su persecución; y si la enajenó a sabiendas de que era ajena, habrá lugar a la indemnización de todo perjuicio.

En la regulación de la cesión de derechos litigiosos se demuestra la estricta separación que existe entre los efectos del proceso pendiente y los bienes sobre los que se litiga. El artículo 1911 del CC puntualiza que "se entiende litigioso un derecho, para los efectos de los siguientes artículos, desde que se notifica judicialmente la demanda". Sin embargo, mientras no recaiga un embargo o una precautoria sobre el derecho litigioso, la enajenación o transferencia del mismo no adolece de objeto ilícito[244].

En consecuencia, para que se produzca efectivamente sobre la cuestión litigiosa un efecto inhibitorio o de congelamiento en el patrimonio del demandado, deben ser solicitadas alguna de las medidas cautelares que reconoce el ordenamiento. En el plano positivo, la necesidad jurídica de requerir la tutela cautelar se desprende con claridad del contenido de los artículos 1464 N°s. 3 y 4 del CC.; 297, 296 y 453 del CPC.

Todo lo anterior es consecuencia del principio de la libre circulación de los bienes que informa nuestro sistema jurídico.

---

septiembre de 1234), en el título XVI se admitió como principio: *ut lite pendente nihil innovetur*, para denotar que mientras la impugnación no se fallara no se debía alterar la situación de hecho. En *Las Partidas* de Alfonso X (El Sabio), la orden de no innovar se regulaba estableciendo: "... Tenemos por bien, e mandamos, que mientras que el pleyto anduviere antel Judgador de alcada, que el otro juez de quien se alcaron, non faga ninguna cosa de nuevo en el pleyto, nin en aquello sobre que fué dado el juyzio". (Partida Tercera, Tít. XXIII, Ley N° XXVI); en el Fuero Juzgo, el efecto cautelar de la litispendencia se aprecia en la siguiente norma: "que nenguno non venda nin dé la cosa que es demandada". "La cosa que es metida en contienda, quando alguno la comienza á demandar, ó si la pudiere demandar con razón, non la deve dar nenguno, nin vender ni mudar dun lugar á otro" (Ley X, Tít. IV, Libro V). Sobre el tema, Aquilio, Jorge F. *Prohibición de innovar*, B. Aires: Abeledo Perrot 1969, pp. 9-29; Reimundín, Ricardo, *Prohibición de innovar como medida cautelar*, *op. cit.*, pp. 17-49.

En la doctrina chilena de principios de la codificación procesal se admitía aun la vigencia del principio del derecho histórico. Toro Melo y Echeverría, al comenzar sus *Comentarios* al párrafo sobre las medidas precautorias, advertían que "es un axioma de derecho que durante el pleito nada se innova". (*Código de Procedimiento Civil anotado,* por don David Toro y don Aníbal Echeverría, Santiago: Imprenta Barcelona, 1902, p. 280).

244 Así lo ha resuelto la sentencia de la CS, 2 de noviembre de 1912, *RDJ*, t. XI, sec. 1ª, p. 203.

5. ELEMENTOS ESENCIALES QUE CONFIGURAN EL SISTEMA CAUTELAR

El sistema cautelar descansa básicamente en dos elementos esenciales: el *fumus boni iuris* y el *periculum in mora*[245].

i) El *fumus boni iuris* es el juicio de verosimilitud acerca de la existencia del derecho que se reclama[246]. No se trata en ningún caso de la plena prueba del derecho o interés legítimo, sino que de una simple apariencia de la situación tutelada mediante el ejercicio de la acción. Este elemento se satisface acreditando la apariencia del derecho cuya protección se busca. Siguiendo la doctrina de una antigua sentencia de la Corte de Apelaciones de Santiago, de 1904, esto se explica de la siguiente forma: "[L]as medidas precautorias solo tienen por objeto responder a las resultas del juicio y no importan un prejuzgamiento de las cuestiones que en él se ventilan..."[247].

ii) El *periculum in mora*, por su parte, se refiere a la situación de peligro, cuya consumación se busca evitar mediante la concesión de la medida precautoria[248].

El peligro en la demora es un elemento de la esencia de toda medida cautelar, que deberá acreditar el peticionario, aportando los antecedentes de que disponga[249]. Para probar la situación de peligro, "no basta el simple temor o aprehensión del solicitante, sino que debe tratarse de hechos apreciables objetivamente"[250]. Si dicho estado no existe, desaparece la necesidad de conceder la protección cautelar.

Naturalmente no existe una única hipótesis de peligro, sino que múltiples y muy variadas; dentro de las más frecuentes se encuentran: el peligro por la tardanza en el pronunciamiento de la sentencia[251] o el temor a que la sentencia que se pronuncie sea ineficaz en su cumplimiento, que es la hipótesis genérica que consagra el artículo 290 del CPC. Este estado de peligro puede provenir o generarse por la insolvencia del

245 No hemos incluido aquí la caución, puesto que en nuestro derecho este requisito es eventual, exigiéndolo solo las medidas precautorias innominadas o las medidas prejudiciales precautorias (arts. 279 y 298 CPC).

246 En este sentido, Aranzi, Rolando, *Medidas cautelares*, (VV.AA.) B. Aires, 2ª ed. 1999, p. 7. Otros alcances en Marín González, Juan Carlos, *Tratado de las medidas cautelares*, *op. cit.*, pp. 329-335.

247 C. de Ap., de Santiago, 27 de octubre de 1904, *RDJ*, t. II, sec. 2ª, p. 68.

248 Una completa descripción de este elemento, Cortez Matcovich, Gonzalo, *La tutela cautelar en el proceso civil*, Santiago: Thomson Reuters, 2017, pp. 85-124; con anterioridad, "La configuración del *periculum in mora* en el régimen cautelar chileno", en *Revista de Derecho*, Universidad de Concepción, N° 205, 1999, enero-junio, pp. 99-114; Marín González, Juan Carlos, *Tratado de las medidas cautelares*, *op. cit.*, pp. 319-328.

249 En la práctica se han presentado algunos problemas acerca de la carga de la prueba en el *periculum in mora*. Un examen puntual, con relación a la falta de garantías de la demandada, Tavolari Oliveros, Raúl, "Facultades económicas de los litigantes y cautela judicial", en *El proceso en acción*, Valparaíso: Libromar, 2000, pp. 357-380.

250 Aranzi, Rolando, *Medidas cautelares*, *op. cit.*, p. 9.

251 Para Calamandrei, el interés específico que justifica la emanación de cualquiera medida cautelar está dado por la existencia de un daño jurídico, derivado del retardo de una providencia jurisdiccional definitiva. (*Estudio Sistemático...*, *op. cit.*, p. 40).

demandado, por el intento de transferir los bienes que conforman el activo de su patrimonio, por el deterioro de los bienes dados en garantía, por el temor al ocultamiento de bienes, el peligro de daño en los mismos, etc.

En el plano legal la situación de peligro se concreta mediante variadas fórmulas, tales como: "... y haya motivo de temer que se pierda o se deteriore la cosa en manos de la persona..." (art. 291 CPC); "siempre que haya justo motivo de temer que se destruya o deteriore la cosa sobre que versa el juicio, o que los derechos del demandante puedan quedar burlados" (art. 293 N° 4); "cuando las facultades del deudor no ofrezcan suficiente garantía, o haya motivo racional para creer que procurará ocultar sus bienes" (arts. 295 inc. 1° y 296); etc.

En la jurisprudencia se ha calificado como una situación de peligro, entre otras, la irregularidad en la administración del patrimonio que surge de una auditoría[252].

Aunque sea de un modo tangencial, conviene dar noticia de una práctica judicial, que aplicando la doctrina probatoria del hecho notorio ha rechazado la petición de medidas precautorias, sosteniendo que la manifiesta capacidad económica de la parte demandada no daría lugar a una situación de peligro que permita acoger la solicitud cautelar[253].

6. EL CONTENIDO DE LA TUTELA CAUTELAR

El contenido de la tutela cautelar alude a los efectos que provoca la concesión de una de estas medidas.

En este punto se distinguen básicamente dos manifestaciones: a) las medidas cautelares conservativas, y b) las medidas cautelares innovativas. Esta división dogmática se debe a Carnelutti que, en su *Sistema de derecho procesal civil,* propuso distinguir entre prevención conservativa y prevención innovativa.

i) La medida cautelar conservativa impide determinados cambios en la situación de hecho, evitando el daño que puede significar que la respuesta del proceso jurisdiccional llegue demasiado tarde; el proceso cautelar de esta clase trata de conservar (inmovilizar) una situación, para impedir cambios de la misma que puedan frustrar, luego, el resultado práctico del proceso jurisdiccional[254].

Las precautorias de tipo conservativo buscan generar una situación de hecho que evite la consumación del *periculum in mora*; las medidas de esta clase aspiran a evitar –directa o indirectamente– que desaparezcan bienes del patrimonio del deudor, que

252 C. de Ap. de Santiago, 18 de abril de 1986, *RDJ*, t. LXXXIII, sec. 3ª, p. 60.

253 En este sentido, C. de Temuco, 29 de enero de 2016. Rol N° 621-2015 (MJ 43352); CS, 25 de octubre de 1935, *RDJ*, t. XXXIII, sec. 1ª, p. 70; CS, 28 de noviembre de 1936, *RDJ*, t. XXXIV, sec. 1ª, p. 90.

254 Carneluti, Francisco, *Sistema de derecho procesal civil*, trad. Alcalá-Zamora, B. Aires: UTEHA, 1944, N° 73, pp. 246-248.

en definitiva frustren el cumplimiento de la sentencia judicial, si se da lugar a la tutela jurídica solicitada.

ii) Las medidas cautelares innovativas, en descripción de Carnelutti, se encaminan a producir una *alteración del estado de hecho* que, de no mediar, comprometerían el resultado del proceso[255].

En un trabajo clásico sobre el tema, Peyrano ha definido a la medida cautelar innovativa como la medida excepcional, que tiende a alterar el estado de hecho o de derecho existente antes de la petición de su dictado; medida que se traduce en la injerencia del juez en la esfera de libertad de los justiciables a través de la orden de que cese una actividad contraria a derecho o que se retrotraigan las resultas consumadas de una actividad de igual tenor. La medida es excepcional en tanto, sin que medie sentencia firme, ordena que alguien haga o deje de hacer algo en sentido contrario al representado por la situación existente[256].

En consecuencia, la medida cautelar innovativa se caracteriza porque, sin que exista sentencia firme, ordena que se haga o se deje de hacer algo en sentido contrario al representado por la situación existente[257].

En nuestra jurisprudencia se deben calificar de medida cautelar innovativa las siguientes:

a) La decretada por la Corte de Apelaciones de Santiago, el 18 de abril de 1986. Allí se ordenó sustituir –por excesiva– la precautoria de prohibición de celebrar actos y contratos que paralizaban el funcionamiento normal del organismo sindical demandado; en su reemplazo se decretó *la suspensión de los efectos de un mandato que se había otorgado a una directiva sindical en ejercicio*, ordenando que debía actuar en su reemplazo el Directorio antiguo, con exclusión de los miembros que aparecían cuestionados por la demandante a raíz de irregularidades detectadas en la administración del patrimonio del ente sindical[258].
b) La que ratifica la sentencia de la Corte Suprema de 26 de junio de 1985, al confirmar la medida cautelar decretada por un juez, en orden a mantener a un dirigente sindical en sus funciones, hasta que no se resolviera judicialmente la reclamación interpuesta contra la resolución administrativa que lo inhabilitaba

255 Ídem, cit. ant., pp. 249-251.

256 Peyrano, Jorge, *Medida cautelar innovativa*, B. Aires: Depalma, 1981, p. 13; y en su ponencia "Sobre usos equivocados de la prohibición innovar y de la medida innovativa" en *Derecho Procesal, III Congreso Internacional*, Lima 2005, Universidad de Lima, pp. 247-255. Otros aportes sobre el tema, De los Santos, Mabel, "La medida cautelar innovativa y el anticipo de la sentencia. Su ubicación en los llamados procesos urgentes", en *Revista Uruguaya de Derecho Procesal*, N° 2, 1995, pp. 165-169.

257 Así lo explica, Minvielle, Bernardette, "La problemática de la medida cautelar innovativa", en *Revista Uruguaya de Derecho Procesal*, N° 2, 1985, p. 362.

258 C. de Ap. de Santiago, 18 de abril de 1986, *RDJ*, t. 83, sec. 3ª, p. 62.

como director sindical[259]. En este caso se aprecia con nitidez la posibilidad que tienen los órganos jurisdiccionales de suspender los efectos de un acto administrativo, mientras no se resuelva la reclamación judicial del mismo[260].

7. ELEMENTOS DISTINTIVOS DE LAS MEDIDAS PRECAUTORIAS

No existe acuerdo en la doctrina sobre qué elementos definen una medida cautelar.

Para la explicación clásica, las medidas cautelares o precautorias solo se refieren a aquellos medios que, directa e inmediatamente, pretenden conjurar el peligro que para una futura ejecución representa la propia existencia de un proceso declarativo[261]. Se trataría, en consecuencia, de un mecanismo auxiliar que evita la producción de alteraciones en el derecho sustancial deducido en juicio, ya sea por actos del propio demandado o de terceros, que hagan ineficaz la ejecución de la sentencia que se dicte en el proceso declarativo, principalmente si ella es de condena a una prestación (devolver la cosa, pagar una suma de dinero, etc.).

Ni siquiera en lo terminológico se constata uniformidad para designar a la tutela cautelar, utilizándose denominaciones tales como: justicia cautelar, justicia preventiva, sistema cautelar, medidas provisorias, remedios provisionales, etc.

Nuestro ordenamiento ha optado por la expresión "medidas precautorias", regulando su régimen general en el Título V libro II CPC, sin perjuicio de otras normas que se ocupan en nuestro derecho de la potestad cautelar[262].

Con la advertencia recién expresada, compartimos la propuesta teórica que señala como elementos definitorios de las medidas cautelares o precautorias los siguientes[263]: 1°) El efecto asegurativo de la medida; 2°) La medida cautelar está preordenada a un proceso pendiente; 3°) La exhibición del título; 4°) La medida cautelar no puede satisfacer anticipadamente; 5°) El carácter provisional de las medidas cautelares; 6°) La medida cautelar debe ser idónea para su fin, y 7°) Las medidas cautelares deben limitarse a los bienes necesarios para responder al resultado del juicio.

---

259 CS. 26 de junio de 1985, *RDJ*, t. 82, sec. 3ª, p. 66.

260 Sobre el tema, entre otros, MONTEZANTI, Néstor Luis, *La suspensión del acto administrativo*, B. Aires: Astrea, 1993; CAMPO CABAL, Juan Manuel, *La suspensión de los actos administrativos*, Bogotá: Temis, 1989, pp. 25-55.

261 Por todos, FERNÁNDEZ LÓPEZ, Miguel Ángel (con DE LA OLIVA), *Derecho procesal civil,* Madrid: Centro de Estudios Ramón Areces, 1991, t. III, 1991, p. 332.

262 El Título V del CPC no regula las medidas cautelares relativas a la integridad física o psíquica de las personas. Esta materia está regulada en los artículos 22 de la Ley N° 19.968, sobre los Tribunales de Familia, y 7° y 15 de la Ley N° 20.066, de 7 de octubre de 2005, sobre Violencia Intrafamiliar.

263 En estos rasgos hemos seguido fundamentalmente a GUTIÉRREZ DE CABIEDES, Eduardo, "Elementos esenciales para un sistema de medidas cautelares", en el *Sistema de medidas cautelares* (VV.AA.), Pamplona: Eunsa, 1974, pp. 9-33.

7.1. *El efecto asegurativo de la medida*

La medida cautelar tiende a asegurar un estado de hecho o de derecho durante la pendencia de un proceso, previniendo posibles actuaciones perjudiciales que frustren la protección jurídica solicitada por el actor al ejercitar su acción.

El CPC no deja dudas sobre este elemento, al expresar en su artículo 290 que la cautela puede solicitarse "para asegurar el resultado de la acción...". Ratifica lo anterior el art. 235 N° 3 del CPC.

Los bienes o derechos afectados por la medida solo pueden ser los del demandado o futuro demandado[264].

7.2. *La medida cautelar está preordenada a un proceso pendiente*

Las medidas cautelares tienen un carácter instrumental y están preordenadas a la eficacia de una resolución, normalmente una sentencia de condena. El artículo 290 del CPC recoge este elemento cuando dispone que "para asegurar el resultado de la acción, puede el demandante en cualquier estado del juicio, aun cuando no esté contestada la demanda, pedir una o más de las siguientes medidas [...]".

Un tema vinculado a este punto es determinar cuándo cesan los efectos de una precautoria. La materia cobra especial importancia en relación a las que están sujetas a un régimen de inscripción, cuando no se solicita al juez que la concedió que se oficie o notifique al responsable del registro pertinente para dejarlas sin efecto (v. *gr.*, Conservador de Bienes Raíces)[265].

---

264 Así, se ha dejado sin efecto una precautoria decretada por un árbitro, sobre los bienes personales de los socios de una sociedad de responsabilidad limitada, cuando solo era esta última la que tenía la calidad de parte en la disputa (CS. 29 de octubre de 1990, *RDJ*, t. LXXXVII, sec. 5ª, p. 169).

265 Aborda este punto la sentencia de la C. de Ap. de San Miguel, de 4 de enero de 1998 (MJ 492), señalando: "Decimotercero: Que, en efecto, la inscripción de la providencia asegurativa en el Registro de Interdicciones y Prohibiciones de Enajenar del Conservador de Bienes Raíces no es una solemnidad exigida para la validez de dicho arbitrio cautelar sino que constituye una medida de publicidad destinada a poner en conocimiento de su existencia a terceros con el fin de precaverlos en la protección de sus intereses que pudieren resultar perjudicados al contratar sobre bienes afectos a un impedimento que inhibe su libre circulación; Decimocuarto: Que la inscripción conservatoria cumple, por ende, con la función de informar a terceros que el deudor demandado en el juicio se encuentra impedido de disponer libremente los bienes comprendidos en la medida; de manera que, una vez cumplido el trámite de la inscripción, no les cabe a dichos terceros alegar desconocimiento de la traba; y, si a pesar de tal conocimiento celebran algún contrato que importe la transferencia o cesión de esos derechos –como ha ocurrido en el caso sub judice con la demandada [...]–, habrán de resultar afectados por las consecuencias jurídicas que la medida precautoria irroga en relación con un contrato acordado en tales condiciones; consecuencias que se traducen en su anulabilidad por ilicitud del objeto, de acuerdo con las disposiciones del Código Civil invocadas en la demanda; Decimoquinto: Que, empero, semejante efecto solamente tendrá lugar a condición de que la medida precautoria se encuentre vigente, pues si ella ha sido alzada, mediante resolución judicial ejecutoriada o que cause

7.3. *La exhibición del título*

Esta exigencia busca la acreditación del *fumus boni iuris* (apariencia o humo del buen derecho). Lo normal será que el peticionario, al solicitar la medida, presente un título o antecedente que constituya un elemento de verosimilitud del derecho cuya protección cautelar impetra.

El CPC regula este elemento en los artículos 298 y 299. El primero dispone que, para decretar una medida precautoria, el solicitante deberá acompañar comprobantes que constituyan a lo menos presunción grave del derecho que reclama.

En rigor, no basta la mera amenaza de frustrar la ejecución futura de una sentencia, sino que debe acreditarse también el germen del derecho que se reclama y cuya eficacia puede ser amagada por el *periculum in mora*.

Esta exigencia no impone la rendición de una plena prueba, sino de un antecedente que demuestre algún grado de verosimilitud o principio de existencia del derecho que se reclama por el actor[266]. Tampoco se trata de una pluralidad de ellos[267]. Lo anterior se explica por la circunstancia de que las medidas cautelares, según la extendida frase de Cristofolini, "protegen sin satisfacer" y, por lo mismo, es perfectamente factible conceder la tutela cautelar sin una comprobación cabal del derecho.

En nuestra práctica forense se entiende que debe ser mayor la acreditación si se trata de conceder una medida prejudicial precautoria que una precautoria.

También la jurisprudencia ha precisado que los antecedentes emanados de la misma parte que los hace valer no pueden constituir el fundamento plausible requerido por la ley para decretar una medida precautoria[268]. Desde un punto de vista probatorio, la

---

ejecutoria –situación esta última que, según lo expresado con anterioridad, se presenta en el caso de autos–, dicho arbitrio cautelar ha dejado de tener valor, perdiendo la eficacia jurídica que le es inherente, pese a la eventual subsistencia de su inscripción, cuyo fin de publicidad habrá devenido, en tal circunstancia, inocuo; Decimosexto: Que, acorde con lo razonado, encontrándose los derechos de la demandada [...] restituidos a la libre circulación, por haber desaparecido el impedimento jurídico proveniente de la medida asegurativa, que ya había sido alzada mediante una resolución judicial con atributo de ejecutoriedad, el contrato de cesión recaído sobre esos derechos produjo sus efectos propios, respecto de quienes concurrieron a su celebración [...]; resultando infundado el reproche de invalidez que dirige a dicho acto jurídico la parte demandante, a causa de que, al tiempo de haberse convenido en él, se hubiera mantenido la inscripción conservatoria de aquella; exigencia que, como se acotó antes, importa una forma de publicidad instituida en el exclusivo interés de los terceros y que, por ello, pueden estos renunciar, por no estar prohibido hacerlo".

266 Por ejemplo, se ha resuelto que no es necesario acreditar el dominio de unos bienes muebles, si la demanda tiene precisamente por objeto que se llegue a hacer la tradición de ellas (CS, 5 de septiembre de 1944, *RDJ*, t. XLII, sec. 1ª, p. 303). En la misma línea, se ha entendido que no constituye comprobante que acredite la presunción grave del derecho que se reclama la fotocopia de la primera hoja de una querella criminal (C. de Ap. de San Miguel, 4 de abril de 1989, *RDJ*, t. LXXXVI, sec. 2ª, p. 19).

267 Así lo sostiene la sentencia de la CS de 15 de octubre de 1968, *RDJ*, t. LXV, sec. 1ª, p. 84.

268 CS, 1 de julio de 1931, *RDJ*, t. XXVIII, sec. 1ª, p. 626.

limitación anterior se ve reforzada por el hecho reconocido por la Corte Suprema, en orden a que "[...] si un documento no emana de la parte contra quien se hace valer, no puede producir el valor probatorio que establece el artículo 1702 del Código Civil"[269].

7.4. *La medida cautelar no puede satisfacer anticipadamente*

Con este elemento, la doctrina establece que el contenido o efecto de la medida cautelar no puede ser idéntico al resultado que se busca con la acción deducida. Si no se admite esta separación, estaríamos frente a una situación de tutela anticipada, esto es, una verdadera ejecución del fallo antes de que exista sentencia sobre el fondo.

Desde otro ángulo, la identidad entre la medida cautelar y el resultado final de la acción objeto del proceso determinaría la existencia de una hipótesis de cumplimiento de la sentencia, más que una medida provisoria para asegurar el resultado de una acción. Esta diferenciación entre la tutela que otorga la sentencia definitiva y la resolución que concede la medida cautelar, es necesaria para evitar el riesgo de prejuzgar sobre el asunto objeto del juicio. Por lo mismo, la medida precautoria permitiría anticipar solo algunos de los efectos de la ejecución, pero nunca todos.

La separación entre la tutela cautelar y la de fondo se colige del tenor del artículo 290 del CPC, que dispone que las precautorias se conceden "para asegurar el resultado de la acción". Dicha acción, en el desarrollo normal del proceso, solo puede ser resuelta en la sentencia definitiva, conforme se desprende del artículo 158 del CPC. También en algunos preceptos sustantivos se vislumbra claramente la separación que debe existir entre la cautela y la protección de fondo, como ocurre, por ejemplo, con el artículo 902 del CC, que establece: "Si se demanda el dominio u otro derecho real constituido sobre un inmueble, el poseedor seguirá gozando de él, hasta la sentencia definitiva pasada en autoridad de cosa juzgada".

En la jurisprudencia aceptan expresamente este elemento distintivo de las precautorias varias resoluciones, siendo las más elocuentes las siguientes:

a) Una sentencia de la Corte de La Serena, de 7 de enero de 1904, denegó una petición de secuestro solicitado en un juicio seguido por don José María Esquivel contra la Sociedad de Minas y Fundición de Carrizal, sobre el mejor derecho a la mina "Armonía", argumentando que "cuando se demanda el dominio constituido sobre un inmueble, el poseedor seguirá gozando de él hasta la sentencia definitiva pasada en autoridad de cosa juzgada"[270].
b) La sentencia de la Corte Suprema, de 29 de marzo de 1973, que confirmó una sentencia de la Corte de Apelaciones de Antofagasta; en lo que interesa, en el punto 3° del informe de la recurrida de queja, se expone: "que, a juicio de esta Corte, no puede estimarse que existan razones graves para ordenar el cumplimiento de las precautorias solicitadas, en atención a que no se observa,

269 CS, 19 de octubre de 1977, *RDJ*, t. LXXIV, sec. 1ª, p. 142.
270 C. de Ap. de La Serena, 7 de enero de 1904, *RDJ*, t. II, sec. 2ª, p. 369.

con los antecedentes reunidos, que las susodichas medidas tiendan a asegurar el resultado de la acción, toda vez que no procede confundir garantizar lo pedido en una demanda, con la obtención plena de lo que con la interposición de la misma se pretende, pues aceptar otra interpretación –aun entendiendo en la forma más amplia las finalidades de las precautorias– podría significar autorizar de manera encubierta a un Tribunal decretar una verdadera orden de no innovar a lo obrado por particulares en relación, precisamente, con los hechos que motivan el litigio"[271]. En este caso, las medidas decretadas en forma prejudicial, y sin audiencia de la contraparte, significaron el reintegro inmediato de unos trabajadores que reclamaban por la nulidad de su despido.

c) También el fallo de la Corte Suprema, de 2 de enero de 1951, formula la distinción entre tutela anticipada y medida precautoria, al dejar sin efecto una medida cautelar decretada por un árbitro que antes del término del juicio autorizó la enajenación de un bien. Conforme a la sentencia referida, "[...] aunque los antecedentes expuestos autorizan la adopción de medidas precautorias contra esa persona, no justifican que se disponga en la presente estación del juicio la venta de la antedicha acción de la Bolsa de Comercio, ya que tal procedimiento importa, propiamente, la realización de la cosa retenida o prohibida, lo que no se aviene con el concepto de las medidas precautorias, que sólo persiguen [...] asegurar el resultado de la acción, lo que equivale a considerar que antes del término del juicio no es posible disponer, liquidar o vender los bienes afectos a las medidas precautorias"[272].

d) Una sentencia de la Corte de Apelaciones de Santiago, de 22 de abril de 1961, declaró: "[...] en realidad, toda medida que importe un pronunciamiento sobre lo controvertido, o que satisfaga provisionalmente las pretensiones del actor, no es una precautoria en el sentido que da a ese instituto nuestra legislación, porque para ella sólo son tales las que tienen por objeto asegurar la satisfacción de un derecho"[273].

e) La sentencia de la Corte Suprema, de 27 de junio de 2019 ha declarado: "[...] las providencias cautelares son aquellas resoluciones que se dictan durante el curso de un proceso y que tienen por objeto otorgar al actor la anticipación provisoria de ciertos efectos de la providencia definitiva, para prevenir el daño jurídico que podría derivar del retardo de la misma (Piero Calamandrei. *Introducción al estudio sistemático de las providencias cautelares*. Pág. 45. Librería El Foro. año 1996. Buenos Aires, Argentina)[274].

---

271 *RDJ*, t. LXIX, sec. 3ª, p. 26.

272 CS, 2 de enero de 1951, *RDJ*, t. XLVIII, sec. 1ª, p. 1.

273 *RDJ*, t. LXXXVIII, sec. 2ª, p. 222.

274 CS, 27 de junio de 2019. Rol N° 33.607-18. Fernández con Undurraga.

La regla general, que proscribe equiparar la tutela cautelar con el contenido de la sentencia de fondo, admite algunas excepciones. Se trata de situaciones en las que por la naturaleza del derecho se puede dar una homologación entre protección cautelar y la respuesta jurisdiccional para el caso concreto. Los casos más evidentes surgen en la protección del derecho a la vida, y de la privacidad y honra de la persona y su familia, en los términos antes explicados, cuando examinamos la tutela anticipada del derecho.

7.5. *El carácter provisional de las medidas cautelares*

Las medidas cautelares se dictan con la cláusula *rebus sic stantibus*, atendido que sus efectos duran mientras permanecen los supuestos que la autorizaron.

Una vez que cesa el proceso, específicamente, cuando se cumplió íntegramente la sentencia se debe hacer cesar esta medida de aseguramiento, por haber cumplido el objeto al cual adhería.

El carácter provisional es una consecuencia de la instrumentalidad o accesoriedad que tienen las medidas cautelares, respecto del proceso en el cual se conceden; con ellas, solo se trata de asegurar la ejecución de la sentencia que reconozca el derecho al actor. Este rasgo consta expresamente en el art. 301 CPC, que dispone: "Todas estas medidas son esencialmente provisionales. En consecuencia, deberán hacerse cesar siempre que desaparezca el peligro que se ha procurado evitar o se otorguen cauciones suficientes".

Como lo precisa la sentencia de la Corte Suprema, de 27 de junio de 2019, siguiendo a Maturana, "la instrumentalidad exige que finalizado el proceso principal la medida cautelar se extinga, de modo que tiene una duración limitada o supeditada a la pendencia del proceso principal, por lo que desaparecido este surge la necesidad de que se ponga fin a la cautela. (Cristián Maturana Miquel. *Las medidas cautelares. Apuntes de clases*. Facultad de Derecho, Universidad de Chile. Año 2007. Págs. 14 y 15)[275].

Este elemento resulta muy importante para la petición de alzamiento, que es uno de los derechos que otorga la denominada contracautela, a la que pronto nos referiremos.

7.6. *La medida cautelar debe ser idónea para su fin*

La idoneidad de la medida cautelar persigue que ella tienda a asegurar un estado de hecho o de derecho durante la pendencia de un proceso, previniendo posibles actuaciones perjudiciales que frustren el derecho del actor. Esta exigencia se contiene en el art. 290 del CPC cuando señala que la cautela puede solicitarse "para asegurar el resultado de la acción".

No cumple con este objetivo cuando falta una relación entre la protección jurídica solicitada mediante el ejercicio de la acción y la medida cautelar que pide el actor. Si la medida solicitada es prejudicial precautoria, el control de idoneidad se debe realizar contrastando la acción anunciada con la protección jurídica que se solicita. Por ejemplo,

275 CS, 27 de junio de 2019. Rol N° 33.607-18. Fernández con Undurraga.

no existe esta vinculación cuando se pide cautelarmente paralizar el proceso de fusión de una sociedad anónima y la acción que se deduce (o que se anuncia) es la de responsabilidad civil para reparar el daño patrimonial. En ese caso, al no estar cuestionada la validez jurídica del acto de fusión, no se podría decretar su paralización, al no existir coherencia entre la acción y la precautoria.

Este rasgo que se examina se explica también porque las medidas cautelares deben tratar de provocar en la esfera patrimonial del demandado una mínima injerencia[276]. Como lo expresa el Mensaje del CPC en este tema, "la reglamentación de las medidas precautorias [...] hace preciso conciliar la seguridad del derecho del actor y el respeto a la propiedad del demandado. Menester es limitar dichas medidas a lo estrictamente indispensable para que no se burle la acción del demandante".

En virtud de este elemento definitorio, el juez debe conceder la precautoria adecuada para la situación que se trata de amparar mediante el ejercicio del derecho de acción, atendiendo a la petición formulada por la parte.

Como lo expone Arazi, el objeto de cualquier pretensión cautelar debe ser jurídicamente posible[277]. De lo que se trata, en el fondo, es evitar el abuso del derecho en el ejercicio de la potestad cautelar.

Sintetiza con claridad este fin la sentencia de la Corte Suprema, de 28 de mayo de 1919, al declarar que "las medidas precautorias tienen por objeto asegurar prudentemente, pero sin ocasionar la ruina del deudor, los resultados de una acción seria y fundada [...][278].

También aplica rectamente este elemento del sistema cautelar la sentencia de la Corte de Apelaciones de Santiago, de 18 de abril de 1986, que sustituyó las medidas prejudiciales precautorias de prohibición de celebrar actos y contratos de un organismo sindical, por la de prorrogar un mandato de la anterior directiva sindical. Atendido que las prejudiciales precautorias paralizaban e impedían el funcionamiento normal de ese organismo, se estimó que esa sustitución daba lugar a una situación más justa y equitativa, sin dejar de cautelar los derechos del demandante[279].

Otra manifestación de la idoneidad se aprecia en el rechazo de las medidas que impiden ejecutar actos patrimoniales que, en definitiva, pueden resultar beneficiosos para el mismo demandante. Discurre en esta línea una antigua sentencia de la Corte Suprema, de 31 de julio de 1931, que denegó las medidas que impedían que se aportaran unos bienes a la Sociedad de Salitre de Chile; conforme al criterio del fallo, si tal aportación se producía, "estaría suficientemente garantida la demandante ya que podría recuperarlos en cualquier momento si obtiene éxito en su pleito, por tratarse de una institución de solvencia notoria"[280].

---

276 Sobre el tema, otros antecedentes, Marín González, Juan Carlos, *Tratado de las medidas cautelares*, *op. cit.*, pp. 304-318.

277 Arazi, Rolando, *Medidas cautelares*, *op. cit.*, p. 5.

278 CS, 28 de mayo de 1919, *RDJ*, t. XVII, sec. 1ª, p. 150.

279 C. de Ap. de Santiago, 18 de abril de 1986, *RDJ*, t. LXXXIII, sec. 3ª, p. 62.

280 CS, 1 de julio de 1931, *RDJ*, t. XXVIII, sec. 1ª, p. 626.

7.7. Las medidas cautelares deben limitarse a los bienes necesarios

Este elemento se recoge de un modo general en la primera parte del art. 298 CPC: "Las medidas de que trata este Título se limitarán a los bienes necesarios para responder a los resultados del juicio".

Esta exigencia resulta de gran relevancia a propósito de la contracautela, que examinaremos más adelante.

8. MEDIDAS PRECAUTORIAS NOMINADAS E INNOMINADAS

8.1. Explicación general

La clasificación más relevante de las medidas precautorias surge del artículo 290 del CPC, que permite distinguir entre medidas precautorias nominadas e innominadas. Conforme a dicho precepto, "para asegurar el resultado de la acción, puede el demandante en cualquier estado del juicio, aun cuando no esté contestada la demanda", pedir una o más de las siguientes medidas: 1ª) El secuestro de la cosa que es objeto de la demanda; 2ª) El nombramiento de uno o más interventores; 3ª) La retención de bienes determinados, y 4ª) La prohibición de celebrar actos o contratos sobre bienes determinados". Estas son las medidas precautorias nominadas, sin perjuicio de otras hipótesis especiales que regula nuestro ordenamiento.

En cambio, las medidas cautelares innominadas, genéricas o indeterminadas, constituyen una temática delimitada tradicionalmente por oposición a las cautelares previstas y reguladas por el legislador.

8.2. Las medidas precautorias innominadas o indeterminadas

8.2.1. RÉGIMEN GENERAL

Las medidas cautelares innominadas, genéricas o indeterminadas, constituyen una temática delimitada tradicionalmente por oposición a las cautelares previstas y reguladas por el legislador[281].

Se trata del ejercicio de la potestad cautelar, en la cual –a petición de parte– el juez adopta las medidas de seguridad que no están previstas expresamente en la ley, pero que se estiman como necesarias para asegurar el resultado de la acción deducida. Las medidas cautelares innominadas buscan dar protección jurídica al actor, frente a situaciones de peligro que no puedan ser amparadas por las otras medidas cautelares,

281 Sobre el tema, JOVÉ, María Ángeles, *Medidas cautelares innominadas en el proceso civil*, Barcelona: J.M. Bosch, 1995, pp. 13-135; CALDERÓN CUADRADO, María Pía, *Las medidas cautelares indeterminadas en el proceso civil*, Madrid: Civitas, 1992, pp. 21 ss.

evitando que se frustre el cumplimiento de la sentencia que pueda dictarse en beneficio del demandante.

Aunque el tema no es pacífico en nuestra doctrina[282], la potestad cautelar del juez en el proceso civil está reconocida en el artículo 298 del CPC, al disponer: "Podrá también el tribunal, cuando lo estime necesario y no tratándose de medidas expresamente autorizadas por la ley, exigir caución al actor para responder de los perjuicios que se originen"[283].

Este tipo de medidas participan de los elementos propios de toda medida cautelar, que son "el peligro en la demora" (*periculum in mora)*, y el "apariencia o humo del buen derecho" (*fumus boni iura*). Junto a lo anterior, además impone la constitución de una caución suficiente.

La diferencia con las medidas nominadas proviene del hecho de que las innominadas buscan defender al actor frente a una situación de peligro que no fue prevista por el legislador.

Dentro de los efectos cautelares que se podrían obtener a través de las medidas innominadas, están los siguientes: la cesación de actos que vulneren el derecho del actor y que no se puedan comprender dentro de la prohibición de celebrar actos y contratos[284]; el aseguramiento de una eventual indemnización de daños y perjuicios, a través de una póliza de seguros[285]; la anotación de la existencia de un juicio pendiente[286].

---

282 En contra, CORTEZ MATCOVICH, Gonzalo, "La configuración del *periculum in mora* en el régimen cautelar chileno", art. cit., pp. 103-105. Con mayor desarrollo de esta explicación en su monografía, *La tutela cautelar en el proceso civil*, Santiago: Thomson Reuters, 2017, pp. 63-70.

283 En otros códigos más modernos, la potestad cautelar genérica se contempla con diversas fórmulas: El CPC de Perú dispone: "Además de las medidas cautelares reguladas en este Código y en otras disposiciones legales, se puede solicitar y conceder una no prevista, pero que asegure de la forma más adecuada el cumplimiento de la decisión definitiva" (art. 629 CPC); La Ley de Enjuiciamiento Civil española, de 7 de enero de 2000, establece: "El tribunal podrá acordar como medida cautelar, respecto de bienes y derechos del demandado, cualquier actuación, directa o indirecta, que reúna las siguientes características: N° 11. Aquellas otras medidas que, para la protección de ciertos derechos, prevean expresamente las leyes, o que se estimen necesarias para asegurar la efectividad de la tutela judicial que pudiere otorgarse en la sentencia estimatoria que recayere en el juicio" (art. 726 N° 11).

284 Por ejemplo, si se trata de tutelar la honra de una persona, podría suspenderse la circulación del texto difamatorio, hasta que se resuelva sobre el fondo; si se está vulnerando el contrato de edición, se podría obligar a la editorial a abstenerse de imprimir la nueva edición hasta que se resuelva el juicio, etc.

285 Por ejemplo, es común que en la construcción de edificios las obras de excavación ocasionen amenazas de daños por derrumbe en las casas vecinas; al exigir a la empresa constructora que se asegure a los afectados de eventuales daños, se está creando una situación cautelar más razonable que la que puede resultar de una paralización de obras que puede obtener el propietario amenazado del daño.

286 El artículo 727 de la nueva Ley de Enjuiciamiento Civil Española, de 7 de enero de 2000, da algunas pautas acerca de medidas que en nuestra actual realidad legal se pueden calificar como innominadas, a saber: la formación de inventarios de bienes, en las condiciones que el tribunal disponga; la orden de cesar provisionalmente en una determinada actividad; la de abstenerse

8.2.2. Requisitos de procedencia

Es indudable que esta manifestación de la potestad cautelar innovativa puede convertirse en un instrumento de enorme utilidad, pero debe sortear varios problemas:

1°) Se debe resolver si conforma un mecanismo auxiliar, que opera solo cuando no resulte posible adoptar alguna medida precautoria ordinaria. En nuestra opinión, las medidas cautelares nominadas e innominadas están en un plano de igualdad, puesto que el art. 298 del CPC dispone que "podrá también el tribunal, cuando lo estime necesario", decretar otras medidas.

2°) Surge el problema de los límites en la determinación de la medida, esto es, si ella solo es conservativa o también puede adoptarse una innovativa. En nuestro concepto, la exigencia de una caución, como elemento de la esencia de la cautela indeterminada, permite un mayor campo de acción al peticionario y al juez que debe concederla.

Defendemos que se puedan decretar por este camino medidas innovativas, con tal que se trate de situaciones excepcionales y se evite siempre el abuso del derecho. El principal argumento en favor de esta tesis proviene del significativo aporte surgido en materia de recurso de protección, que a través de la orden de no innovar ha permitido que florezcan manifestaciones cautelares innovativas; a nuestro juicio, no existe ningún límite para que tales medidas puedan ser aplicadas por los jueces civiles; el ejemplo más típico de cautela de esta clase proviene de la suspensión de los efectos de actos administrativos.

La generación de una situación de *statu quo* a través de la cautela innominada no se debe mirar como una anticipación de tutela, sino que el restablecimiento del equilibrio entre los derechos del actor y del sujeto que genera la situación de peligro, que la medida viene a amparar cautelarmente. En tal sentido, la caución es un elemento vital para lograr el necesario equilibrio entre las partes.

Desde un punto de vista negativo, al fijar el contenido de la medida, el juez no debe olvidar que la potestad cautelar no puede interferir en los actos de los otros tribunales integrantes del Poder Judicial y que, por lo mismo, no podría a través de la cautela innominada paralizar la actividad de otro juez ordinario, especial o arbitral, impidiendo, por ejemplo, la prosecución de un juicio o suspendiendo los efectos de una determinada resolución judicial[287]. La explicación de esta excepción se fundamenta en el principio

temporalmente de llevar a cabo una conducta; la prohibición temporal de interrumpir o cesar en la realización de una prestación que viniera llevándose a cabo; el depósito temporal de ejemplares de las obras u objetos que se reputen producidos con infracción de las normas sobre propiedad intelectual o industrial, así como el depósito del material empleado para su producción; la suspensión de acuerdos sociales impugnados.

287 En este sentido, C. de Ap. de Santiago, 22 de abril de 1961 (*RDJ*, t. 58, sec. 2ª, p. 222), sin perjuicio de una excepción para la partición de bienes; la sentencia de la CS, 22 de agosto de 1966 (*RDJ*, t. 63, sec. 1ª, p. 302) dejó sin efecto una medida precautoria decretada por un juez

de la independencia interna del Poder Judicial y su proyección, para este caso, en las reglas de la radicación y de la extensión (arts. 109 y 111 del COT). El órgano ante el cual está radicado el asunto es el soberano para ejercer la potestad cautelar, y no podría otro interferir su competencia.

Tampoco se puede obtener por esta vía una anticipación de tutela, que homologue el contenido de la sentencia con la precautoria. En efecto, la tutela anticipada se construye sobre una base dogmática diversa de las precautorias, especialmente en lo que dice relación con la acreditación del derecho. De un modo específico, en la precautoria basta la verosimilitud; en la tutela anticipada, es la certeza plena del derecho que se reclama la que autoriza tan excepcional protección. Ahora, si se admite que a través de las precautorias innominadas se pueda anticipar la tutela de fondo, se corre el riesgo de desnaturalizar los fines del instituto cautelar.

En suma, la cautela innominada no se puede convertir en una vía para obtener una ejecución anticipada, puesto que la potestad cautelar es un instrumento auxiliar que busca asegurar la ejecución de una sentencia futura y, bajo tal esquema, es improcedente ordenar el cumplimiento de un fallo que todavía no existe. No obstante lo anterior, tal como se explicaba al analizar los elementos esenciales de las medidas cautelares, la prohibición de que la medida cautelar satisfaga la pretensión anticipadamente tiene excepciones. Nos parece que, si se trata de la protección del derecho a la vida o de la protección de la privacidad y de la honra de la persona y su familia, existen razones para que a través de una medida innominada se anticipen los efectos jurídicos que se buscan con la acción deducida.

9. LA CONTRACAUTELA

La contracautela dice relación con los derechos que se reconocen al sujeto afectado por la concesión de una medida cautelar. A través de ella, el legislador trata de equilibrar la posición entre los litigantes, buscando compensar el gravamen que la concesión de una medida precautoria impone al demandado o futuro demandado.

Su fundamento está en el principio de igualdad, que busca restablecer el desequilibrio que significa conceder al actor una medida para tutelar el derecho virtual que reclama. En efecto, el demandado también tiene derecho a mejorar su situación, ya sea reaccionando inmediatamente en el mismo proceso frente a la medida o bien, *a posteriori*, cobrando una indemnización de perjuicios por los daños que le ocasionó una precautoria abusiva y erróneamente concedida.

---

civil, que paralizó un juicio ejecutivo seguido ante un juez del trabajo. Con anterioridad, la CS resolvió que la ejecución fundada en un título que la lleva aparejada y por una suma actualmente exigible, no puede ser enervada en virtud de una medida precautoria solicitada por el deudor en otro juicio contra su acreedor y no puede fundarse tal medida, sobre todo cuando no se halla aún ejecutoriada la excepción de falta de exigibilidad de la deuda (CS. 15 de agosto de 1905, *RDJ*, t. 3, sec. 1ª, p. 90).

Además, a través de la contracautela se evita que la parte que la obtuvo utilice este medio como un mecanismo de presión indebida, para obligar a la parte afectada a capitular tempranamente frente a la pretensión del actor.

Los límites que se deben reconocer en la concesión de medidas precautorias apuntan a evitar que ellas se conviertan en lo que Calamandrei describía, crudamente, como "un medio de coacción psicológica, un medio expeditivo, podría decirse, para agarrar al adversario por el cuello; no sirve (como hipócritamente se dice) para mantener durante el curso de la litis la igualdad de las partes y la estabilidad de sus respectivas situaciones patrimoniales, sino que sirve, por el contrario, para poner a una de las partes en condiciones tales de inferioridad, que se la constriña, antes de decidirse la litis, a pedir merced por asfixia"[288].

10. MANIFESTACIONES DE LA CONTRACAUTELA

La base legal de la contracautela se encuentra en el artículo 301 del CPC, cuando dispone que todas las medidas precautorias son esencialmente provisionales y, por ende, deberán hacerse cesar siempre que desaparezca el peligro que se ha procurado evitar.

En el plano de lo concreto, la contracautela tiene las siguientes manifestaciones:

10.1. La fianza o garantía suficiente

La exigencia de una caución busca establecer un equilibrio entre dos situaciones antagónicas: la de evitar los perjuicios que pueden derivarse de la demora en la resolución del proceso principal y la de asegurar el resarcimiento de los daños que eventualmente pueden ocasionarse al demandado[289]. En teoría, la fianza conseguiría garantizar la existencia de una base patrimonial para que el demandado pueda perseguir ulteriormente la responsabilidad civil derivada de la utilización indebida de las medidas precautorias.

No obstante lo anterior, en nuestro sistema la exigencia de una caución solo surge como condición ineludible para el otorgamiento de las medidas cautelares innominadas y en las medidas prejudiciales precautorias (arts. 279 N° 2° y 298 del CPC). En las medidas cautelares ordinarias, la fianza no constituye una exigencia o presupuesto para su concesión.

Es importante precisar que el concepto de caución que se debe rendir no supone necesariamente el concepto que utiliza el Código Civil, considerando que en este mismo

---

288 CALAMANDREI, Piero, "El proceso como un juego", en *Estudios sobre el proceso civil,* tr. S. Sentís Melendo, B. Aires: Ediciones Jurídicas Europa-América, 1986, p. 282.

289 La exigencia de una caución, como elemento de la teoría general de las medidas cautelares, ha promovido una discusión doctrinal poco pacífica. Mayoritariamente se entiende que a través de esta exigencia se obtendría el contrapeso, para que el actor beneficiado con la concesión de la medida responda de los perjuicios que origine al demandado. (CALAMANDREI, Piero, *Introducción al estudio...*, pp. 45-46).

cuerpo legal el art. 2336 señala que "la fianza puede ser convencional, legal o judicial. La primera es constituida por contrato, la segunda es ordenada por la ley, la tercera, por decreto del juez". "La fianza legal y la judicial se sujetan a las mismas reglas que la convencional, salvo en cuanto la ley que la exige o el Código de Enjuiciamiento disponga otra cosa".

Surge en este punto la duda sobre el alcance que tiene en materia jurídica delimitar el concepto garantía y, en un modo particular, en el ámbito procesal. El mismo Código Civil hace una definición genérica de lo que es caución, señalando que ella "significa generalmente cualquier obligación que se contrae para la seguridad de otra obligación propia o ajena" (art. 46 CC)[290].

En este caso la fianza no proviene de acuerdo de voluntad de las partes, sino que nace del ejercicio de una carga procesal prevista para el peticionario de la medida, que debe ser rendida para poder acceder a la tutela cautelar que solicita prejudicialmente (o en forma innominada). De un modo específico, al no tener la fianza la naturaleza del contrato que regula el Código Civil, en el Título XXXVI del Libro IV, estamos en presencia de una singular garantía que debe ser reconocida y tratada en la práctica dentro de los fines que debe cumplir toda caución, esto es, que su existencia satisfaga un interés económico surgido en un determinado momento y ante un específico problema jurídico. En este caso, que ella se constituya para admitir la anticipación de la tutela jurisdiccional cautelar antes que se ejecute el fallo cuyo cumplimiento se viene a asegurar cautelarmente.

Coincidente con lo anterior, se ha resuelto que para proceder a conceder una medida prejudicial precautoria no es necesario exigir una hipoteca o fianza con garantía hipotecaria, puesto que el art. 279 del CPC solo exige una fianza nominal u otra garantía suficiente, a juicio del tribunal, la que debe guardar relación con la obligación garantizada, consistente únicamente en los perjuicios que origine la precautoria solicitada y el valor de las multas que pudieran imponerse al peticionario[291].

10.2. El alzamiento, cesación o reducción de la medida

Otro componente del derecho a la contracautela proviene de la posibilidad de solicitar el alzamiento, la cesación o la reducción de la precautoria.

El demandado ejercerá este derecho promoviendo un incidente, denunciando que la precautoria es improcedente o que fue concedida sin la observancia de los requisitos de admisibilidad[292].

---

290 Sobre el tema, Tapia Rodríguez, Mauricio, "Noción de garantía", en *Estudios sobre garantías reales y personales*, Santiago: Editorial Jurídica de Chile, t. I, 2009, pp. 21-28: Avilés García, Javier, "Evolución de las garantías personales en el Derecho español", en *Anuario de Derecho Civil,* T. XLIX, 1996, pp. 1073-1131.

291 C. de Ap. Pedro Aguirre C., 13 de mayo de 1987, *RDJ*, t. LXXXIV, sec. 2ª, p. 67.

292 Un ejemplo del contenido de la contracautela, C. de Ap. de Santiago, 5 de septiembre de 1995, *RDJ*, t. XCII, sec. 2ª, p. 112.

Una sentencia de la Corte Suprema, de 6 de abril de 1962, traza un límite para el ejercicio de este derecho, al disponer: "Que si bien el artículo 301 del mencionado cuerpo de leyes, estatuye que las medidas precautorias son esencialmente provisionales, sin embargo, agrega que deberán hacerse cesar siempre que desaparezca el peligro que se ha procurado evitar o se otorguen cauciones suficientes. // Por lo tanto, el legislador no se pone en el caso que se vuelva a discutir dentro de un mismo juicio, si se reunieron o no los requisitos para decretar las medidas precautorias. El que pretende su alzamiento debe invocar las circunstancias que expresa y determinadamente establece el precepto que precisamente trata de dicho alzamiento, lo que no ha ocurrido en este caso"[293].

También se puede pedir la reducción de la medida, justificando que ella es excesiva o desproporcionada.

En cuanto a la oportunidad procesal, estas prerrogativas se pueden ejercer desde que se notificó la medida o se tiene conocimiento de la misma.

Una sentencia de la Corte Suprema, de 21 de diciembre de 1961, precisó que la hipótesis de contracautela relativa a solicitar la cesación otorgando cauciones suficientes debe entenderse en términos que la nueva caución garantice al acreedor su acción de igual forma e idéntica seguridad[294].

10.3. La indemnización de perjuicios

Con posterioridad a cesación de los efectos de las medidas precautorias puede surgir otra manifestación de la contracautela. Nos referimos a la eventual responsabilidad civil que, bajo ciertas condiciones, podría derivarse de la utilización indebida o abusiva de medidas cautelares[295].

El problema no está resuelto en nuestro ordenamiento de un modo general, salvo la hipótesis del art. 280 CPC, que es aplicable a las medidas prejudiciales precautorias, donde se presume la mala fe en ciertos casos y expresamente hace responsable al peticionario de los perjuicios causados[296].

No obstante lo anterior, es perfectamente posible que se pueda cometer un ilícito en esta materia, que derive en un perjuicio patrimonial indemnizable, fundado en el abuso del derecho, en el dolo por presentación de prueba falsa, etc. Por aplicación de las reglas generales, se trataría de una hipótesis de responsabilidad civil extracontractual

---

293 CS. 6 de abril de 1962, *RDJ*, t. LIX, sec. 1ª, p. 103.

294 CS. 21 de diciembre de 1962, *RDJ*, t. LIX, sec. 1ª, p. 203.

295 Un desarrollo sistemático del tema, CORTEZ MATCOVICH, Gonzalo, *La tutela cautelar en el proceso civil*, *op. cit.*, pp. 363-385.

296 Sobre la naturaleza de la presunción y otras cuestiones de interés, CS, 24 de marzo de 1949, *RDJ*, t. 46, sec. 1ª, p. 399. Un caso restrictivo sobre la responsabilidad que se genera en este tema, CS, 20 de junio de 1934, *RDJ*, t. XXXI, sec. 1ª, p. 462.

por culpa, al carecer nuestro ordenamiento en este punto de una norma sobre responsabilidad objetiva[297].

El primer sujeto legitimado pasivamente será el peticionario que obtuvo dolosamente la medida o que configuró en su contra alguna de las situaciones que conforme al art. 280 del CPC dan derecho a indemnización.

Un interesante problema de responsabilidad surge a propósito de si el Estado debe indemnizar por los daños que un funcionario público, como lo es el juez, pudo causar al conceder una medida precautoria. Conforme al artículo 328 del COT, no existe duda de que los jueces son personalmente sujetos pasivos de responsabilidad civil[298]. Hasta el momento nada se ha resuelto en nuestro derecho sobre la responsabilidad judicial del Estado, salvo la hipótesis del error judicial en materia procesal penal (art.19 N° 7 letra i CPE); sin embargo, pensamos que la falta de norma expresa en ningún caso puede significar que exista una hipótesis de exención de responsabilidad del Estado cuando se produzca un daño por una manifiesta incorrección en la concesión de una medida precautoria por parte de un juez[299].

11. ESTUDIO DE ALGUNAS MEDIDAS PRECAUTORIAS

11.1. La orden de no innovar

La expresión "orden de no innovar" (prohibición de innovar o *statu quo*) tiene distintas acepciones jurídicas.

---

297 Sobre el tema, BADUEL, Maximiliano, BADUEL, Jorge, *Medidas cautelares trabadas indebidamente. Responsabilidad*, B. Aires: Abeledo-Perrot, 1999; MARÍN GONZÁLEZ, Juan Carlos, *Tratado de las medidas cautelares*, *op. cit.*, pp. 396-403.

298 El deber de diligencia que deben cumplir los jueces en esta materia lo reseña muy bien el siguiente considerando de una sentencia de la C. de Ap. de San Miguel, cuando revela: *"Que, de lo relacionado aparece evidente que hubo de parte del juez a quo un excesivo apresuramiento al otorgar las medidas prejudiciales precautorias, sin realizar una comprobación exhaustiva sobre la concurrencia de los supuestos legales necesarios para adoptar tal decisión; que refuerza lo anterior y llama la atención el hecho que, pese a lo imperativo de la norma legal respectiva, no se haya requerido la rendición de fianza u otra garantía suficiente a juicio del Tribunal..."* (C. de Ap. de San Miguel, 4 de abril de 1989, *RDJ*, t. LXXXVI, sec. 2ª, p. 20).

299 La existencia de un daño por los excesos del juez al conceder la medida se retrata en la sentencia de la CS de 28 de mayo de 1919. Un considerando del fallo ahorra mayores comentarios sobre el desacierto judicial: *"(...) la adopción irregular y violenta de medidas que han podido causar un daño irreparable al litigante contra el cual se dirigieron, ponen de manifiesto que el juez letrado de Valparaíso, (...) no ha administrado justicia en este caso en las condiciones de imparcialidad, de rectitud y de respecto a las leyes, que deben ser la norma constante e invariable de todos los que sirven tan elevadas funciones"*. En los hechos, se dejó sin efecto la medida precautoria de retención de bienes en poder de un depositario de las mercaderías extraídas de la bodega de la demandada, reemplazándola por un depósito de dinero en un banco (CS. 28 de mayo de 1919, *RDJ*, t. XVII, sec. 1ª, p. 150).

Como medida precautoria, la orden de no innovar ha quedado subsumida dentro del contenido cautelar de algunas medidas conservativas, al desaparecer como un efecto inherente al ejercicio de la acción[300].

Sin embargo, la necesidad de considerar esta medida en forma autónoma proviene de las limitaciones que tienen las precautorias conservativas que, como se explicó, apuntan a generar una situación de incomerciabilidad del bien afectado y no provocan una situación de *statu quo*.

Dicho en otros términos, en las medidas precautorias conservativas va implícita la prohibición de no innovar, pero en un plano muy mesurado, atendido que se encaminan solo a evitar la transferencia o transmisión de los bienes del deudor[301].

Por otro lado, algunos preceptos legales específicos consideran la orden de no innovar como un mecanismo cautelar, que genera un auténtico *statu quo*[302].

Un reconocimiento expreso de esta medida como instrumento cautelar se aprecia en la acción constitucional de protección. En ese procedimiento la orden de no innovar ha permitido generar situaciones de *statu quo*, que eran inéditas en nuestra realidad. Dentro de los ejemplos más significativos están la posibilidad de suspender la aplicación de los efectos de actos administrativos y la de adoptar medidas anticipadas para que un equipo médico pueda asegurar la vida del que está por nacer, frente a la negativa a realizar transfusiones por sus familiares, invocando convicciones religiosas.

La amplitud alcanzada por la orden de no innovar en la jurisdicción constitucional promueve algunas interrogantes: ¿Puede anticiparse la tutela a través de una orden de no innovar? ¿Solo tiene un carácter conservativo o también innovatorio?[303]. ¿Por qué las Cortes de Apelaciones no exigen una caución que equilibre los derechos de las partes?

Por último, sin ser técnicamente una medida precautoria, se da un efecto cautelar generador de un *statu quo* a propósito de la orden de no innovar prevista en la tramitación de ciertos recursos. El caso más recurrente se da en la reglamentación del recurso de apelación, en el art. 192 del CPC; allí se contempla un mecanismo para que los tribunales de alzada puedan paralizar o suspender los efectos o el cumplimiento de la

---

300 En la doctrina se propone distinguir entre la orden de no innovar y las cautelares innovativas; en la primera, el mandato de no innovar supone el mantenimiento del *statu quo* anterior existente; en cambio, en la innovativa se posibilita la modificación o alteración de la preexistente situación fáctica o jurídica. (Berizonce, Roberto O. "La tutela cautelar y la prestación jurisdiccional efectiva", art. cit., p. 20).

301 De un modo excepcional, algunas sentencias se han atrevido a declarar que dentro de la retención de bienes o de la prohibición de celebrar actos o contratos sobre bienes determinados, se comprende la prohibición de trozar, aserrar y enajenar los árboles derribados en la zona sujeta a un litigio de demarcación... (CS. 28 de mayo de 1956, *RDJ*, t. 53, sec. 1ª, p. 246).

302 Esto ocurre, por ejemplo, con el interdicto posesorio de denuncia de obra nueva. Allí se autoriza, una vez presentada la demanda, decretar provisionalmente la suspensión de la obra, sin necesidad de notificación al demandado (arts. 565 al 567 CPC).

303 Sobre el tema, Tavolari, Raúl, "Protección constitucional y cautela judicial: ¿Orden de no innovar en el recurso de protección?" en *Tribunales, Jurisdicción y Proceso*, Santiago: Editorial Jurídica de Chile, 1994, pp. 137-168.

resolución recurrida, cuando el recurso se ha concedido en el solo efecto devolutivo. Idéntica solución acepta el recurso de hecho (art. 204 inc. final CPC), en caso que se haya denegado el recurso de apelación. Por la gravedad que implica la denegación de un recurso de apelación, el legislador ha previsto que "no se innove" cuando hayan antecedentes que justifiquen tal medida.

11.2. El secuestro de la cosa que es objeto de la demanda

El secuestro, conforme al artículo 2249 del CC., es el depósito de una cosa que se disputan dos o más individuos, en manos de otro que debe restituirla al que obtenga una decisión a su favor. El depositario se llama "secuestre"[304].

El objetivo específico de esta medida es proteger y garantizar la integridad física de la cosa que es objeto de la demanda, a través de su entrega al depositario[305].

Los casos en que procede decretar el secuestro dicen relación con dos tipos de acciones, a saber:

a) cuando se entabla una acción reivindicatoria contra cosa corporal mueble en el caso del artículo 901 del CC, y
b) cuando se entablen otras acciones con relación a cosa mueble determinada y haya motivo de temer que se pierda o deteriore en mano de la persona que, sin ser poseedora de dicha cosa, la tenga en su poder.

Una vez decretada la medida, ella se cumple entregando al tercero, que se denomina "secuestre", la cosa objeto sobre la que se decretó la precautoria para que la administre.

El secuestro, como medida precautoria, solo procede respecto a cosa mueble, haciendo excepción al art. 2251 CC que permite el secuestro también sobre bienes raíces. Esta salvedad se justifica por el carácter conservativo que tienen las medidas cautelares en nuestro sistema; además, el art. 902 inc. 1° CC dispone que si se demanda el dominio u otro derecho real constituido sobre un inmueble, el poseedor seguirá disfrutando de él hasta la sentencia definitiva pasada en autoridad de cosa juzgada. Lo anterior se explica como una proyección de la presunción de dominio que ampara al poseedor y porque el legislador entiende que en los bienes raíces no existen los riesgos de deterioro o pérdida que pueden afectar a los bienes muebles. En todo caso, si se necesita impedir algún deterioro de un inmueble, se debe recurrir a otra medida cautelar que apunte en esa dirección, como podría ser la designación de un interventor, la prohibición de celebrar actos y contratos, una orden de no innovar, etc.

---

304 Esta precautoria tiene antecedentes históricos en las Partidas, que hace referencia al secuestro de la cosa sobre la cual hay contienda entre el demandante y el demandado, admitiendo que ella sea puesta en depósito (ley 1, Tít. 9, Partida III).

305 Así lo postula, MARÍN GONZÁLEZ, Juan Carlos, *Tratado de las medidas cautelares*, *op. cit.*, p. 431.

El alcance de esta medida es eminentemente conservativa y su concesión no produce una incomerciabilidad del bien mueble entregado al tercero[306]. Esta misma limitación hace recomendable que el secuestro venga acompañado de la prohibición de celebrar actos y contratos, que, inequívocamente, sustrae la cosa del comercio humano sancionando su enajenación con la nulidad por objeto ilícito (art. 1464 CC).

11.3. El nombramiento de uno o más interventores

El interventor es un tercero designado por el juez para que lleve cuenta de las entradas o gastos de los bienes sujetos a intervención, pudiendo para el desempeño del cargo imponerse de los libros, papeles y operaciones del demandado (art. 294 CPC). Su nombramiento procede en los casos que indica el art. 293 del CPC, que apunta a introducir a este tercero en conflictos hereditarios y societarios, donde podrían generarse situaciones de fraudes. También en el ejercicio de acciones restitutorias que pueden llevar a que el demandado provoque alteraciones, estragos o apropiaciones de frutos indebidos en relación al bien que pueda ser obligado a entregar por sentencia judicial.

Aunque es común que se intente definir a este sujeto como un administrador de bienes, en rigor ello no es así, atendido que en el caso de la precautoria del CPC se trata del ejercicio de una actividad de mera fiscalización o control. El marco de acción que fija el art. 294 CPC demuestra que esta medida permite al demandado seguir desarrollando, con plena autonomía, la gestión de los bienes que son materia de la intervención, sin que implique la pérdida de la administración del negocio o de la cosa.

Refleja el límite de las facultades del administrador la sentencia que calificó de insólita la medida precautoria adoptada por un juez del crimen, en la que designó a un depositario de las acciones incautadas en la causa con facultades de asistir a las Juntas de Accionistas y votar en ellas como si fuera el dueño o titular de tales acciones; para la Corte Suprema ello era improcedente, puesto que "puede alterar la administración de la empresa"[307].

A través de esta fiscalización, el interventor podrá anticipar al juez y al demandante la ejecución de actos que ocasionen un perjuicio, especialmente los que pueden resultar de la gestión de una empresa o en la explotación de un inmueble (*v. gr.*, impedir la tala de bosques, abusivas explotaciones de bienes, alteraciones en los cultivos, etc.).

En virtud del principio de mínima injerencia en el patrimonio del deudor, el interventor solo tiene derecho a observar e informar al juez o al acreedor de los actos que intente realizar el demandado, pero no puede vetar el acto que estime como perjudicial. Tampoco puede conminar al demandado a que realice o se abstenga de una determinada actuación. En su desempeño normal, a este tercero debe calificarse como

306 Sobre el debate en torno a este punto en nuestra doctrina, con una síntesis de la misma, MARÍN GONZÁLEZ, Juan Carlos, *Tratado de las medidas cautelares*, *op. cit.*, pp. 431-437.

307 CS. 17 de octubre de 1991, *RDJ*, t. 88, sec. 5ª, p. 248.

un "interventor informante"[308]. Por lo mismo, esta medida se satisface impidiendo la transferencia de los bienes del deudor, sin perjuicio de que tan estrecho límite se pueda ampliar decretando "otras medidas más rigurosas que el tribunal estime necesario adoptar" (art. 294 CPC).

La doctrina ha podido diferenciar distintos tipos de intervención: el interventor recaudador; el interventor veedor o informante; el interventor ejecutor; el interventor coadministrador; el interventor administrador[309].

La amplitud que tiene la figura del interventor puede ayudar a obtener del juez un potenciamiento de sus poderes de actuación, que permita incluir, por ejemplo, la posibilidad de que actúe como un recaudador (interventor recaudador), percibiendo las rentas y allegando al juicio los créditos que se adeuden al demandado. También se podría complementar esta precautoria con una prohibición al demandado de realizar actos de explotación o administración del bien sin previo conocimiento del interventor[310]. Esta última medida nos parece menos severa que la prohibición de celebrar actos o contratos, puesto que la exigencia de información previa se mantiene dentro de la mínima injerencia en el patrimonio del deudor, a diferencia de la prohibición de celebrar actos y contratos, que inhibe el acto en sí. El conocimiento previo del interventor permitiría saber si el acto que se propone ejecutar el demandado es perjudicial: en el evento que lo sea, debería ser paralizado con la medida cautelar del art. 296 del CPC (prohibición de celebrar actos o contratos).

Por otra parte, la parca regulación del CPC sobre la figura del interventor suscita varias dudas, que se pueden sintetizar en los siguientes puntos: ¿solo pueden ser designadas personas naturales? El interventor judicial, ¿es solo un simple auxiliar del juez o es también un mandatario o representante del demandante? Este último problema surge por la circunstancia de que la ley le impone la obligación de dar al interesado o al tribunal noticia de toda malversación o abuso que note en la administración de los bienes (art. 294 CPC). La respuesta que se dé a este punto tiene una repercusión práctica evidente, atendido que si es mandatario será el actor quien debe remunerarlo y podría destituirlo; en cambio, si es un auxiliar del juez, ni la remoción ni su remuneración deben incidir directamente en el acreedor, salvo lo que se disponga sobre el pago de las costas personales (art. 139 CPC); de igual forma, si es auxiliar de la administración de justicia es recusable[311]; ¿qué régimen de responsabilidad civil se le aplica por el incumplimiento de sus funciones?

---

308 En esta expresión hemos seguido a SERANTES PEÑA, Óscar, PALMA F., Jorge "La intervención judicial", en *Medidas Cautelares*, B. Aires: Depalma (VV.AA.), 1986, pp. 66-68.

309 CONSTANTINO, Juan Antonio, *Medidas Cautelares* (VV.AA.), Buenos Aires: Edit. Panamericana, N° 4, 1997, pp. 20-22.

310 Sobre esta medida cautelar, CÁMARA RUZ, Juan, *La intervención judicial de bienes litigiosos*, Granada: Comares, 1997, pp. 165-167.

311 El COT no enumera al interventor como auxiliar de la administración de justicia en los Tít. XI y XII.

11.4. La retención de bienes determinados

Esta medida precautoria consiste en la privación que se hace al demandado de la tenencia y administración de ciertos bienes muebles, a través de la entrega que debe hacer de ellos a un tercero o al propio demandante. Esta medida procede solo respecto de bienes muebles, comprendiéndose entre ellos títulos de crédito, automóviles, joyas, etc. Cuando son dineros, se podrá ordenar que los valores retenidos se trasladen a un establecimiento de crédito o a la persona que el tribunal designe, cuando lo estime conveniente para la seguridad de dichos valores (art. 295 inc. 2° CPC).

Su otorgamiento produce una hipótesis de objeto ilícito en su enajenación (art. 1463 N° 3 CC).

Pueden ser retenidos los bienes muebles que son materia del juicio de reivindicación o cualquier otro bien determinado del demandado, cuando sus facultades no ofrezcan suficiente garantía o haya motivo racional para creer que procurará ocultar sus bienes (art. 295 CPC). Cuando se trata de bienes no involucrados en una acción restitutoria (como la reivindicatoria), la retención actúa como una garantía patrimonial que permite proceder al remate en la etapa de cumplimiento de la sentencia, para pagar el crédito (art. 235 regla 3ª CPC).

En cuanto a sus efectos, la retención produce una incomerciabilidad transitoria cuya infracción puede derivar en la nulidad de la transferencia por objeto ilícito, conforme al art. 1464 CC. Conviene considerar lo dispuesto en el art. 296 inc. 2° CPC, que hace necesaria resolución expresa del tribunal para que exista prohibición respecto de ellos[312].

El efecto de esta medida es provocar una indisponibilidad física en la cosa que es afectada cautelarmente, cuando es entregada la cosa al tercero. Si queda en manos del propio demandado, hay una prohibición de enajenación, al igual que si la cosa pasa a manos de un tercero, atendido que el art. 1463 N° 3 del CC no distingue.

Su cumplimiento requiere que el juez que la decrete nomine expresamente al depositario, al que deberá notificarse la resolución para que haga cumplir la medida y, en su caso, recibiéndola en custodia (si es un tercero el nominado).

---

312 Sobre sus requisitos de procedencia, la C. de Ap. de Coyhaique, en sentencia de 16 de mayo de 2012 ha declarado *"que, según se desprende del tenor de las normas antes citadas, respecto de la medida precautoria de retención de bienes determinados del demandado, la ley impone dos obligaciones al solicitante, por una parte, acreditar que las facultades de aquél no ofrecen suficiente garantía o que se tema que procurará ocultar sus bienes, y por otra, acompañar comprobantes, que constituyan presunción grave del derecho que se reclama. Así lo ha dejado asentado la Excma. Corte Suprema en sentencia del año 1995 contenida en RDJ-TXCII, Segunda parte, Sección 2ª, página 112, en la que, respecto a la medida precautoria de retención de bienes, ha dicho, que para concederla, el solicitante deberá acreditar el cumplimiento de los requisitos exigidos en las normas legales, contenidas en los artículos 295 y 298 del Código de Procedimiento Civil"*. (Rol N° 20-12, MJ 32235).

11.5. La prohibición de celebrar actos o contratos sobre bienes determinados

Nuestro ordenamiento permite que se decrete como precautoria la prohibición de celebrar actos o contratos sobre bienes determinados, operando la prohibición tanto respecto de bienes muebles como de inmuebles, cosas corporales e incorporales (art. 565 CC)[313].

Todos los derechos de que es titular una persona y que sean susceptibles de cederse y embargarse pueden quedar afectos a esta medida, salvo los derechos personalísimos[314].

Se ha entendido por la jurisprudencia que para decretar esta medida deben determinarse los bienes, y faltaría este requisito en el caso de que el juez la dicte utilizando una formulación genérica, por ejemplo, aludir a todos los bienes raíces que poseen los demandados en una determinada ciudad[315].

En relación a la situación de peligro que justifica su otorgamiento, la Corte de Apelaciones de Concepción, en sentencia de 15 de noviembre de 2013 ha declarado, "que para decretar la prohibición de celebrar actos o contratos respecto de bienes que no son materia del juicio es menester, en primer término, que las facultades del demandado no ofrezcan suficiente garantía para asegurar el resultado del juicio. Su fundamento principal es lo que la doctrina denomina '*periculum in mora*' y, además, requisito importante para obtenerlas. 'El peligro de daño jurídico por el retardo de la sentencia final, se comete realmente por cierta situación o actitud del demandado. Estas son las que, en definitiva, pueden frustrar o menoscabar los derechos del demandante que se reconozcan en la sentencia, como la insolvencia o la mala fe del demandado' (José Quezada Meléndez. *Medidas prejudiciales y precautorias*. Página 119). De los antecedentes del proceso aparece que la empresa demandada posee un solo bien inmueble, el que además se encuentra hipotecado y con prohibición de celebrar actos o contratos, por lo que debemos concluir que sus facultades económicas no ofrecen suficiente garantía para asegurar el resultado del juicio, es decir, se ha acreditado fundadamente el '*periculum in mora*'"[316].

---

313 Sobre la génesis de esta medida en nuestro derecho, Tavolari Oliveros, Raúl, "Facultades económicas de los litigantes y cautela judicial", en *El proceso en acción*, Valparaíso: Libromar, 2000, pp. 364-366. Sobre su esencia conservativa, CS, 27 de septiembre de 2012, Rol N° 2310-10, MJ 33301.

314 Así lo ha resuelto la CS en sentencia de 1° de junio de 1982, *RDJ*, t. 79, sec. 1ª, p. 77.

315 CS. 7 de julio de 1931, *RDJ*, t. 1, sec. 1ª, p. 415. Se ha entendido que la herencia, considerada como universalidad no puede ser considerada como un derecho inmueble, aunque en la masa hereditaria existan bienes raíces y, por ende, no recaería sobre bienes determinados. Por lo anterior, se ha declarado que la prohibición judicial de celebrar actos y contratos que haya afectado a un determinado bien raíz –parte de cuyos derechos podrían estar comprendidos en las universalidades jurídicas que constituyen las herencias materia de la cesión– afecte a esta última, concluyendo que la cesión de derechos hereditarios no adolece de objeto ilícito conforme a los números 3 ó 4 del artículo 1464 del Código Civil, ni provoca la nulidad absoluta que contempla el artículo 1682 del mismo cuerpo legal, puesto que la prohibición judicial anotada afectaba a un bien raíz determinado que no era objeto de la convención celebrada por las partes (CS, 14 de septiembre de 1999, MJ 133).

316 C. de Ap. de Concepción, 15 de noviembre de 2013, Rol N° 1076-13, MJ 36483.

A través de esta medida cautelar se busca transformar el bien en disputa en incomerciable, evitando su transferencia o transmisión a terceros. Lo anterior se desprende nítidamente de los arts. 296 y 297 CPC, que reglamentan los efectos y las exigencias de publicidad respecto de terceros[317]. En consecuencia, se trata de una medida esencialmente conservativa, que busca evitar que el deudor enajene o grave los bienes de su patrimonio[318].

Como se sabe, en nuestro derecho civil, la expresión "acto" tiene una amplitud mayor que la voz "contrato" y, por ende, comprende actos bilaterales y unilaterales.

No obstante lo anterior, surge la duda de si a través de esta medida se puede impedir la ejecución de otros actos que no implican la transferencia o la transmisión del dominio. Así, por ejemplo, no resulta claro que la transformación de un bien pueda quedar comprendida dentro de esta medida (*v. gr.*, pintar la cosa, alterarla accidental o sustancialmente, etc.). Con muy buen criterio, se ha aceptado en la jurisprudencia que esta medida no impide que el propietario pueda tomar un seguro sobre la cosa, puesto que se trata de una medida de carácter conservativo que no afecta los derechos del demandante[319].

En cuanto a los efectos que esta medida produce, se debe distinguir: i) entre las partes, con su sola dictación por el juez se produce la incomerciabilidad del bien; ii) en relación a terceros, la incomerciabilidad del bien o derecho se produce solo cuando dicha medida se inscriba (art. 1463 N° 3 CC).

En el caso de los bienes muebles sin registro, solo producirá efecto respecto de terceros que tengan conocimiento de ella al tiempo del contrato, situación que puede implicar una ardua prueba; pero el demandado será en todo caso responsable de fraude si ha procedido a sabiendas (art. 297 inc. 2° del CPC), sin perjuicio de la acción pauliana que pueda deducirse por el acreedor afectado por la transferencia de los bienes (art. 2468 CC).

En materia de protección de los terceros, la eficacia de la inscripción ha sido destacada por una sentencia de la Corte Suprema, de 28 de mayo de 1904, que declaró que existiendo una prohibición judicial de enajenar o gravar un fundo inscrito con anterioridad a la fecha en que la persona a quien se impuso dicha prohibición lo vendió a un tercero, no puede procederse a cancelar dicha prohibición e inscribir la compraventa sin que en la instancia sea oído el tercero que obtuvo la prohibición[320].

---

317 Sobre el punto, C. de Ap. de Santiago, 25 de mayo de 1957, *RDJ*, t. 54, sec. 2ª, p. 16. La CS, en sentencia de 20 de julio de 2012, precisó que no es lícito alegar la ilicitud del objeto cuando el que solicita la nulidad del acto o contrato la alega quien obtuvo antes, en otro juicio esta medida precautoria, considerando que hay una autorización del acreedor en los términos del artículo 1464 N° 3 del Código Civil para las cosas embargadas. (Rol N° 85-12, MJ 32697).

318 Se ha resuelto que durante la vigencia de la sociedad conyugal, no se puede decretar esta prohibición respecto de la mujer, que tiene sobre los bienes sociales tan sólo un crédito que podrá invocar una vez que se disuelva la sociedad conyugal (CS. 1 de julio de 1985, *RDJ*, t. 82, sec. 1ª, p. 42).

319 C. de Tacna, 13 de octubre, 1903, *RDJ*, t. 1, sec. 2ª, p. 283.

320 CS. 28 de mayo de 1904, *RDJ*, t. 28, sec. 1ª, p. 637.

11.6. La anotación de la litis como precautoria innominada

La anotación de la litis se debe considerar como una medida precautoria distinta de la prohibición de celebrar actos y contratos, prevista en los arts. 296 y 297 del CPC.

Se trata de una medida tendiente a buscar un efecto de publicidad, que no impide la enajenación del bien, al no constituir una hipótesis de objeto ilícito.

A través de esta precautoria se podría lograr un efecto cautelar, para que terceros tomen conocimiento de la existencia de juicios, precaviéndolos de los efectos que pueda producir una sentencia si se llega a reconocer al demandante el derecho que reclama. Un ejemplo de lo anterior se puede dar cuando se discute acerca de la existencia de una obligación *propter rem*, que afectaría a una determinada copropiedad que puede ser transferida a un tercero mientras está pendiente el juicio[321].

12. ASPECTOS PROCEDIMENTALES

La petición de una medida precautoria o prejudicial precautoria, en sus aspectos procedimentales se puede sintetizar en los siguientes puntos:

a) El sujeto legitimado activo es el demandante para las precautorias. Para las prejudiciales precautorias, el futuro demandante. El legitimado pasivo es el futuro demandado o el demandado. Lo anterior es sin perjuicio de que el juez ordene a terceros que cumplan con los efectos de una determinada medida, ya sea inscribiéndola en un registro, conservando la cosa, reteniendo los dineros, etc.

b) Su tramitación, en principio, está prevista de forma incidental (art. 302 inc. 1° del CPC). Sin embargo, para que no se frustre el efecto asegurativo, la ley admite que ellas se puedan decretar antes de que se alcance el estado de litispendencia, través de una medida prejudicial precautoria (art. 279 CPC). También se puede decretar de esa forma una vez alcanzado el estado de litispendencia. En ambos casos, sin oír previamente a la contraparte (*inaudita parte*).

   Lo anterior determina que la mayor parte de los casos el peticionario obtiene que la protección cautelar se conceda de plano por el juez (y no mediante una tramitación incidental). Esto no menoscaba el derecho al debido proceso, puesto que no suprime la bilateralidad, sino que el derecho al demandado o futuro demandado se desplaza para un momento posterior, esto es, al ejercicio de la contracautela (art. 302 CPC). Es evidente que si no se procediera de esta

321 Por ejemplo, en un juicio civil donde se solicita que un copropietario no destine una parcela de agrado a fines industriales, atendida la prohibición existente en el reglamento de copropiedad. Si el tercero adquiere esa cosa habiéndose inscrito la medida, no podrá oponerse al cumplimiento de las medidas que restablecen el inmueble a su destino propio en la etapa de ejecución del fallo.

forma se frustraría el fin cautelar, dando margen al demandado para consumar el *periculum in mora* que justificó la cautela.

c) Su petición genera un cuaderno separado en la oficina judicial virtual (OJV), el de precautoria o de prejudicial precautoria, según la oportunidad en la que se solicita.

d) El tribunal competente es el del juez que tiene competencia para conocer de la demanda que se deduce o deducirá contra el demandado. También a este le corresponde decidir sobre el tema cuando la causa está en segunda instancia, atendido que de ese modo se respeta el principio de doble instancia, aunque la práctica en este punto es contradictoria.

e) Desde el punto de vista de su naturaleza jurídica, la resolución que concede o que deniega el alzamiento de una precautoria se debe calificar como un auto o decreto, atendido que no cabe dentro del concepto de las interlocutorias[322]. Algunos postulan que se trataría de una interlocutoria, pero, en rigor, al poder cesar sus efectos cuando desaparecen las condiciones que hicieron procedente su otorgamiento, no permite proclamar que de allí surjan derechos permanentes a favor de una de las partes (art. 158 CPC)[323].

f) Su concesión hace surgir para el que la obtuvo una serie de cargas que pueden hacer que ella caduque (arts. 302 y 279 y 280 CPC).

---

322 Así, C. de Ap. de Santiago, 17 de marzo de 1995, *RDJ*, t. XCII, sec. 2ª, p. 13; C. de Ap. de Santiago, 6 de junio de 1984, *RDJ*, t. LXXXI, sec. 3ª, p. 84; CS, 3 de enero de 1983, *RDJ*, t. XXC, sec. 1ª, p. 1.

323 Existe una discusión sobre la procedencia de la apelación a propósito de la resolución que deniega la petición de alzamiento de una medida precautoria. Para algunos se trata de una interlocutoria y, por ende, apelable conforme a las reglas generales; para otros, en cambio, se trataría de un auto que al no alterar las reglas de sustanciación del juicio sería inapelable y si se concedió el recurso por la vía de un recurso de hecho debería declararse inadmisible. A mi entender, la resolución que niega el alzamiento de una precautoria es siempre apelable. La tesis contraria descansa en una interpretación formalista que no considera que toda precautoria altera siempre el curso regular del juicio, al generar para el demandado una restricción de derechos que dependerá del tipo de cautela que se haya concedido. Por tal motivo, ningún demandado debe quedar privado de su derecho al recurso para que el tribunal de alzada proceda a controlar la decisión del *a quo*, que pudo haber causado un agravio al negar la petición de alzamiento. Por último, se debe recordar que las precautorias no conforman un trámite de un juicio. Su petición genera debates incidentales cuya decisión puede provocar un perjuicio a una de las partes, que el principio de la doble instancia justifica controlar por un tribunal de alzada. La jurisprudencia es contradictoria en este punto, tal como consta, entre otros, en los fallos de la C. de Ap. de Santiago, 2 de diciembre de 2019, Rol IC N° 14.621-2019, "Pronova Techlologies S.A. con Fisco de Chile y Otra"; C. de Ap. de Santiago, 14 de octubre de 2019, Rol N° 11491-2019, "Universidad de Chile y otros con Ilustre Municipalidad de Recoleta y otra"; C. de Ap. de Santiago, 16 de julio de 2001.Rol IC N° 721 (MJ 7251) "Pérez Carreño. R. de hecho); C. de Ap. de Rancagua, 16 de febrero de 2017. Rol N° 2-17 (MJ 48778), "Logros Factoring SpA con Briceño. Recurso de hecho".

CAPÍTULO VIII
LÍMITES EN EL EJERCICIO DE LA ACCIÓN

1. PLANTEAMIENTO DEL PROBLEMA

Como principio general, en todo Estado de derecho la configuración del contenido de la acción procesal apunta a reconocer que cualquier interés legítimo o derecho subjetivo obtenga la protección judicial. Por lo tanto, la negativa arbitraria o irrazonable a un juicio sobre el fondo, constituye un quebrantamiento a la protección de los derechos que garantiza la Constitución en el artículo 19 N° 3.

Se podría decir que en relación al ejercicio de este derecho existe como pauta rectora el principio *«pro actione»*, en virtud del cual los órganos judiciales deben interpretar los diferentes requisitos y presupuestos procesales de un modo más favorable con el derecho constitucional a obtener la protección judicial de los derechos, debiendo rechazarse *in limine litis,* las tesis rígidas o formalistas que puedan privar a las personas a obtener una tutela judicial efectiva de sus derechos e intereses legítimos[324].

Esta liberalidad en el ejercicio de la acción se entiende de mejor forma si se repara que nuestro sistema jurídico, más que un sistema de acciones, es un *"sistema de derechos"*, donde la acción está concebida como un instrumento general para la protección jurídica, ajena a enumeraciones en un catálogo o listado de acciones.

Con esto queremos señalar que la regla general en el proceso civil es el libre ejercicio de las acciones. La sola deducción de una acción o de varias en un mismo juicio o en procesos separados, por sí mismo no es un acto ilícito.

Con lo anterior queremos expresar que el ejercicio del derecho de acción en principio crea sólo un nexo de carácter procesal, explicado hoy mayoritariamente como una relación procesal de derecho público. Este vínculo jurídico produce una serie de efectos que se designan técnicamente como litispendencia.

En nuestro sistema, como se explicaba, los efectos materiales sobre el derecho discutido solo se obtienen si media por parte del actor una petición para que actúe la potestad cautelar o inhibitoria que detentan los jueces.

---

324 En este sentido, entre otras, CS, 18 de mayo de 2012. Rol N° 1261-12 (MJ 32062); CS, 6 de diciembre de 2017. Rol N° 35.057 (MJ 53229), Puentes con Torres"; CS, 13 de mayo de 2020. Rol N° 18.203-19 (MJ 305124), "Maderas Tarapacá SpA con Fisco de Chile".

Dicho de otra forma, el ejercicio de la acción no tiene en nuestro sistema procesal connotación patrimonial ni económica para el sujeto pasivo que la soporta, toda vez que él ni produce un estado material patrimonial distinto al anterior, ni introduce cambios que implican de pleno derecho una *orden de no innovar*[325].

De forma muy excepcional, el legislador ha dispuesto expresamente que el ejercicio de ciertas acciones pueda tener efectos patrimoniales o económicos para el que las deduce, a través de la condena en costas[326].

2. LA CONDENA EN COSTAS COMO LÍMITE NATURAL

En doctrina se discute si la condena en costas es una pena o una sanción procesal.

Cualquiera que sea la tesis que se postule, lo que nadie puede cuestionar es que se trata de un mecanismo sancionador o resarcitorio que se aplica al litigante perdedor. Para su aplicación, los ordenamientos jurídicos han establecido criterios más o menos objetivos, fijando pautas o directrices que sirven a los jueces para orientar en qué casos debe proceder a aplicar a quien corresponde asumir las costas[327].

Para la generalidad de los juicios se aplica la regla del artículo 144 del Código de Procedimiento Civil, que impone el pago de las costas a la parte que sea vencida totalmente en un juicio, aunque puede el tribunal "eximirla de ellas, cuando aparezca que ha tenido motivos plausibles para litigar, sobre lo cual hará declaración expresa en la resolución". A lo anterior se suman reglas especiales, que alteran dicha regla general.

Junto a la condena en costas también merecen un análisis los límites en el ejercicio de la acción que provienen de la aplicación al caso concreto de la doctrina del abuso del derecho y de la doctrina del acto propio.

---

325 La expresión "orden de no innovar" (prohibición de innovar o *statu quo*) tiene distintas connotaciones jurídicas. En su actual configuración, al haberse superado los efectos que provocaba la litiscontestatio sobre la cosa litigiosa, la orden de no innovar no produce de pleno derecho la incomerciabilidad de los bienes litigiosos. En efecto, la litispendencia opera actualmente sin provocar una inhibición jurídica en el bien objeto materia del juicio; en virtud de este sustancial cambio, la orden de no innovar ha quedado subsumida dentro del contenido cautelar de las medidas conservativas. Solo en algunos preceptos de excepción la orden de no innovar actúa logrando un auténtico *statu quo*, como ocurre, por ejemplo, con el interdicto posesorio de denuncia de obra nueva.

326 Así, por ejemplo, el caso la Ley N°20.169, de 16 de febrero de 2007, protegiendo "a competidores, consumidores y, en general, a cualquier persona afectada en sus intereses legítimos por un acto de competencia desleal". El art. 4 letra g) tipifica, como ejemplo de este ilícito, "el ejercicio manifiestamente abusivo de acciones judiciales con la finalidad de entorpecer la operación de un agente de mercado". Y otro caso, el del artículo 197 del Código Civil, también obliga a indemnizar perjuicios a quien ha ejercido una acción de filiación "de mala fe o con el propósito de lesionar la honra de la persona demandada".

327 Entre la abundante bibliografía, CHIOVENDA, José, *La condena en costas*, tr. Juan de la Puente y Q. 1ª reimp. 1992, México: Cárdenas Editor (el original es del 1900).

3. EL ABUSO DEL DERECHO

3.1. Planteamiento doctrinal

La teoría del abuso del derecho se ubica dentro de la doctrina de los límites del derecho subjetivo[328], incluyendo obviamente a los de naturaleza procesal, como lo son la acción, las medidas precautorias, los recursos o medios de impugnación, etc.

En el plano de los conceptos, el solo rechazo de una demanda no permite calificar al ejercicio de la acción como abusiva, puesto que ello puede provenir de varias explicaciones que justifican la actuación del litigante perdedor, entre otras: haber obrado convencido de una interpretación jurídica perfectamente lícita o de una calificación jurídica de los hechos enteramente razonable, pero que no fue compartida por el juez; haber demandado asilándose en un determinada interpretación judicial no decantada jurisprudencialmente o si lo estaba, pensando que los nuevos argumento lograrían modificar esa doctrina, entre otras razones[329].

Dicho de otra forma, constituiría un exceso estimar que siempre que se desestime una demanda estamos frente a una manifestación de abuso del derecho, aunque se aplique una condena en costas al litigante perdedor. Por lo mismo, se debe ser cuidadoso a la hora de fijar cuando la actividad procesal desplegada por el actor vencido determina que se pueda calificar que el ejercicio de su acción fue con un abuso del derecho[330].

Desde otro punto de vista, la aplicación de la doctrina del abuso del derecho no es otra cosa que recordar que, a la hora de resolver un caso concreto, todo juez está llamado a aplicar una serie de reglas elementales de justicia, que en la formulación de los clásicos se traducen, entre otras, en las siguiente máxima: "Es más atroz la injuria cuando es cometida en presencia del juez; es decir, sirviéndose del proceso judicial" *(atrocior est injuria, si conspectu iudicis facta est)*[331].

---

328 Entre otros, han desarrollado el tema, BIANCA, C. Maximo, "Responsabiliza proccesessuale e illecito civile", en *Scritti in onore de Elio Fazzalari,* Milán: Giuffre, 1993. vol. II, pp. 343-358; BERNAL, Marín, *El abuso del derecho*, Madrid: Montecorvo, 1982; PICÓ JUNIO, Joan, *El principio de la buena fe procesal*, Barcelona: J.M. Bosch, 2003.

329 Entre otras, con una síntesis de la doctrina clásica, C. de Ap. de Santiago, 11 de octubre de 2013. Rol N° 5066-11, MJ 36205, "CIDEF S.A. con Nafria Aznar, Vitalino y otros".

330 En el derecho comparado gradualmente se han ido estableciendo reglas para controlar el posible abuso del derecho en el ejercicio de la acción. En la legislación civil española se ha consagrado la doctrina del abuso del derecho como principio general. El artículo 7.2 del Código Civil prescribe: "La ley no ampara el abuso del derecho o el ejercicio antisocial del mismo. Todo acto u omisión que por la intención de su autor, por su objeto o por las circunstancias en que se realice sobrepase manifiestamente los límites normales del ejercicio de un derecho, con daño para tercero, dará lugar a la correspondiente indemnización y a la adopción de las medidas judiciales o administrativas que impidan la persistencia en el abuso", criterio que se repite en la Ley Orgánica del Poder Judicial que, en su artículo 11.2, dispone: "Los Juzgados y Tribunales rechazarán fundadamente las peticiones, incidentes y excepciones que se formulen con manifiesto abuso de derecho o entrañen fraude de ley o procesal".

331 ULPIANO, D. 47.10.7.8.

3.2. *Referencia jurisprudencial*

En nuestro medio, en el último tiempo una de las principales innovaciones jurídicas ha sido la aceptación plena del abuso del derecho, extendiendo su aplicación al campo del ejercicio del derecho de acción en un juicio[332]. En efecto, la jurisprudencia ha reconocido expresamente que es factible, bajo ciertos supuestos, que un actor, al ejercer su pretensión, pueda ir más allá del límite que está amparado por el derecho.

Lo relevante de toda esta doctrina jurisprudencial, a nuestro entender, está en haber reconocido que nuestro ordenamiento jurídico no tolera a quien de manera arbitraria, caprichosa o injusta ejercita su derecho de acción.

Algunas de las sentencias más relevantes en esta materia son:

a) Dictamen 986/526, de 7 de octubre de 1996 de La Comisión Preventiva Central (1996). La Comisión Preventiva Central, en el Dictamen 986/526, de 7 de octubre de 1996, estableció: "Si bien es cierto que toda persona tiene la posibilidad legalmente reconocida de denunciar ante esta comisión la existencia de actos contrarios a la competencia aun sin tener interés actual en ello, y que tanto esta Comisión como la Fiscalía Nacional Económica tienen el deber de investigar y conocer los hechos denunciados, no es menos cierto que ese derecho de acción puede ser ejercido con la segunda intención de utilizar a tales órganos de defensa de la competencia para intentar lograr que estos, en el ejercicio de sus funciones, sancionen o limiten el accionar de quienes compitan con el denunciante en el mercado".// "De esta manera, un derecho que la ley establece con fines de orden público, puede transformarse, por su mal uso o su abuso, en un instrumento para obtener resultados contrarios al interés general, infringiendo así el denunciante las mismas normas cuya aplicación solicita"[333].

En este caso, el ejercicio abusivo del derecho de acción surgió, a juicio de la sentencia, cuando una empresa del giro de telecomunicaciones, con un ánimo abusivo y revelador del propósito de evitar o a lo menos de entorpecer el ingreso de unas empresas competidoras al mercado de la telefonía local, realizó una actuación procesal absolutamente infundada y abusiva, justo después que las empresas denunciadas anunciaban su ingreso al negocio.

b) Inmobiliaria Nacional Ltda. contra Centro Banco (1992). La Corte de Apelaciones de Santiago, en sentencia de fecha 9 de noviembre de 1992, admitió que el abuso del

---

332 Sobre el tema en nuestra doctrina, ORTÚZAR SANTA MARÍA, Álvaro, *Estudios sobre reformas al Código Civil y Código de Comercio*, Santiago, Editorial Jurídica de Chile, 2003. "Ponencia principal sobre el abuso del derecho", especialmente pp. 25, 37 y 38. Con anterioridad, RODRÍGUEZ GREZ, Pablo, *El abuso del derecho y el abuso circunstancial*, Santiago: Editorial Jurídica de Chile, reimp. 1ª ed. 1999, pp. 121-340.

333 Comisión Preventiva Central, Dictamen 986/526 de 7 de octubre de 1996, confirmado por Comisión Resolutiva, el 12 de noviembre de 1996 (RDJ, t. XCIII, sec. 6ª, p. 181 y ss).

derecho es una hipótesis verificable en el empleo de procedimientos judiciales. Sin perjuicio de otros razonamientos, conviene detenerse en los siguientes considerandos:

> "Cuarto: Que cualquiera sea el ámbito de aplicación de la doctrina sobre el abuso del derecho, dolo, culpa o negligencia, irracionalidad en su ejercicio, falta de interés o necesidad legítimos, intención del agente en perjudicar, o con desvío de los fines de la institución o para la que fue concebida e incluso aplicado a procedimientos judiciales, es evidente que, de parte del agente causante del mal, debe existir un ánimo manifiesto de perjudicar o una evidente falta de interés o necesidad de lo que promueva o un actuar motivado por el afán de causar un perjuicio a su contraparte o cocontratante. Esa intención de perjudicar no solo debe manifestarse, como es lógico, cuando se actúa en la órbita de la responsabilidad extracontractual, sino que también para el caso en que el acto se ejecuta excediendo el interés jurídicamente protegido".
> "Quinto: Que en nuestro ordenamiento procesal tiene aplicación el principio de probidad o de buena fe, que exige a los contendientes una actuación leal en el uso de pretensiones, defensas o recursos, sancionándose cualquier exceso en el uso de expedientes dilatorios o pretensiones infundadas [...] Pero lo dicho no implica en todo caso coartar el derecho de defensa que le asiste a cada litigante, garantía que tiene protección constitucional en el artículo 19 N° 3 de la Constitución Política, que le permite ejercitar todos los recursos o mecanismos procesales para asegurar su pretensión aunque dicho ejercicio cause daño a otro, lo que normalmente va a ocurrir en un litigio"[334].

c) Inversiones Socoroma contra Carter Holt Harvey International Limited (1998). En el campo arbitral, don Juan Colombo Campbell pronunció una sentencia que demuestra como la equidad puede servir de base, bajo ciertos supuestos, para desestimar acciones judiciales cuyo ejercicio se considera como abusivo. El tema se suscitó a raíz del incumplimiento de un pacto de accionistas, suscrito el 27 de febrero de 1990. En la decisión final, dada el 9 de abril de 1998, en relación con el abuso del derecho se declaró:

> "163°)... En concordancia con lo expresado, debe tenerse presente que nuestro sistema procesal contempla claras sanciones para quien use indebidamente las vías procesales. Como ejemplos, pueden citarse la simulación procesal, el uso indebido del proceso penal y, en lo que atañe directamente al caso, la construcción de una estrategia judicial para lograr resultados impropios mediante la presentación de un conjunto de demandas, todas destinadas a perseguir el término del *joint venture*, distorsionando con ello la finalidad constitucional del proceso, cual es la de dar protección a los habitantes en el ejercicio de sus derechos (artículo 19 N°3 de la Constitución Política)".

---

334 RDJ, t. LXXXIX, sec. 1ª, pp. 179-180.

"Tratadistas nacionales y extranjeros, como Arturo Alessandri Rodríguez, Flour y Aubert y Mazeaud, aceptan plenamente la responsabilidad por el uso indebido de derechos procesales".
"En la memoria de prueba de José Diez Schwerter invocada en este proceso, se concluye que las normas de procedimiento que se contienen en los códigos no son sino garantías para las partes y en ningún modo es aceptable convertirlas en armas para frustrar los legítimos derechos de los litigantes".
"Cabe acotar que el código francés sanciona a la parte que acciona o se defiende indebidamente, la que además de ser condenada en costas, puede ser obligada a indemnizar los perjuicios que cause con su actividad jurisdiccional ilegítima".

Más contundentes son los considerandos 164°), 165°) y 166°) de esta sentencia, cuando sostienen que:

"164°) [...] En este orden de ideas debe tenerse presente que es indudable, como ya se ha reiterado en este fallo, que el acto de demandar con el propósito de obtener la decisión jurisdiccional de un conflicto subjetivo de intereses mediante el proceso, constituye el ejercicio legítimo de un derecho constitucional plenamente garantizado por los artículos 19 N° 3 y 73 de nuestra Constitución Política. Diferente es el uso del proceso con fines impropios".
"Alejandro Silva Bascuñán, en su informe en derecho agregado a los autos, confirma lo expuesto al distinguir claramente entre la titularidad ineludible del derecho a la acción y las responsabilidades que puedan derivar de su interposición, recordando que incluso hay instituciones procesales que se fundan justamente en esta distinción, como son la responsabilidad por el delito de calumnia y la condenación en costas".
"165°) Que debe tenerse en cuenta que existe un límite de legitimidad en el uso del proceso, el que no debe ser empleado con una finalidad distinta a la que constituye su fin esencial".
"Recordemos que –al decir de Josserand– las acciones procesales 'son armas lícitas que se convierten en armas envenenadas cuando se utilizan de cierta manera'".
"Como elemento útil para desentrañar el propósito que Carter Holt tuvo y cuáles fueron sus reales intenciones al presentar estas demandas, debe enfatizarse que, de acogerse cualquiera de sus peticiones, la sentencia que así lo decida se transformaría en poderosa arma destinada a otorgar a Carter Holt el control directo de su participación en las empresas que maneja Socoroma y que pertenecen a Los Andes. En síntesis, estaríamos en presencia del uso inadecuado del proceso, el que estaría empleándose para lograr finalidades diversas a las altas funciones que le asigna la Constitución Política".
"166°) Que en definitiva debe concluirse que el propósito final de las demandas era lograr la alteración del sistema de propiedad y administración del conglomerado empresarial Los Andes para provocar, de esta forma, el cambio del sistema convenido por Carter Holt en la propiedad del grupo y conseguir, por esa vía, su intervención en la administración de Copec, sus filiales y coligadas".

d) "*Opazo con Brown*". En ese caso, la Corte Suprema, en sentencia de 24 de noviembre de 2009, ha vinculado este límite en el ejercicio de las acciones al conocimiento del derecho que es exigible a la parte, al señalar "[...] los hechos fácticos demuestran ineludiblemente que hubo mala fe en el ejercicio de la acción de filiación, al haberse basado en derechos hereditarios inexistentes, ignorando manifiestamente y sin justificaciones razonables las transformaciones elementales de las disciplinas jurídicas del derecho de familia y derecho sucesorio. Representa un caso en que la acción es utilizada con un fin dañoso y como una herramienta ilícita de presión". "Lo indicado es además constitutivo de un error de derecho, esto es, constituye presunción de mala fe, que no admite prueba en contrario, de acuerdo a lo dispuesto en el artículo 706 inciso final del Código Civil, en relación con el artículo 8° del mismo cuerpo legal y que pese a la ubicación de la disposición contenida en el título de la posesión, corresponde a un principio de aplicación general"[335].

4. EL JUEZ NATURAL EN EL CONTROL DEL EJERCICIO ABUSIVO

Es importante no perder de vista que la admisión del abuso del derecho en el ejercicio de acciones judiciales opera como un mecanismo de defensa, que debe ser calificado en el proceso donde el demandado alega la existencia de una demanda abusiva.

Como se anticipó, el derecho de acción exige tres condiciones, a saber, una causa de pedir, legitimación y posibilidad de otorgar jurisdiccionalmente el *petitum*.

Pues bien, la invocación por parte de la defensa de la teoría del abuso del derecho como base de su resistencia importa promover una excepción material, toda vez que se trata de un planteamiento que persigue enervar la acción y que, de ser acogido, provocará la absolución del demandado.

Dicho de otra manera, el litigante que denuncia o alega el abuso del derecho respecto del ejercicio de una acción lo que busca directamente es un determinado pronunciamiento sobre una de las condiciones de esa acción, concretamente sobre la causa de pedir. En tal sentido, una argumentación fundada en el abuso del derecho de acción apunta a desvirtuar su "título justificador" o su "causa eficiente". Por la misma razón, quien debe juzgar esa excepción material es el tribunal que conoce de la supuesta acción ejercida en forma abusiva[336].

---

335 CS, 24 de noviembre de 2009. Rol N° 2275-08, MJ 22466.

336 En la jurisprudencia ha reconocido que el "juez de la acción" es el que debe calificar el abuso del derecho la sentencia de la CS de 30 de julio de 2002. Según nuestro máximo Tribunal,"6°) [...] Que cabe añadir que lo que se advierte en el presente caso es una muy singular manera de reaccionar ante una acción penal, que no viene sino a constituir una especie de defensa –por la vía de lo que podría denominarse "contraataque jurídico"– respecto del juicio correspondiente, porque, en efecto, de mantenerse el criterio sustentado en la resolución que se ha reclamado, sería muy improbable que en el juicio penal pudiere llegar a resolverse de una manera diversa de como se ha hecho en la actual situación, porque en este procedimiento aparece ya un prejuzgamiento

5. LA DOCTRINA DE LOS ACTOS PROPIOS COMO LÍMITE

Otro límite en el ejercicio del derecho de acción puede provenir de aplicar al actor una de las más excelsas manifestaciones del principio general de buena fe: la doctrina de los actos propios.

La regla jurídica referida es de aplicación en todos los ordenamientos jurídicos, como una emanación del principio general de buena fe, y graficada en la formula latina: *venire contra propium factum nulli conceditur; venire contra factum propium non valet.*

Según Borda, se trata de "una regla de derecho derivada del principio general de la buena fe, que sanciona como inadmisible toda pretensión lícita pero objetivamente contradictoria con respecto al propio comportamiento anterior efectuado por el mismo sujeto"[337].

En palabras de Puig Brutau, en la tradición del *common law* esta regla se manifiesta en la figura del *estoppel*, en virtud de la cual se aplica una presunción *iuris et de iure*, que impide jurídicamente que una persona afirme o niegue la existencia de un hecho determinado, por haber antes ejecutado un acto, hecho una afirmación o formulado una negativa en el sentido precisamente opuesto; pues, conforme a este principio, nadie puede contradecir lo dicho o hecho por él mismo o por aquel de quien se derive su derecho, de un modo aparente y ostensible, con perjuicio de un tercero que fiado de esas apariencias, producidas intencional o negligentemente por el responsable de ellas, contrae una obligación o sufre un perjuicio en su persona o en su patrimonio[338].

En el ámbito teórico, la doctrina de los actos propios estaba aceptada desde algún tiempo por varios autores de derecho civil y también de derecho público, en este último caso como un límite a la autotutela del Estado[339].

---

muy explícito efectuado por la resolución referida, en favor del denunciante"; "7°) Que, siguiendo el orden de ideas que se vienen desarrollando, cabe a advertir que la circunstancia de encontrarse en tramitación el juicio criminal debiera, por sí sola, llevar al rechazo de la denuncia, la que podría intentarse tan solo si en aquel se lograre un sobreseimiento definitivo o una sentencia de absolución y de donde surgiere que, efectivamente, se hizo un abuso de las diversas sedes ya señaladas y del derecho mismo. Y, aun así, porque no se divisa, como se esbozó previamente, que exista la necesaria correspondencia o relación causal entre el hecho –interposición de querellas y ejercicio de acciones administrativas– y el resultado presuntamente perseguido de entrabar la libre competencia. Asignar dicho carácter a las querellas interpuestas equivale prácticamente a darles la categoría de actos delictuales. Esto es, que se habrían utilizado sosteniendo hechos falsos, con la sola finalidad de dañar al querellado, recurriendo como medio a los tribunales, debiendo recordarse que para este caso existen acciones también criminales específicas, que puede en su oportunidad, si es del caso, entablar el que ahora aparece como querellado y que ha efectuado la denuncia en estos autos" (CS, 30 de julio de 2002, RDJ t. XCIX, sec. 6ª, p. 109).

337 BORDA, Alejandro, *La teoría de los actos propios*, Buenos Aires: Editorial Abeledo Perrot, 1993, p. 531

338 PUIG BRUTAU, José, "La doctrina de los actos propios", en *Estudios de derecho comparado*, Barcelona, Ariel, 1951, pp. 104-105.

339 En nuestra doctrina, sobre esta regla, entre otros, LÓPEZ SANTA MARÍA, Jorge, "Intereses devengados por indemnización contractual de perjuicios. Doctrina de los actos propios o *estoppel*", en

En la jurisprudencia se aprecia claramente la aplicación de este límite al ejercicio de la acción, entre otros, en los siguientes casos:

a) En la sentencia de la Corte Suprema, de 9 de mayo de 2001, pronunciada en los autos "Villanueva con Sanhueza". Al efecto, el considerando 3° sostiene: "...la pretensión de la demandante en este juicio necesariamente ha debido ser rechazada de acuerdo con la teoría de los actos propios, es decir, aquel principio general del derecho fundado en la buena fe que impone un deber jurídico de respeto y sometimiento a una situación jurídica creada por la conducta del mismo sujeto, evitando así la agresión a un interés ajeno y el daño consiguiente. Tal doctrina se traduce en que se debe mantener en el derecho una conducta leal y honesta y, desde luego, es la inspiración de la regla por la cual nadie puede aprovecharse de su propio dolo o fraude, encontrando en materia contractual su base legal en el artículo 1546 del Código Civil. Son requisitos de procedencia de este principio los siguientes: a) una conducta anterior, que revela una determinada posición jurídica de parte de la persona a quien se le trata de aplicar este principio; b) una conducta posterior de parte del mismo sujeto, contradictoria con la anterior; y c) que el derecho o pretensión que hace valer la persona a quien incide el actor perjudique a la contraparte jurídica"[340].
b) También aplica la misma restricción la sentencia de la Corte de Apelaciones de Concepción, de 14 de agosto de 2002, que desestimó una pretensión laboral de nulidad del despido. En ese caso, el trabajador había demandado una prestación laboral que él mismo, en su calidad de contador auditor de la empresa demandada, nunca incluyó en las liquidaciones mensuales; la Corte consideró su actuación profesional anterior como vinculante, y su reclamación posterior mediante el ejercicio del derecho de acción, como contraria a la doctrina de los actos propios, desestimando su pretensión[341].
c) En el campo arbitral dio aplicación a este principio el fallo del arbitrador don Raúl García Astaburuaga, de 28 de junio de 2002, cuando decidió:

RDJ, vol. LXXXII, N° 2 (mayo-agosto, 1985), pp. 33-52; Fueyo Laneri, Fernando, "La doctrina de los actos propios", en *Instituciones de derecho civil moderno*, Editorial Jurídica de Chile, 1990, pp. 303-357; Rivas Guzmán, Ramón, "La doctrina de los actos propios y el reglamento interno de la empresa", en *Contratos*, VV.AA. (Coordinación E. Barros B.), Editorial Jurídica de Chile, 1991, pp. 189-207; Rodríguez Grez, Pablo, *El abuso del derecho y el abuso circunstancial*, Editorial Jurídica de Chile, 1997, pp. 42-43; GUZMÁN BRITO, Alejandro "El fundamento de validez de la costumbre como fuente del derecho", en RCHD, vol. 22 N° 3, 1995, pp. 623-628. A nivel de monografía, Ekdahl Escobar, María Fernanda, *La doctrina de los actos propios*, Editorial Jurídica de Chile, 1989; "Venire contra factum propium", VV.AA. (Coordinación, Hernán Corral), Universidad de los Andes, *Cuadernos de Extensión Jurídica*, N° 18, 2010, pp. 19-151.

340 RDJ, t. XCVIII, N° 2, sec. 1ª, pp. 99-100. Había aceptado la aplicación de dicha doctrina la sentencia de la C. de Ap. de Concepción de 3 de mayo de 1993 (C° 8°), recaída en un recurso de protección (confirmada por la CS, 1° de junio de 1993). Inédita.

341 GJ, N° 266, 2002, pp. 204-207.

"25. Que, por lo manifestado, la reclamación de autos resulta de difícil conciliación con el comportamiento observado por la actora con antelación a su formulación, pues sabido es que nadie puede alegar un derecho antinómico con sus propios actos (*nemo potest contra factum veniere*), ni contradecir sus actitudes precedentes que sean jurídicamente relevantes y plenamente eficaces, asumiendo una conducta incompatible con las observadas anteriormente".
"26. Que, en efecto, a partir de los postulados de la llamada 'doctrina de los actos propios', de creciente aceptación y aplicación en el ámbito jurisdiccional, no resulta admisible una reclamación que se fundamente en hechos o razones de derecho que contradigan los propios actos del recurrente, esto es, que los basamentos de su reclamo importen una actitud que esté en contradicción con su anterior conducta, situación que evidentemente entra en pugna con el derecho *(venire cum actum proprium non valet)*"[342].

Desde el punto de vista de los elementos constitutivos de la acción, la aplicación de la doctrina de los actos propios facilita a los jueces su tarea decisoria. En efecto, constatada la infracción a esta regla, se debe desestimar la acción básicamente por falta de causa de pedir. Como se ha explicado, toda acción deducida en juicio tiene un componente causal, denominado como causa de pedir, que es la "razón" o del "fundamento de la acción". Al examinar el juez la procedencia de este elemento, como lo refleja la jurisprudencia antes referida, puede detectar una contradicción que prive al demandante de la tutela jurídica que solicita.

Naturalmente que el límite que surge de la doctrina del acto propio también se aplica al demandado, a quien se le puede rechazar su excepción fundado en esta misma razón[343].

El "dar a cada uno lo suyo" *(ius suum cuique tribuendi)*, impone siempre un examen de la buena fe con que se está ejerciendo la acción (y la excepción), al punto de que si el actor entra en contradicción con su anterior conducta la acción resulta improcedente, ya que la mala fe hace desaparecer el "título" del derecho reclamado.

Naturalmente que para determinar la aplicación de esta figura hay que examinar cada caso, huyendo de una utilización desorbitada de este principio.

Como se puede apreciar, la doctrina de los actos propios constituye un magnífico campo para que los jueces puedan ir generando una casuística que permita morigerar la utilización abusiva del derecho de acción, resaltando el contenido del principio de buena fe procesal o de probidad procesal. Se trata, en buenas cuentas de un instrumento para restringir la actuación del litigante de mala fe.

Dentro de las restricciones, se debe tener cuidado de calificar bajo este límite el ejercicio de acciones incompatibles en procesos separados. En efecto, uno de los rasgos del proceso civil moderno radica en la superación del antiguo efecto consumativo de

---

342 ROL 279, Centro de Arbitrajes y Mediaciones, CAM.

343 Un ejemplo de ello se encuentra en las sentencias de la C. de Ap. de Santiago, de 12 de mayo de 2005 (*Gaceta Jurídica* N° 299, pp. 171-174).

la acción por el hecho de demandar. Mientras se mantuvieron vigentes los efectos de la *litisconstestatio* romana, el actor tenía que elegir entre las acciones incompatibles, quedando extinguidas las restantes al deducir una cualquiera en juicio. Esta situación determinaba que elegida una vía procesal por una parte no se podía acudir a otra *(electa una via per partem ad aliam potest venire)*[344]. Al trasladarse el efecto extintivo de las acciones a la eficacia de cosa juzgada, el ejercicio separado de acciones incompatibles no implica necesariamente un acto de mala fe[345].

Por último, conviene aclarar que, si bien la teoría del abuso del derecho y el principio *venire contra factum proprium non valet* tienen como elemento común pertenecer al principio general de buena fe, entendida esta como convicción de actuar conforme a derecho o de modo legítimo y sin fraude, es preciso no confundirlos. Como lo explica Borda, "el abuso del derecho es el ejercicio de una prerrogativa que si bien es lícita excede los límites impuestos por la buena fe. La teoría de los actos propios considera inadmisible el ejercicio de un derecho subjetivo o de una conducta contradictoria con el sentido objetivo (y de buena fe) atribuible a la primera conducta relevante y eficaz realizada en una situación jurídica"[346].

6. LA LITIGACIÓN ABUSIVA

Como se explicaba, el ejercicio del derecho de defensa mediante el ejercicio de la acción por parte del demandante o de las excepciones, alegaciones y defensas por el demandado forman parte de la garantía constitucional del debido proceso, que el legislador configura para cada procedimiento en particular. La regla general en el proceso civil es el libre ejercicio del derecho de defensa.

Sin embargo, gradualmente la doctrina y la legislación han incorporado en este análisis los límites elaborados para el ejercicio del derecho subjetivo. Lo anterior se vincula al fenómeno de la litigación abusiva, cuya delimitación y contenido están en pleno desarrollo, y se comporta de diferente forma en cada ordenamiento.

Como lo describe Muñoz, la litigación abusiva puede definirse como un uso injustificado –ya sea por el actor o por el demandado– del derecho a la tutela judicial efectiva, materializado en el ejercicio de acciones (u oposición a las mismas), sin "causa razonable"; esto es, indefendibles desde un punto de vista fáctico o jurídico por carecer de un fundamento mínimamente sólido. Y ello con independencia de la concurrencia o acreditación del elemento intencional, pues lo relevante es que se propicie –o

---

344 Según Domingo, esta regla tiene su fuente en Decio, *Regula,* 301.6, p. 117. También se cita a Papiniano.Ulpiano D. 18.3.4.2. Domingo, Rafael, *Reglas jurídicas y aforismos*, *op. cit.*, p. 48.

345 Por ejemplo, podría ocurrir que un actor haya iniciado su acción de resolución, pero por un cambio en la situación económica le convenga iniciar un juicio posterior, pidiendo el cumplimiento del contrato. Ese cambio de estrategia no es por sí mismo contrario a la buena fe, sino que obedece a una valoración económica que el justiciable es soberano para calificar.

346 Borda, Alejandro *La teoría de los actos propios op. cit.*, p. 121.

mantenga– un pleito sin *iusta causa litigandi* (que es la ausencia de razón para una acción excepción, sin base jurídica o fáctica, mínimamente razonable)[347].

Este asunto es esencialmente casuístico, pero las manifestaciones más típicas de litigación abusiva se vinculan con la prohibición del abuso del derecho o del abuso del proceso y la proscripción de las diversas formas que puede revestir el fraude procesal.

En el plano normativo, el fenómeno que se viene describiendo cuenta en nuestro sistema jurídico con un reconocimiento positivo.

En un plano general, un aporte se contiene en el art. 2 de la Ley de Tramitación Electrónica N° 20.886, cuando al regular el principio de buena fe dispone que "las partes, sus apoderados y todos quienes intervengan en el proceso conforme al sistema informático de tramitación deberán actuar de buena fe. El juez, de oficio o a petición de parte, deberá prevenir, corregir y sancionar, según corresponda, toda acción u omisión que importe un fraude o abuso procesal, contravención de actos propios o cualquiera otra conducta ilícita, dilatoria o de cualquier otro modo contraria a la buena fe.

347 Muñoz Aranguren, Arturo, *La litigación abusiva: delimitación, análisis y remedios*, Madrid: Marcial Pons, 2018, p. 35.

BIBLIOGRAFÍA

ABRISQUETA COSTA, Pedro, *La sentencia con reserva de liquidación*, Madrid: Marcial Pons, 2016, pp. 15-276.

AIMONE GIBSON, Enrique, *Evolución histórica del concepto de acción civil*, Memoria de Prueba, U. Católica de Valparaíso, 1956.

AGUERREA MELLA, Pedro, "El derecho a la vida y la acción del Estado en su protección", en *Ius Publicum*, N° 7, 2001.

AGUIRREZÁBAL GRÜNSTEIN, Maite, "Algunas precisiones en torno a los intereses supraindividuales (colectivos y difusos)", en *RCHD*, vol. 33 N° 1, 2006.

——— *Las condenas de futuro* (memoria de prueba), Universidad de Valparaíso, 1998.

——— "Las medidas cautelares innovativas en la nueva institucionalidad ambiental", en *RDUCN, vol. 23, N° 1*, 2016, pp. 23-49.

——— "Algunas precisiones en torno a las medidas cautelares innovativas en el procedimiento por violencia intrafamiliar", en RChDP, N° 21, 2013, pp. pp. 459-473.

AQUILIO, Jorge F., *Prohibición de innovar*, B. Aires: AbeledoPerrot 1969.

ALONSO DUCCI, Julio (con UGARTE SOTO, Alfredo), "Las acciones declarativas o de mera certeza ante los tribunales tributarios y aduaneros", en *Estudios de Derecho Privado*, Santiago: Editorial Jurídica de Chile, 2001.

ALSINA, Hugo, *Las cuestiones prejudiciales en el proceso civil*, Buenos Aires: E.J.E.A., 1959.

——— "Unificación de la legislación acerca de la intervención de terceros en la relación procesal", en *Revista de Derecho Procesal*, N° 4, 1957.

ANDRIOLI, Virgilio, *Diritto Processuale Civile*, Nápoles: Dott, 1979.

ARAGONESES MARTÍNEZ, Sara, *Las "Astreintes"*, Madrid: Edersa, 1985.

ARANZI, Rolando, *Medidas cautelares* (VV.AA.), B. Aires, 2ª ed. 1999.

ARMENTA DEU, Teresa, *Lecciones de derecho procesal civil*, Madrid: Marcial Pons, 7ª ed. 2013.

ATTARDI, Aldo, "In tema di limiti oggettivi della cosa giudicata", en *Rivista Trimestrale di Diritto e Procedure Processuale*, 1990, N° 2.

AVILÉS GARCÍA, Javier, "Evolución de las garantías personales en el Derecho español", en *Anuario de Derecho Civil*, T. XLIX, 1996.

BADUEL, Maximiliano, BADUEL, Jorge, *Medidas cautelares trabadas indebidamente. Responsabilidad*, B. Aires: Abeledo-Perrot, 1999.

BALLESTEROS, Manuel E., *La Lei de Organización i Atribuciones de los Tribunales de Chile*, Santiago, Imprenta Nacional, 1890, t. II.

BAPTISTA DA SILVA, Ovidio, *Teoría de la acción cautelar*, Porto Alegre: Fabris Editor, 1993.

BARAONA GONZÁLEZ, Jorge, "La causa del daño en la jurisprudencia reciente", en *Revista Chilena de Derecho*, vol. 30 N° 2, 2003.

BARROS BOURIE, Enrique, *Tratado de responsabilidad extracontractual*, Santiago: Editorial Jurídica de Chile, reimp. 1ª ed. 2007.

BERIZONCE, Roberto O., *Tutelas procesales diferenciadas*, Buenos Aires: Rubinzal, 2009.

———— "La tutela cautelar y la prestación jurisdiccional efectiva", en *Revista Uruguaya de Derecho Procesal*, N° 1, 1996.

BERNAL, Marín, *El abuso del derecho*, Madrid: Montecorvo, 1982.

BERZOSA FRANCOS, María Victoria, Demanda "causa petendi" y objeto del proceso, prólogo de M. Serra Domínguez, Córdoba: El Almendro, 1984.

BIANCA, C. Maximo, "Responsabiliza proccesessuale e illecito civile", en *Scritti in onore de Elio Fazzalari,* Milán: Giuffre, 1993. vol. II.

BORDA, Alejandro, *La teoría de los actos propios*, Buenos Aires: Editorial Abeledo Perrot, 1993, p. 531.

BORDALI, Andrés, "El derecho de acción: un intento de configuración en el orden constitucional chileno", en *RDJ*, t. XCVII.

———— "El recurso de protección entre exigencias de urgencia y seguridad jurídica" en *Revista de Derecho*, Universidad Austral de Chile, Vol. XIX – N° 2, 2006, pp. 205-228.

———— "Diversos significados de la tutela cautelar en el proceso civil" en *Revista de Derecho*, Universidad Austral de Chile, Vol. XII N° 2, 2001.

———— *El Juicio Ordinario de Mayor Cuantía* (con CORTEZ MATCOVICH, Gonzalo, PALOMO VÉLEZ, Diego) Santiago: LegalPublishing, 2013.

BUJOSA VADELL, Lorenzo, *La protección jurisdiccional de los intereses de grupo*, Barcelona: J.M. Bosch, 1995.

CALAMANDREI, Piero, *Introducción al estudio sistemático de las providencias cautelares*, B. Aires: Editorial Bibliográfica Argentina, 1945.

———— *Instituciones de derecho procesal civil*, Buenos Aires: Ediciones Jurídicas Europa-América, 1962, tr. S. Sentís Melendo. Tomos I y II.

———— "El proceso como un juego", *en Estudios sobre el proceso civil,* tr. S. Sentís Melendo, B. Aires: Ediciones Jurídicas Europa-América, 1986.

CALDERÓN CUADRADO, María Pía, *Las medidas cautelares indeterminadas en el proceso civil*, Madrid: Civitas, 1992.

CÁMARA RUZ, Juan, *La intervención judicial de bienes litigiosos*, Granada: Comares, 1997.

CAMPO CABAL, Juan Manuel, *La suspensión de los actos administrativos*, Bogotá: Temis, 1989.

CANO CAMPOS, Tomás, "*Non bis in idem*, prevalencia de la vía penal y teoría de los concursos en el derecho administrativo sancionador", en *Revista de Administración Pública*, Madrid, 2001.

CATALANO, Pierangelo, *Diritto e persone I*, Torino: G. Giappichelli Editore, 1990.

CAREY B., Guillermo, *De la sociedad anónima y la responsabilidad civil de los directores,* Santiago, Editorial Universitaria, 1993.

CARNELUTTI, Francesco, *Sistema de derecho procesal civil*, trad. Alcalá-Zamora, B. Aires: UTEHA, 1944.

———— *Derecho y Proceso*, tr. del italiano Santiago Sentís Melendo, Buenos Aires: E.J.E.A., T. I.

——— *Instituciones del proceso civil*, Buenos Aires: E.J.E.A., tr. 5ª ed. italiana Santiago Sentís Melendo, vol. I., 1959, T. I.

CARRASCO DELGADO, Nicolás, *Análisis económico de las medidas cautelares*, Santiago: AbeledoPerrot, 2012.

CARRASCO POBLETE, Jaime, *La rebeldía en los procesos civil y laboral*, Santiago: AbeledoPerrot, 2010.

CASARINO VITERBO, Mario, "Del cumplimiento de las sentencias judiciales civiles", en su obra homenaje *Medio siglo al servicio del derecho procesal*, Valparaíso: Edeval, 1993.

CAVANILLAS MUGICA, Santiago (con LÓPEZ SIMÓ, Francisco, GASCÓN INCHAUSTI, Fernando), *Las condenas de futuro*, Pamplona: Aranzadi, 2001.

CLARIÁ OLMEDO, Jorge, *Derecho procesal*, t. I., Buenos Aires, Depalma, 1982.

COMOGLIO, Luigi, FERRI, Corrado, "La tutela cautelare in Italia", en *Rivista di Diritto Processuale*, Padova: Cedam, 1990.

CONSTANTINO, Juan Antonio, *Medidas cautelares* (VV.AA.), Buenos Aires: Edit. Panamericana, N° 4, 1997.

CORDÓN MORENO, Faustino, "Anotaciones acerca de la legitimación", en *Revista de Derecho Procesal Iberoamericana,* 1979.

——— "Consideraciones sobre la legitimación activa en el proceso de amparo constitucional", Madrid: La Ley, 1984 N° 2, p. 1038.

——— *La legitimación en el proceso contencioso-administrativo,* Pamplona: Eunsa, 1979.

CORDOPATRI, Francesco, "Contributo allo studio della tutela costitutiva", en *Scritti in onore de Elio Fazzalari,* Milán: Giuffre, 1993.

CORRAL TALCIANI, Hernán, *Derecho civil y persona humana*, Santiago: LexisNexis, 2007.

——— *Lecciones de responsabilidad civil extracontractual*, Santiago: LegalPublishing, 2ª ed. actualizada, 2013.

——— "Configuración jurídica del derecho a la privacidad: Concepto y delimitación," *Revista Chilena de Derecho*, N° 27, 2000, N°s. 1 y 2.

——— "Venire contra factum propium", VV. AA. (Coordinación, Hernán Corral), Universidad de los Andes, *Cuadernos de Extensión Jurídica*, N° 18, 2010, pp. 19-151.

——— "La interposición de la acción directa implícita del tercero perjudicado en contra del asegurador de responsabilidad civil en el nuevo régimen de seguros chileno", en *Revista Chilena de Derecho* vol. 42, 2015, N° 2, pp. 397-422.

——— "Acción directa de la víctima contra el asegurador de responsabilidad civil", en Susan Turner y Juan Andrés Varas (coords.), *Estudios de Derecho Civil IX*, LegalPublishing, Santiago, 2014, pp. 565-582.

——— *Curso de Derecho Civil (parte general)*, Santiago: Thomson Reuters, 2018.

CORTEZ MATCOVICH, Gonzalo, "La configuración del *periculum in mora* en el régimen cautelar chileno", en *Revista de Derecho*, Universidad de Concepción, N° 205, 1999.

——— *El juicio ordinario de mayor cuantía* (con BORDALÍ SALAMANCA, Andrés, PALOMO VÉLEZ, Diego), Santiago: LegalPublishing, 2013.

——— *La tutela cautelar en el proceso civil*, Santiago: Thomson Reuters, 20017, pp. 63-70.

COUTURE, Eduardo J., "Legitimación procesal del tercero coadyuvante", en *Estudios de derecho procesal,* T. III, Buenos Aires: Depalma, 1989.

——— *Vocabulario Jurídico*, Buenos Aires: Desalma, 1993, p. 344.

CHIOVENDA, José, "La acción en el sistema de los derechos", en *Ensayos de derecho procesal civil*, tr. Santiago Sentís Melendo, Buenos Aires: Ediciones Jurídicas Europa-América, 1949, t. I.

——— "Identificación de las acciones. Sobre la regla "*ne eat iudex ultra petita partium*", en *Ensayos de derecho procesal Civil,* t. I.

——— *Instituciones de derecho procesal civil,* tr. del italiano Emilio GÓMEZ ORBANEJA, Madrid: Revista de Derecho Privado, 1954, I.

——— *Principios de derecho procesal civil*, tr. de la 3ª ed. italiana José Casais y Santaló, Madrid: Reus, 1922, T. I.

——— *La condena en costas*, tr. Juan de la Puente y Q. 1ª reimp. 1992, México: Cardenas Editor (el original es del 1900).

CHOZAS, Juan Manuel (2007): "La ejecución provisional de sentencias de primera instancia en el proceso civil español", en *Proceso civil. Hacia una nueva justicia civil,* Santiago: Editorial Jurídica de Chile, (Coord. DE LA OLIVA, Andrés y PALOMO, Diego) 2007.

DÁVILA MILLÁN, María Encarnación, *El litisconsorcio necesario. Concepto y tratamiento procesal,* Barcelona: Bosch, 2ª ed. 1992.

DE LA OLIVA SANTOS, Andrés, *El objeto del proceso y cosa juzgada en el proceso civil*, Madrid: Thomson, 2005.

——— *Sobre el derecho a la tutela jurisdiccional,* Barcelona: Bosch, 1980.

——— *Derecho procesal civil,* (con DÍEZ-PICAZO GIMÉNEZ, Ignacio, VEGA TORRES, Jaime), Madrid: Ramón Areces, 3ª ed., 2016.

——— *Derecho procesal civil,* (con FERNÁNDEZ LÓPEZ, Miguel Ángel, Madrid: Centro de Estudios Ramón Aceres, 1991, t. III.

——— *Derecho procesal penal,* Madrid, Centro de Estudios Ramón Areces, 2010 (reimp. de la 8ª ed. 2007), p. 254.

DE LOS SANTOS, Mabel, "La medida cautelar innovativa y el anticipo de la sentencia. Su ubicación en los llamados procesos urgentes", en *Revista Uruguaya de Derecho Procesal*, N° 2, 1995.

——— "Resoluciones anticipatorias y medidas autosatisfactivas", en *Revista de Derecho y Jurisprudencia*, t. XCVI, 1999.

DE MIRANDA VÁZQUEZ, Carlos, *Las excepciones materiales en el proceso civil*, Barcelona: J.M. Boch, 2016.

DÍAZ VILLALOBOS, José Ignacio (con ROMERO SEGUEL, Alejandro) "La acción de responsabilidad civil del art. 133 bis de la Ley de Sociedades Anónimas", en *RDJ*, T. XCIX.

DI MAJO, Adolfo, *La Tutela Civile dei Diritti*, Milán: Giuffrè, 2ª ed. 1993.

D'ORS, Álvaro, "Titulus", en *Anuario de la Historia del Derecho Español. Estudios en homenaje a don Eduardo de Hinojosa,* T. XXIII, 1953.

DOMINGO, Rafael, *Reglas jurídicas y aforismos*, Pamplona: Aranzadi, 2000.

ECHEVERRÍA, Aníbal (con TORO MELO, Davis), *Código de Procedimiento Civil anotado,* Santiago: Imprenta Barcelona, 1902.

EKDAHL ESCOBAR, María Fernanda, *La doctrina de los actos propios*, Editorial Jurídica de Chile, 1989.

EZURMENDIA ÁLVAREZ, Jesús, *Reflexión contemporánea sobre la cosa juzgada,* Barcelona: J.M. Boch, 2021.

FAIRÉN GUILLÉN, Víctor, "Leo Rosenberg", en *Juristas universales* (DOMINGO, Rafael, editor), Marcial Pons, 2003, t. III.

——— "La acción de jactancia como forma de tutela anticipada en el proceso civil. Su futuro", en *Revista de Derecho Procesal*, Madrid, N° 2, 1998.

——— *"Sobre el litisconsorcio en el proceso civil"*, en *Estudios de Derecho Procesal*, Madrid: *Revista de Derecho Privado*, 1955.

FERNÁNDEZ LÓPEZ, Miguel Ángel (con DE LA OLIVA), *Derecho Procesal Civil,* Madrid: Centro de Estudios Ramón Areces, 1991, t. III, 1991.

FERRADA BÓRQUEZ, Juan Carlos "El sistema de justicia administrativa chileno: revisión de la legalidad de actos administrativos o protección de derechos y/o intereses", en *Revista de Derecho* (Valdivia), 2012.

FERRARA, Francisco, *La simulación de los negocios jurídicos*, Madrid, Editorial Revista de Derecho Privado, 1960.

FERRI, Corrado, *Profili dell`acertamento constitutivo*, Padua: Cedam, 1970.

FERRÉ MARTI, José María, *Protección procesal del tercero en el derecho canónico,* Barcelona, 1982.

FIGUEROA, María Angélica, "Algunos antecedentes históricos sobre los principios de inexcusabilidad y legalidad", en *Revista de Estudios Histórico-Jurídico*, Valparaíso, 1996.

FOLGADO, Avelino, *Evolución histórica del concepto del derecho.* Madrid: San Lorenzo de El Escorial, 1960.

FUENTESECA, Pablo, *Derecho privado romano*, Madrid. Imprenta Sánchez, 1978.

FUEYO LANERI, Fernando, "Las astreintes", en *Instituciones de derecho civil moderno*, Santiago de Chile: Editorial Jurídica de Chile, 1990.

——— "La doctrina de los actos propios", en *Instituciones de derecho civil moderno*, Editorial Jurídica de Chile, 1990.

GARCÍA DEL CORRAL, Ildelfonso L., *Cuerpo del derecho civil romano*, por Ildelfonso L. García del Corral, Barcelona: Molinas, 1889, I, p. 135, Valladolid: Lex Nova, 1988.

GARCÍA MORALES, Pedro, "Deberes de los directores de las sociedades anónimas bajo la ley N° 19.705. Un enfoque comparado", en *Revista Chilena de Derecho*, N° 3, 2002.

GASCÓN INCHAUSTI, Fernando, *La terminación anticipada del proceso por desaparición sobrevenida del interés,* Madrid: Civitas, 2003.

——— *Medidas cautelares de proceso civil extranjero*, Granada: Comares, 1998.

——— *Las condenas de futuro* (con CAVANILLAS MUGICA, Santiago, LÓPEZ SIMÓ, Francisco), Pamplona: Aranzadi, 2001.

GÓMEZ ORBANEJA, Emilio, "Concurso de leyes y concurso de acciones en Derecho civil", en *Revista de Derecho Privado*, octubre 1946.

——— *Comentario a la Ley de Enjuiciamiento Criminal,* Barcelona, Bosch, 1947, T. I, p. 133.

GONZÁLEZ, Amparo, "Concurrencia de la "actio legis aquiliae" con acciones de contratos consensuales en aplicación del "officium iudicis"", y "Concurso de la "actio legis aquiliae" con acciones derivadas de contratos reales", en *Tres estudios romanísticos*, Madrid: Universidad Autónoma de Madrid, 1983.

GUTIÉRREZ DE CABIEDES, Eduardo, "La Litis-pendencia", en *Revista de Derecho Procesal Iberoamericana*, Madrid, N° 3, 1969.

——— "Elementos esenciales para un sistema de medidas cautelares", en el *Sistema de medidas cautelares* (VV.AA.), Pamplona: Eunsa, 1974.

GUTIÉRREZ DE CABIEDES E HIDALGO DE CABIEDES, Pablo, *La tutela jurisdiccional de los intereses supraindividuales, colectivos y difusos*, Pamplona: Aranzadi, 1999.

GUASP, Jaime, *Derecho procesal civil*, Madrid: Civitas, 5ª ed. 2002, T. I.

——— *La pretensión procesal*, Madrid: Civitas, 2ª ed. 1985.

GUIDI, Antonio, FERRER MAC-GREGOR, Eduardo (coordinadores), *La tutela de los derechos difusos, colectivos e individuales homogéneos*, México: Editoral Porrúa, 2003.

GUZMÁN BRITO, Alejandro "El fundamento de validez de la costumbre como fuente del derecho", en RCHD, vol. 22 N° 3, 1995

HENRÍQUEZ HERRERA, Ian, *La regla de la ventaja para el concebido en el derecho civil chileno*, Santiago: AbeledoPerrot, 2011.

HEVÍA BOLAÑOS, Juan, *Curia filípica,* Madrid, 1776.

HOYOS HENRECHSON, Francisco, *Temas fundamentales de derecho procesal*, Santiago: Editorial LexisNexis, 2001.

HÜBNER G., Ana María, "Las astreintes en el derecho civil chileno", en *Instituciones modernas de derecho civil*, Santiago: ConoSur, 1996.

HUNTER AMPUERO, Iván, "El *iura novit curiae* en la jurisprudencia civil chilena, en *Revista de Derecho*, Universidad Austral de Chile, N° 2, 2010.

——— "No hay buena fe sin interés: La buena fe procesal y los deberes de veracidad, completitud y colaboración", en *Revista de Derecho,* Universidad Austral de Chile, Vol. XXI – N° 2, 2008.

——— *La aplicación judicial del derecho en el proceso civil*, Santiago: La Ley, 2015.

IRTI, Natalino, *Introduzione allo studio del diritto privato*, Padua: Cedam, 1990.

JARA CASTRO, Eduardo, "La cautela y las pruebas de inicio en la fase preparatoria de los procedimientos civiles", en *Cuadernos de Análisis Jurídico*, Escuela de Derecho, Universidad Diego Portales, N° 32, 1996.

JORDANO FRAGA, Francisco, "La legitimación pasiva en el ejercicio judicial de la acción subrogatoria (art. 111 CC)", en *Anuario de Derecho Civil*, t. L, 1997.

JOVÉ, María Ángeles, *Medidas cautelares innominadas en el proceso civil*, Barcelona: J.M. Bosch, 1995.

LIEBMAN, Enrico T., *Manual de derecho procesal civil,* Buenos Aires: E.J.E.A., 1980.

LÓPEZ SIMÓ, Francisco, "Las condenas de futuro", en *Revista General de Derecho*, Valencia, julio-agosto 1994, N° 598-599.

LACHANCE, Louis, *El derecho y los derechos del hombre,* tr. Luis Horno, Madrid: Rialp, 1979.

LADARIA CALDENTEY, Juan, *Legitimación y apariencia jurídica*, Barcelona: Bosch, 1952.

LANFRANCHI, Lucio, *Contributo allo studio dell'azione di mero accertamento*, Milán: Giuffrè, 1969.

LARENZ, Karl, *Metodología de la ciencia del derecho*, tr. Marcelino Rodríguez Molinero, 2ª ed. (de la 4ª ed. alemana definitiva), Barcelona: Ariel, 1980.

——— *Derecho Civil, parte general*, tr. Miguel Izquierdo y Macías-Picaveda, Madrid: *Revista de Derecho Privado*, 1978.

LATHROP GÓMEZ,Fabiola, "Procedencia de la acción meramente declarativa del dominio en el derecho chileno", en *Ius et Praxis,* vol.17, n.2, 2011, pp. pp. 3-24.

LIEBMAN, Enrico T., "Acciones concurrentes", en *Eficacia y autoridad de la sentencia,* tr. Santiago Sentís Melendo, Buenos Aires: EDIAR, 1946.

LÓPEZ SANTA MARÍA, Jorge, "¿Tiene interés para alegar la nulidad absoluta de unas compraventas el hijo mayor que, basado en la demencia del vendedor, acciona contra sus padres y hermanas?", en *RDJ,* t. LXXXVI, primera parte, 1989.

——— "Intereses devengados por indemnización contractual de perjuicios. Doctrina de los actos propios o *estoppel*", en RDJ, vol. LXXXII, N° 2 (mayo- agosto, 1985).

SIMÓ, Francisco (con CAVANILLAS MUGICA, Santiago, GASCÓN INCHAUSTI, Fernando), *Las condenas de futuro*, Pamplona: Aranzadi, 2001.

——— "Las condenas de futuro", en *Revista General de Derecho*, Valencia, julio-agosto 1994, N° 598-599.

MANDRIOLI, Crisanto, *Corso de diritto processuale civile,* Torino: Giapichelli, 2001.

MARÍN GONZÁLEZ, Juan Carlos, *Tratado de las medidas cautelares*, Santiago: Editorial Jurídica de Chile, 2ª ed. 2016.

——— *Las medidas cautelares en el proceso civil chileno*, Santiago: Editorial Jurídica de Chile, 2004.

MARINONI, Luiz Guiherme (con PÉREZ RAGONE, Álvaro, NÚÑEZ OJEDA, Raúl), *Fundamentos del proceso civil,* Santiago: AbeledoPerrot, 2010.

MARTÍNEZ ESTAY, José Ignacio, *Jurisprudencia española sobre derechos sociales*, Barcelona: Cedecs, 1997.

MENESES PACHECO, Claudio, "La ejecución provisional en el proceso civil chileno" en *RCHD°*, N° 36, 2009.

MENCHINI, Sergio, *I limiti oggettivi del guidicato civile*, Milán: Giuffrè, 1987.

MICHELI, Gian Antonio, *Curso de Derecho Procesal Civil,* tr. Santiago Sentís Melendo, Buenos Aires: E.J.E.A., 1970.

MINVIELLE, Bernardette, "La problemática de la medida cautelar innovativa", en *Revista Uruguaya de Derecho Procesal*, N° 2, 1985.

MONTEZANTI, Néstor Luis, *La suspensión del acto administrativo*, B. Aires: Astrea, 1993.

MONROY PALACIOS, Juan José, "Panorama actual de la justicia civil", en *Proceso Civil* (VV.AA. coord. DE LA OLIVA y PALOMO), Santiago: Editorial Jurídica de Chile, 2007.

MOLINARI VALDÉS, Aldo, *De la responsabilidad civil al derecho de daños y tutela preventiva civil,* Santiago: LexisNexis, 2004.

MORELLO, Mario Augusto, *Anticipación de tutela*, La Plata: LEP, 1996.

MOMMSEN, *Derecho Penal Romano*, t. II, Madrid 1898.

MONTERO AROCA, Juan, *La Legitimación en el proceso civil (Intento de aclarar un concepto que resulta más confuso cuanto más se escribe sobre él),* Madrid: Civitas, 1994.

——— *De la legitimación en el proceso civil*, Barcelona: Bosch, 2007

——— "Acumulación de procesos y proceso único con pluralidad de partes", en *Estudios de derecho procesal*, Barcelona: Bosch, 1981, p. 220.

MORÓN PALOMINO, Manuel, "El proceso civil y la tutela de los derechos", en *Revista de Derecho Procesal,* 1965.

MUÑOZ ARANGUREN, Arturo, *La litigación abusiva: delimitación, análisis y remedios,* Madrid: Marcial Pons, 2018.

MUÑOZ DÍAZ, Erika, *El efecto relativo de los contratos*, Santiago: Editorial Jurídica de Chile, 1985.

MURGA GENER, José Luis, *Derecho romano clásico II: El proceso,* Universidad de Zaragoza, 3ª ed. 1989.

NAVARRETE VILLEGAS, Gonzalo, *Embargo y realización de bienes*, Santiago: Editorial Jurídica de Chile, 1995.

NIEVA FENOLL, Jordi, *La sustitución procesal,* Madrid: Marcial Pons, 2004.

NÚÑEZ OJEDA, Raúl, PÉREZ RAGONE, Álvaro, *Manual de derecho procesal civil (Parte general)*, Santiago: LegalPublishing, 2013.

——— *Fundamentos del proceso civil,* (con MARINONI, Luiz Guiherme, PÉREZ RAGONE, Álvaro), Santiago: AbeledoPerrot, 2010.

OLLERO TASSARA, Andrés, *Interpretación del derecho y positivismo legalista*, Madrid: *Revista de Derecho Privado*, 1982.

ORTELLS RAMOS, Manuel, *Derecho procesal civil*, Pamplona: Thomson-Aranzadi, 11ª ed. 2012.

ORTÚZAR SANTA MARÍA, Álvaro, *Estudios sobre reformas al Código Civil y Código de Comercio*, Santiago, Editorial Jurídica de Chile, 2003. "Ponencia principal sobre el abuso del derecho".

PALOMO VÉLEZ, Diego, *El juicio ordinario de mayor cuantía* (con CORTEZ MATCOVICH, BORDALÍ SALAMANCA, Andrés) Santiago: LegalPublishing, 2013.

PEDRAZ PENALVA, Ernesto, "Objeto del proceso y objeto litigioso", en *Presente y futuro del proceso civil,* Barcelona: J.M. Bosch, 1998 (coord. PICÓ I JUNOY, Joan).

PÉREZ AGUILERA, Luis Miguel, *El efecto positivo o prejudicial de la cosa juzgada en el proceso penal,* Pamplona: Aranzadi, 2020.

PÉREZ RAGONE, Álvaro, "Concepto estructural y funcional de la tutela anticipativa", en *Revista de Derecho Procesal Iberoamericana*, N° 1, 2000, pp. 157-213.

——— *Manual de derecho procesal civil (Parte general)*, (con NÚÑEZ OJEDA, Raúl), Santiago: LegalPublishing, 2013.

PEYRANO, Jorge, CARBONE, Carlos (VV.AA.), *Sentencia anticipada*, Buenos Aires: Rubinzal-Culzoni, 2000.

——— *Medida cautelar innovativa*, B. Aires: Depalma, 1981.

——— "La acción preventiva", en *Revista Peruana de Derecho Procesal*, N° VII, 2004.

——— *El proceso civil*, B. Aires: Astrea, 1978.

PEÑAILILLO ARÉVALO, Daniel, *Las obligaciones*, Santiago: Editorial Jurídica de Chile, 2003.

PICARDI, Nicola, *Manuale del Processo Civile*, Milano: Giuffré Editore, 2006.

PICKOVER, Cliford, *El libro de las matemáticas,* Holanda: Librero, tr. M. Serrano, 2011.

PICÓ I JUNOY, Joan, "De las medidas cautelares a las medidas autosatisfactivas: ¿Un avance del derecho procesal?, en *Justicia* 2001, N°s. 2-4.

——— *El principio de la buena fe procesal*, Barcelona: J.M. Bosch, 2003.

PRIETO-CASTRO, Leonardo, *Tratado de derecho procesal civil*, Pamplona: Aranzadi, 1985, 2ª ed., t. I.

PROTO PISANI, Andrea, "Appunti sulla tutela c.d. constitutiva (e sulle tecniche di producione degli effetti sostanziali)", en *Rivista di Diritto Processuale,* 1991.

——— "Nouvi diritti e tecnica di tutela", *en Scritti in onore de Elio Fazzalari*, Milán: Giuffré, 1993, vol. II.

——— *La tutela jurisdiccional*, Lima: Palestra, 2014, tr. G. Priori y C. Delgado

Pfeffer Urquiaga, Francisco, "Nuevas normas sobre gobierno corporativo y mayores responsabilidades para los directores de sociedades anónimas", en *Revista Chilena de Derecho*, Vol. 27 N° 3, 2000.

Ramos Méndez, Francisco, *La sucesión procesal*, Barcelona: Hispano Europea, 1974.

——— "Las medidas cautelares indeterminadas", en *Justicia 85*, N° I.

Ramos Romeu, Francisco, *Las medidas cautelares civiles*, Barcelona: Atelier, 2006.

Reimundín, Ricardo, *Prohibición de innovar como medida cautelar*, B. Aires: Astrea, 1979.

Richard González, Manuel, *Reconvención y excepciones reconvencionales en la LEC 1/2000*, Madrid: Civitas, 2002.

Ríos Muñoz, Luis Patricio, *El interés jurídico procesal*, Santiago: *Ius civile*, 2021.

Rivero Hurtado, Renée Marlene, "La tutela meramente declarativa o de mera certeza y su reconocimiento en el sistema procesal civil chileno", en *Ius et Praxis*, vol.25, n.1, 2019, pp.89-130.

Rivas Guzmán, Ramón, "La doctrina de los actos propios y el reglamento interno de la empresa", en *Contratos*, VV.AA. (Coordinación E. Barros B.), Editorial Jurídica de Chile, 1991.

Rocco, Ugo, *Tratado de derecho procesal civil*, t. I, tr. Santiago Sentís Melendo y Marino Ayerra, Buenos Aires: Depalma, 1976.

Rodríguez Grez, Pablo, *El abuso del derecho y el abuso circunstancial*, Santiago: Editorial Jurídica de Chile, reim. 1ª ed. 1999.

Rodríguez Josse, Cristián, *Teoría general de la legitimación en el proceso civil*, Santiago: Editorial Hammurabi, 2019.

Rodríguez Pinto, María Sara, "Protección de la vida privada: líneas jurisprudenciales", en *Revista Chilena de Derecho*, N° 3, 1999.

Rojas Sepúlveda. Mario, "Función de la legitimación *ad causam* en el sistema procesal civil (Pretexto: un caso de litisconsorcio necesario pasivo impropio)", en *Actualidad Jurídica*, N° 35, 2016, pp. 127-174.

Romero Rodríguez, Sophia, "Concurso de normas y concurso de acciones en el Derecho procesal civil chileno" en *Ius et Praxis* Año 19 N° 2, 2013.

——— *Los hechos del proceso civil*, Santiago: Thomson Reuters, 2021, pp. 212-258.

Romero Seguel, Alejandro (con Díaz Villalobos, José Ignacio), "La acción de responsabilidad civil del art. 133 bis de la Ley de Sociedades Anónimas", en *RDJ*, T. XCIX.

Rosenberg, Leo, *Tratado de derecho procesal civil*, t. I, tr. de la 5ª ed. alemana: Ángela Romera, Buenos Aires: E.J.E.A., 1955.

San Juan Sánchez, Ricardo, *La legitimación en el proceso civil*, Cizur Menor: Thomson-Aranzadi, 2014.

Serantes Peña, Óscar, Palma F. Jorge "La intervención judicial", en *Medidas cautelares*, B. Aires: Depalma, (VV. AA.), 1986.

Serra Domínguez, Manuel, *Intervención de terceros en el proceso*, en *Estudios de derecho procesal*, Barcelona, Ariel, 1969.

——— "Precisiones en torno a los conceptos de parte, capacidad procesal, representación y legitimación", en *Justicia* 87, N° II.

SEVERÍN SÁENZ, Eugenio, *La acción*, Memoria de Prueba, Universidad de Chile, Santiago: Imprenta Electra, 1929.

SCARCELLI, Giuliano, *La condanna con riserva*, Milán: Giuffrè Editore, 1989.

SCHÖNKE, Adolfo, *Derecho procesal civil*, tr. Leonardo PRIETO-CASTRO, Barcelona: Bosch, 1950.

SILGUERO ESTAGNAN, Joaquín, *La tutela jurisdiccional de los intereses colectivos a través de la legitimación de grupos*, Madrid: Dykinson, 1995.

SILVA ÁLVAREZ, Óscar, "La ejecución provisional de las sentencias", en *Revista de Derecho de la Pontificia Universidad Católica de Valparaíso,* n. 31, 2008, pp. 369-402.

SILVA HANISCH, Maximiliano, "La terminación anticipada del proceso por la desaparición sobrevenida del interés en el proceso civil chileno" en *Revista de Derecho de la Pontificia Universidad Católica de Valparaíso,* N° 48, 2017, pp.167-198.

SOTO KLOSS, Eduardo, "La acción declarativa de mera certeza" en *Derecho administrativo*, Santiago: AbeledoPerrot, 3ª ed. 2012.

TAPIA FERNÁNDEZ, Isabel, *El objeto del proceso. Alegaciones. Sentencia. Cosa juzgada*, Madrid: La Ley, 2000.

TAPIA RODRÍGUEZ, Mauricio, "Noción de garantía", en *Estudios sobre garantías reales y personales*, Santiago: Editorial Jurídica de Chile, t. I, 2009.

TARELLO, Giovanni, *Doctrine del Processo Civile*, Bolonia: Il Mulino, 1989.

TAVOLARI GOYCOOLEA, Pia, "La protección frente al juez en el sistema jurídico alemán: El derecho a ser oído", RDJ, T., CII, N° 2, 2005, pp. 525-537.

TAVOLARI OLIVEROS, Raúl, "Facultades económicas de los litigantes y cautela judicial", en *El proceso en acción*, Valparaíso: Libromar, 2000.

——— "Protección constitucional y cautela judicial: ¿Orden de no innovar en el recurso de protección?" en *Tribunales, jurisdicción y proceso*, Santiago: Editorial Jurídica de Chile, 1994.

——— "Algunas reflexiones en torno a la regulación positiva actual del embargo y la enajenación forzada en el derecho chileno", en *Comentarios procesales*, Valparaíso: Edeval, 1994.

TAVOLARI OLIVEROS, Marcela, "Algunas reflexiones sobre el artículo 1464 N° 3 del Código Civil", en *Instituciones modernas de derecho civil*, Santiago: ConoSur, 1996.

TESSONE, Alberto José, "En torno de la legitimación para recurrir", en *La legitimación* (AA. VV.), Buenos Aires: Abeledo-Perrot, 1996.

TORO MELO, David (con ECHEVERRÍA, Aníbal. *Código de Procedimiento Civil anotado,* Santiago: Imprenta Barcelona, 1902.

UGARTE SOTO, Alfredo (con ALONSO DUCCI, Julio), "Las acciones declarativas o de mera certeza ante los tribunales tributarios y aduaneros" en *Estudios de derecho privado*, Santiago: Editorial Jurídica de Chile, 2001.

UGARTE GODOY, José Joaquín, *El derecho de la vida*, Santiago: Editorial Jurídica de Chile, 2006.

UGARTE VIAL, Jorge, "Naturaleza y propiedad de los derechos subjetivos", en *Las razones del derecho* (Estudios en honor de Jose Joaquín Ugarte), (VV. AA), edit. M. Correa, P. Carvajal y F. Widow, Santiago: Thomson Reuters, 2021, pp. 591-625.

VÁSQUEZ SOTELO, José Luis, "Instituciones saneadoras del proceso civil español: excepciones dilatorias y comparecencia previa", en *Justicia 87*, 1987.

VESCOVI, Enrique, "La búsqueda de una mayor eficacia para la justicia. Ejecución. Tutela anticipada y otras medidas en el derecho comparado", en *Revista Uruguaya de Derecho Procesal*, N° 3, 1996.

VILLEY, Michel, "El *"ius in re"* del derecho romano clásico al derecho moderno", en *Estudios en torno a la noción de derecho subjetivo,* Valparaíso: Ediciones Universitarias de Valparaíso, 1976.

VILLEGAS DÍAZ, Myrna, "El delito de maltrato habitual en la Ley N° 20.066 a la luz del derecho comparado" en *Revista Política Criminal*, Vol. 7 N° 14, 2012.

VON SAVIGNY, Friedrich Karl, *Sistema del derecho romano actual*, tr. J. Mesías y M. Poley, Madrid: Góngora, 1924, t. IV.

VON TUHR, Andreas, *Derecho civil*, tr. Tito Ravá, Buenos Aires: Depalma, 1946, vol. I, 1.

WACH, Adolf, *La pretensión de declaración*, tr. del alemán Juan. M. Semón, Buenos Aires: E.J.E.A, 1962.

ZAFRA VALVERDE, José, *Sentencia constitutiva y sentencia dispositiva*, Madrid: Rialp, 1962.

www.ingramcontent.com/pod-product-compliance
Ingram Content Group UK Ltd.
Pitfield, Milton Keynes, MK11 3LW, UK
UKHW051914031026
15588UKWH00008B/1472

9 789561 432376